150 Jahre
Kohlhammer

Thomas Hess
Claudia Starke

Patchwork-Familien

Beratung und Therapie

Mit Beiträgen von Alfons Aichinger
und Christian Prior

Verlag W. Kohlhammer

Dieses Werk einschließlich aller seiner Teile ist urheberrechtlich geschützt. Jede Verwendung außerhalb der engen Grenzen des Urheberrechts ist ohne Zustimmung des Verlags unzulässig und strafbar. Das gilt insbesondere für Vervielfältigungen, Übersetzungen, Mikroverfilmungen und für die Einspeicherung und Verarbeitung in elektronischen Systemen.

Die Wiedergabe von Warenbezeichnungen, Handelsnamen und sonstigen Kennzeichen in diesem Buch berechtigt nicht zu der Annahme, dass diese von jedermann frei benutzt werden dürfen. Vielmehr kann es sich auch dann um eingetragene Warenzeichen oder sonstige geschützte Kennzeichen handeln, wenn sie nicht eigens als solche gekennzeichnet sind.

1. Auflage 2017

Alle Rechte vorbehalten
© W. Kohlhammer GmbH, Stuttgart
Gesamtherstellung: W. Kohlhammer GmbH, Stuttgart

Die im Buch enthaltenen Illustrationen wurden von Vincent Raths gezeichnet.

Print:
ISBN 978-3-17-024299-9

E-Book-Formate:
pdf: ISBN 978-3-17-024300-2
epub: ISBN 978-3-17-024301-9
mobi: ISBN 978-3-17-024302-6

Für den Inhalt abgedruckter oder verlinkter Websites ist ausschließlich der jeweilige Betreiber verantwortlich. Die W. Kohlhammer GmbH hat keinen Einfluss auf die verknüpften Seiten und übernimmt hierfür keinerlei Haftung.

Inhalt

Danksagung 9

Einführung 11

Prolog: Patchwork lauert überall 13

Teil I Patchworks sind anders

1 Ausgangslage 23
   1.1 Die Patchwork-Konstellationen 23
   1.2 Das Besondere von Patchworks 24
   1.3 Zusätzliche Belastungen 25

2 Ideal und Wirklichkeit 25
   2.1 Ideal »romantische Liebe« 25
   2.2 Folgen des Liebesideals 26
   2.3 Ideal Kernfamilie 27
   2.4 Folgen des Kernfamilienideals 28

3 Rollenerwartungen 21
   3.1 Erwartungen an Mütter und Stiefmütter 30
   3.2 Erwartungen an Väter und Stiefväter 31

4 Die Stiefvater-Fallen 32

5 Das Leiden der Stiefväter und Väter 34

6 Die Stiefmutter-Fallen 35

7 Das Leiden der Stiefmütter und Mütter 36

8 Das Leiden der Kinder und Jugendlichen 38
   8.1 Kinder mit verstorbenem Elternteil 38
   8.2 Halbgeschwister in Patchwork-Familien 39
   8.3 Leibliche Kinder der Patchwork-Eltern 39
   8.4 Kinder nach wiederholten Trennungen 40

9	Kapitalfehler der Eltern und die Folgen für die Kinder	40
10	Das Leiden der Großeltern und Verwandten	42
11	Patchwork-Diagnostik	43
	11.1 Typische Patchwork-Dynamiken	43
	11.2 Prognostische Aspekte	48

Tanz mit Perspektiven

Teil II Arbeit mit Patchworks

1	Voraussetzungen für die therapeutische Arbeit	62
	Therapeutische Haltung	63
	Therapeutisches Rüstzeug	63
2	Der diagnostisch-therapeutische Kreisprozess	64
3	Schritte einer Therapie oder Beratung	64
	3.1 Settingentscheidung	64
	3.2 Auftragsklärung	67
	3.3 Therapieplanung	68
	3.4 Prozesssteuerung	68
4	Elemente der therapeutischen Arbeit	70
	4.1 Basiskomponenten	70
	4.2 Wichtige Dauerthemen	73
	4.3 Besondere Herausforderungen	75
5	Stop-and-go-Beratung, Teilabschlüsse, Abschlüsse	78

Ringen um Rangfolgen

Teil III Therapiebeispiel

Intake	95
1. Sitzung	98
2. Sitzung	105
3. Sitzung	112
4. Sitzung	117
5. Sitzung	125
6. Sitzung	132
7. Sitzung	136
Kritischer Rückblick auf den Therapie-Verlauf	138

Teil IV Diskurs

Interviews mit A. Aichinger, Ch. Bauer, H. Classen,
H. Gündel, J. Küchenhoff, M. Krummeich, N. Omalar,
E. Popa, G. Schmidt, S. Sulz 143

1	Kommentar zum Fallbeispiel	145
2	Einbezug aller Beteiligten im Mehrpersonensetting	148
3	Einzeltherapeuten für Arbeit im Mehrpersonensetting gewinnen	153
4	Einbezug des extern lebenden Elternteils	156
5	Einbezug der Kinder	160
6	Bezahlung von Familientherapien	164
7	Familientherapie als Domäne der Beratungsstellen	168

Teil V Tipps für die Praxis

1	Dynamik hinter dem Leiden bei bestimmten Problemsituationen	176
	1.1 Mütter	176
	1.2 Väter	179
	1.3 Stiefmütter	181
	1.4 Stiefväter	185
	1.5 Stiefelternpaar	189
	1.6 Kinder und Jugendliche	190
	1.7 Großeltern	195
2	Settingentscheidungen	197
3	Mehrpersonensetting	198
	3.1 Tipps für die Gesprächsmoderation	198
	3.2 Tipps für die Gesprächsführung bei Konflikten ...	199
	3.3 Sitzungen mit Stief- und Patchwork-Familien	199
	3.4 Sitzung mit dem Patchwork-Paar	200
	3.5 Sitzung mit dem Eltern-Paar	201
	3.6 Kinder und Jugendliche in Familiensitzungen	201
	3.7 Getrennte Eltern zusammen mit ihren Kindern ...	203
	3.8 Großeltern der Patchwork-Kinder	205

4	Interventionen für bestimmte Ausgangslagen oder Ziele	207
5	Methodenanhang	227
	5.1 Psychodramatische Teilearbeit mit Tierfiguren bei Kindern im Trennungs-/ Scheidungskonflikt *von Alfons Aichinger*	227
	5.2 Klärungshilfe – ein starkes Gefäß für heiße oder kalte Konflikte *von Christian Prior*	230

Epilog 237

Die Autoren 240

Kurzvitae 241

Glossar 244

Literatur 247

Stichwortverzeichnis 249

Danksagung

Wir möchten folgenden Menschen danken – und zwar chronologisch geordnet:

Zuerst den Patchwork-Familien, die unsere therapeutischen Dienste beanspruchten und durch die wir lernen konnten, dass Patchwork ein eigenes Thema ist. Unseren Familien und Freunden, die mit deutlich weniger Aufmerksamkeit beschenkt wurden, als sie verdient haben, und die unsere einseitige, schreibende Freizeitbeschäftigung toleriert haben.

Unseren Probeleserinnen Inez Hastenrath, Janni Ploog, Christiane Ryffel, Syl Edelmann und Katherina Giesemann, die uns wichtige Rückmeldungen gegeben haben.

Der Intervisionsgruppe, die uns betreffend Struktur und Titel half und damit die Lesefreundlichkeit erhöhte.

Ein dickes Dankeschön geht an Mara Bieler, die unsere verschlungenen Schlangensätze vereinfachte und uns mit ihren Kommentaren zu etlichen aufmunternden, teils auch betroffenen Lachanfällen verholfen hat.

Und unserem Patchwork-Neffen Vincent Raths, der unsere sich dauernd ändernden Bilderwünsche in Illustrationen umsetzte und immer freundlich geblieben ist. Und in diesem Zusammenhang danken wir auch dem Kohlhammer-Verlag, der sich sogar mit diesen fachbuch-ungewöhnlichen Karikaturen anfreunden konnte. Carola Twrsnick half uns beim Schlusslektorat und befreite den Text von den letzten Helvetismen.

Nicht zuletzt wollen wir allen danken, die sich ehrlich bemüht haben, an unserem Interview teilzunehmen und die dann doch absagen mussten. Vor allem aber denjenigen, die sich uns zur Verfügung gestellt haben.

Einführung

»Familie ist Familie. Also wende ich bei Patchwork-Familien dieselben Methoden an, die bei Kernfamilien funktionieren.« Ähnlich dachten und handelten wir wie andere Kollegen auch – und tappten in manche therapeutische Falle. Das war vor gut zehn Jahren.

Die Zahl der Stief- und Patchwork-Familien hat stetig zugenommen und macht seit einiger Zeit mehr als die Hälfte unserer Klientel aus. Wir haben viele solche Familien in den verschiedensten Phasen kennengelernt. In der Arbeit mit ihnen fanden wir heraus, was anders funktioniert als bei Kernfamilien. Wir erkannten, dass die deutlich höhere Komplexität von Patchwork-Systemen nur zu erfassen ist, wenn die Beziehungsgefüge zwischen den Personen in Subsystemen und Mehrpersonensettings erkannt und bearbeitet werden.

Aus den gewonnenen Erfahrungen und Erkenntnissen entstanden zuerst ein Buch für Betroffene (Starke et al. 2015) und nun das vorliegende für Fachleute, die mit Patchwork-Familien beruflich zu tun haben.

Wir möchten ein breites Fachpublikum erreichen: Einzeltherapeutinnen, Hausärzte, Beraterinnen aus Ehe- und Familienberatungsstellen, Kindertherapeuten, Jugendbetreuerinnen bzw. Jugendsozialarbeiterinnen, Paar- und Familientherapeuten, Schulpsychologinnen, Sozialpädagogen, aufsuchende Familienbegleiterinnen. Kurz: Alle, die zunehmend mit Patchwork-Familien konfrontiert sind, die mit Einzelpersonen aus einer zusammengesetzten Familie arbeiten oder die plötzlich vor mehr als zwei Elternteilen eines betreuten Kindes stehen.

Uns ist klar, dass diese Fachpersonen in sehr unterschiedlichen Kontexten arbeiten. In manchen wird Therapie oder Beratung von ganzen Familien bisher wenig praktiziert, in anderen ist es übliche Praxis.

Abgesehen von den unterschiedlichen Organisationsformen und Finanzierungsmodellen besteht in den deutschsprachigen Ländern nach wie vor ein Verständnis von Beratung, das auf Einzelpersonen fokussiert. Eine solche Haltung wird den vielschichtigen Problematiken in Patchwork-Familien nicht gerecht.

Wenn es uns mit diesem Buch gelingt, Ihren Blick auf *alle* Betroffenen zu lenken und sich konzeptionelle Gedanken zur Vorgehensweise zu machen, ist eines unserer wichtigsten Anliegen erfüllt.

Mit dem Prolog »Patchwork lauert überall«, unserem ersten Beispielkapitel, möchten wir Sie darauf einstimmen, wie häufig den Beratungsanliegen Patchwork-Problematiken zugrunde liegen, die auf den ersten Blick nicht erkennbar sind.

Im Teil I »Patchwork ist anders« beschreiben wir das notwendige Wissen über Dynamiken und Probleme von Patchwork-Familien.

Im zweiten Beispielkapitel »Tanz mit Perspektiven« erleben Sie, wie wichtig das Einholen der unterschiedlichen Sichtweisen für das Gesamtbild ist.

Im Teil II »Arbeit mit Patchworks« finden Sie das nötige Rüstzeug, um mit Patchwork-Familien zu arbeiten: Grundprinzipien der Vorgehensweise und konkrete Herausforderungen.

Das dritte Beispielkapitel »Ringen um Rangfolgen« gibt einen Vorgeschmack auf die Schwierigkeiten bei der Priorisierung der Anliegen.

Wie wir den therapeutischen Ansatz praktisch umsetzen, erleben Sie im Teil III am Beispiel eines Therapieverlaufs. Im Therapietranskript finden sich zusätzlich therapeutische Überlegungen und Kommentare.

Der Teil IV besteht aus Interviews mit Fachpersonen verschiedener therapeutischer Ausrichtungen und aus unterschiedlichen Berufsfeldern. Folgende Fachleute kommentieren unseren therapeutischen Ansatz: Alfons Aichinger, Christiane Bauer, Johannes Classen, Harald Gündel, Martin Krummeich, Joachim Küchenhoff, Nezire Omalar, Enikö Popa, Gunther Schmidt und Serge Sulz.

Der Teil V ist völlig anders aufgebaut und kann wie ein Nachschlagewerk oder Rezeptbuch benutzt werden. Wir möchten denjenigen Lesern, die vor einem konkreten Patchwork-Problem stehen, Ideen zu versteckten Dynamiken und zum konkreten Vorgehen in bestimmten Problemsituationen geben.

Zwei zentrale methodische Bausteine werden von ihren Vertretern selber beschrieben: Alfons Aichinger stellt seinen psychodramatischen Ansatz in der Arbeit mit Kindern von getrennten Eltern vor und Christian Prior die Methode der Klärungshilfe.

Da wir Sie alle gendersprachlich ausgewogen ansprechen möchten, verwenden wir sowohl die weibliche als auch die männliche Form. Die weibliche überwiegt und spiegelt so die Realität wider, dass deutlich mehr Frauen in Beratung und Therapie von Patchwork-Familien tätig sind.[1] Und weil die hier vorgestellte systemische Zugangsweise dieselbe in Therapie und Beratung ist, gebrauchen wir auch die Begriffe »Beratung«, »Therapie«, »Beraterin«, »Berater«, »Therapeutin«, »Therapeut«, »beraterisch« und »therapeutisch« im Wechsel.

Das Buch entstand aus gemeinsam durchgeführten Therapien und unzähligen Diskussionen über Klientenfamilien sowie über theoretische Aspekte und den Aufbau des Buches. Die Reihenfolge der Autorenschaft auf dem Buchtitel würdigt die längere Praxiserfahrung von Thomas Hess.

Beim Schreiben und in den Diskussionen ist uns immer wieder deutlich geworden, wie vielfältig Patchwork-Familien sind. Aber lassen Sie sich durch die Komplexität nicht entmutigen. Das Buch soll Sie vielmehr anregen, schrittweise Neues auszuprobieren.

---

1 Im Therapiebeispiel Teil III wird allerdings durchgehend die männliche Form verwendet, da es eine Beratung von Thomas Hess beschreibt.

Prolog: Patchwork lauert überall

Alle psychosozialen Berufe sind heute mit verschiedensten Familienformen konfrontiert. All denen, die mit Einzelpersonen arbeiten (z. B. Hausärztinnen, Lehrer, Erzieherinnen), muss klar sein, dass Familie in der gegenwärtigen Zeit auch heißen kann: Einelternfamilie, Regenbogenfamilie, Stief- und Patchwork-Familie. Vor allem bei psychosozialen Problemen spielt das familiäre Umfeld der Betroffenen eine große Rolle. Nachfragen lohnt sich: Familienmitglieder sprechen oft nur von »meiner Familie«, ohne zu präzisieren, ob sie in einer Kernfamilie oder einem Patchwork-System leben.

Mit diesem Fingerzeig auf oft verborgene Patchwork-Hintergründe wollen wir auf ein Fallbeispiel einstimmen. Die junge Patchwork-Familie, die wir im Folgenden vorstellen, wird im weiteren Verlauf wiederholt auftauchen.

Genogramm der Patchwork-Familie von Beate und Lars

Eine Patchwork-Geschichte

> Beate, Konrad und ihre Kinder Sammy (9) und Clea (5) sind das, was man sich unter einer ganz normalen Familie vorstellt. Zumindest bis zu dem Zeitpunkt, als Beate bewusst wird, dass sie nicht ihr eigenes Leben lebt, sondern sich stark von ihrer Mutter und ihrem Ehemann beeinflussen lässt. Kaum eine Entscheidung trifft sie alleine. Sie be-

schließt, ihr Leben zu ändern. Zum ersten Mal setzt sie ihren Willen gegen den Widerstand ihres Mannes durch, indem sie sich eine Arbeit sucht. Der Paarkonflikt führt zu einer Krise: Beate wünscht sich von Konrad mehr Raum für Eigenverantwortung. Ihr Mann kann diesen Wunsch nicht nachvollziehen, weil Beate seiner Meinung nach alles hat, was es zum Glücklichsein braucht. Es kommt zur Trennung – eine Trennung, die ursprünglich keiner von beiden wollte.

Kurze Zeit später verliebt sich Beate in Lars, den Abteilungsleiter des Gartencenters, in dem sie ihre neue Stelle angetreten hat. Lars ist bereits seit längerer Zeit geschieden und hat einen 14-jährigen Sohn, Timo.

Beate versucht, ihr Familienleben als Alleinerziehende und ihre neue Liebe unter einen Hut zu bringen, indem sie sich mit Lars vor allem dann trifft, wenn ihre Kinder beim Vater sind. Manchmal kommt Lars zu ihr nach Hause, wenn die Kinder schon im Bett sind.

Clea kroch von klein auf gerne zur Mutter ins Bett, um ein wenig zu kuscheln. Nach der Trennung aber kommt sie fast jede Nacht mit der Begründung, nicht einschlafen zu können.

Nach einigen Wochen sucht Beate mit Clea die Kinderärztin auf mit der Bitte um ein pflanzliches Mittel, das der Tochter beim Einschlafen helfen soll.

Die Kinderärztin untersucht das Mädchen und findet nichts Auffälliges.

Die Ärztin nimmt hier eine Schlüsselposition für den weiteren Verlauf dieses Familienlebens ein. Sie überlegt sich folgende Möglichkeiten:

- Ich bespreche mit der Mutter das Bettritual und motiviere sie, Clea vor dem Einschlafen genügend Zeit zu widmen.
- Ich rate der Mutter, das Kind vorübergehend bei ihr im Bett schlafen zu lassen.
- Ich gebe der Mutter ein homöopathisches Einschlafmittel für Clea.
- Ich erkundige mich nach der aktuellen Lebenssituation der Familie.

Ein vertieftes Gespräch mit der Mutter über Möglichkeiten, das Kind in einem beruhigten Zustand ins Bett zu bringen, könnte eine erste hilfreiche Maßnahme sein.

Der Rat, sie möge das Kind bei sich im Bett schlafen lassen, kann sowohl Ablehnung als auch Zustimmung hervorrufen – es gibt sehr unterschiedliche Erziehungsvorstellungen, für die sich jeweils gute Begründungen finden lassen. Macht die Kinderärztin einer Mutter also diesen Vorschlag, erfährt sie immerhin, welche Einstellung diese dazu hat, ihr Kind bei sich oder gerade nicht bei sich im Bett haben zu wollen.

Ein paar pflanzliche Tropfen sind wohl nicht schädlich, werden das Grundproblem aber kaum lösen.

Nur wenn die Ärztin die familiären Umstände erfragt, erfährt sie, dass Beate seit kurzer Zeit getrennt ist und bereits einen neuen Freund hat. Beate ist zwar überzeugt, dass die Kinder noch nichts von Lars wissen. Aber mit Sicherheit spüren die Kinder die Veränderung der Mutter. Und da die Trennung der Eltern noch nicht weit zurückliegt, löst dies zumindest Unruhe aus und möglicherweise die latente Angst, nach dem Vater nun noch die Mutter zu verlieren.

Wenn sich die Pädiaterin Zeit nimmt und mit Beate alleine oder gemeinsam mit dem Kind die neue Situation bespricht, wird sie Beate in ihrem Dilemma beistehen können: »*Soll ich den Kindern von meiner Liebe erzählen oder nicht? Soll ich ihnen Lars als meinen neuen Freund vorstellen?*« Das Risiko dabei wäre, die Kinder mit einer Stiefvaterfigur zu konfrontieren, ohne dass feststeht, ob aus der neuen Liebe eine feste Beziehung wird. Hält Beate den Partner vor den Kindern geheim, läuft sie Gefahr, dass diese es trotzdem herausbekommen. Zudem haben die meisten Mütter Schuldgefühle, wenn sie den Kindern gegenüber unehrlich sind.

Patchwork-Geschichte (Fortsetzung 1)

Mittlerweile hat Konrad, Beates Noch-Ehemann, von den Kindern erfahren, dass Beate wieder liiert ist und mit dem neuen Freund zusammenziehen will. Er ist wütend, traurig und fühlt sich auch körperlich immer schlechter.

Konrad meldet sich mehrfach krank und seine Arbeitsleistung nimmt ab. Er sucht seinen Hausarzt auf, da er das Gefühl hat, sich von einer Grippe nicht mehr zu erholen.

Der Hausarzt fragt, ob seine Frau und die Kinder auch eine solche Grippe gehabt hätten. Konrad erwidert verbittert: »*Von denen kann ich mich kaum angesteckt haben, die sehe ich nicht mehr. Wir sind getrennt. Ich wurde hinauskomplimentiert, lebe bei meiner Mutter und bin nur noch der zahlende Esel, der auch den neuen Liebhaber meiner Frau mitfinanziert. Meine Kinder darf ich nur sehen, wenn's denen in den Kram passt.*«

Der Hausarzt ist unerwartet mit einer Familienproblematik konfrontiert und hat ebenfalls eine Schlüsselposition für die weitere Entwicklung der Familie. Er überlegt sich folgende Möglichkeiten:

- Ich sage dem Patienten, dass seine somatischen Symptome mit dieser familiären Belastung gut erklärbar seien, und schlage ein Antidepressivum vor.
- Ich frage, wie es den Kindern gehe und wie oft er diese sehe.
- Ich empfehle eine Mediation zur Regelung der Finanzen.
- Ich rege eine Einzelpsychotherapie an, damit er mit seiner neuen Situation besser klarkommt.
- Ich schlage ihm vor, dass er und seine Expartnerin sich gemeinsam professionelle Unterstützung holen sollten.

Offensichtlich ist, dass dieser Patient unter der Trennung leidet. Mit Sicherheit ist er zusätzlich sehr verletzt, weil er vom neuen Mann nicht direkt von Beate erfahren hat. Wenn der Arzt dem Patienten die Zusammenhänge zwischen seinen Symptomen und Belastungen erklärt, kann dies zur Entlastung führen. Hat der Arzt Sorge, der Patient könne zunehmend depressiv werden, wäre ein Antidepressivum zur Unterstützung sinnvoll.

Wenn er sich entscheidet, sich mit dem familiären Hintergrund zu beschäftigen, gibt es verschiedene Möglichkeiten: Die Frage nach den Kindern ist dabei wichtig. Vielleicht sieht Konrad seine Kinder zu wenig und befürchtet, sie an Lars zu verlieren. Oder er hat sich aus der Verletzung heraus völlig zurückgezogen, was die Kinder möglicherweise als Ablehnung erleben. Der Arzt könnte Konrad ermutigen, sein Interesse nach mehr Kontakt zu den Kindern einzubringen, z. B. mit ihm besprechen, wie er am besten auf Beate oder die Kinder zugehen könnte.

Zur Regelung von Umgangsrecht und Unterhalt kann eine Mediation hilfreich sein. Vermutlich gelingt es aber dem Hausarzt nicht, das Paar dazu zu motivieren, ohne vorher Kontakt zu Beate aufgenommen zu haben.

Eine Einzelpsychotherapie könnte von Nutzen sein, aber sich ebenso gut auch als kontraproduktiv erweisen: Wenn Konrad sich von seinem Therapeuten in seiner momentanen Opferrolle unterstützt fühlt, könnte der Konflikt mit Beate eskalieren. Ohne die Dynamik des Paares mit zu berücksichtigen, droht ein Rosenkrieg. Deshalb wäre es besser, wenn das Elternpaar gemeinsam professionelle Hilfe suchte, damit nicht jeder gegen den anderen aufrüstet und dabei die Kinder in schwere seelische Nöte bringt. Mit Sicherheit ist die Chance größer, das Paar zu motivieren, wenn der Hausarzt diesen Bedarf mit beiden erörtert. Wichtig ist, dass er sich dabei nicht in eine Diskussion über Ursachen oder Schuld der Krise ziehen lässt, sondern beide darin unterstützt, um der Kinder willen zu neuen Lösungen zu kommen.

Patchwork-Geschichte (Fortsetzung 2)

Die Beziehung zwischen Beate und Lars festigt sich. Die Kinder haben Lars kennen und schätzen gelernt. Nach nur wenigen Monaten Beziehung gründen Beate und Lars einen gemeinsamen Haushalt. Sie hoffen, dass alles einfacher wird, wenn sie am gleichen Ort leben. Außerdem sparen sie sich die Kosten für die Wohnung von Lars. Die junge Patchwork-Familie unternimmt gemeinsame Ausflüge und es scheint allen mit der neuen Familiensituation gut zu gehen.

Eines Tages schreckt ein Anruf aus Sammys Schule die Familie auf: Seine Leistungen würden stark abnehmen, er sei häufig in Streitereien verwickelt und mache im Unterricht kaum mehr mit. Sammys Lehrerin schicke den Jungen zur Schulsozialarbeiterin.

> Ihr erzählt Sammy: »*Seitdem Mama den Papa aus der Wohnung geworfen hat und wir jetzt auch noch umgezogen sind, geht es Papa schlecht. Er schreibt mir ganz oft SMS, dass er uns vermisst. Und er weint viel, das seh ich. Ich bin der Einzige, der wirklich weiß, wie schlecht es Papa geht. Aber Sie dürfen niemandem etwas davon erzählen.*«

Die Schulsozialarbeiterin ist in einer schwierigen Ausgangslage. Auch sie hat eine Schlüsselposition inne, denn je nach ihrem Handeln entschärft sie die Situation oder belässt Sammy in seiner inadäquaten Rolle als Tröster seines Vaters. Sie hat folgende Optionen:

- Sie nimmt entgegen Sammys Wunsch Kontakt mit dem Vater auf.
- Sie tritt mit der Mutter in Kontakt und erklärt, dass der Junge Angst um seinen Vater hat, und bittet sie zusammen mit dem Vater zu einem Gespräch.
- Sie kontaktiert beide Elternteile und vereinbart mit ihnen je einzeln oder gemeinsam ein Gespräch. Als Grund für das Gespräch nennt sie den Leistungsabfall von Sammy.
- Sie informiert den Rektor, die Klassenlehrerin oder den Schulpsychologen, um die Brisanz der Situation zu erläutern und gemeinsam das Vorgehen zu besprechen.

Wie die Schulsozialarbeiterin handeln soll, hängt wesentlich von ihrem Auftrag und ihrer Rolle in der Schule wie auch von ihrer Erfahrung und Kompetenz ab.

Sammy ist in eine Rolle hineingerutscht, mit der er überfordert ist. Sein Leistungsabfall und seine Verhaltensauffälligkeit sind alarmierende Zeichen. Zum Glück hat die Lehrerin gut reagiert und den Jungen zu einem Gespräch zur Schulsozialarbeiterin geschickt. Sammy muss so schnell wie möglich entlastet werden. Dies gelingt aber nur, wenn man ihm versichert, dass sich jemand anderes um seinen Vater kümmert. Sammy hat verständlicherweise Angst, den Vater zu verletzen, wenn er dessen Verzweiflung outet. Damit steht die Schulsozialarbeiterin vor folgenden Fragen: Soll sie Sammys Verbot ignorieren und Mutter und/oder Vater dennoch kontaktieren? Oder soll sie mit Sammy alleine arbeiten?

Die Folgen dieser beiden Alternativen könnten sein:

Falls sie dem Wunsch Sammys nach Diskretion Folge leistet und nur die Themen Leistungsabfall und Verhaltensauffälligkeiten bespricht, käme die Verzweiflung des Vaters möglicherweise nicht auf den Tisch.

Wenn die Schulsozialarbeiterin das Gespräch allein mit der Mutter führt, bleibt offen, ob diese sich ernsthaft um eine Lösung zugunsten ihres Expartners bemüht. Zudem besteht die Gefahr, dass die Mutter den Jungen daheim weiter über den Kontakt mit dem Vater befragt und ihn dadurch noch mehr unter Druck setzt.

Um sicher zu sein, dass am Schulgespräch der biologische Vater teilnimmt, muss die Schulsozialarbeiterin diesen direkt kontaktieren. Denn wenn sie die Einladung dazu über die Mutter macht, könnte es sein, dass diese den aktuellen Partner anstelle des Vaters mitbringt.

Falls der Vater sich weigert, mit seiner Exfrau am selben Tisch zu sitzen, besteht die Möglichkeit, ihn allein zu einem Vorgespräch einzuladen. Am besten findet dies direkt vor der Sitzung mit den anderen Beteiligten statt.

Die optimale Zusammensetzung für ein gemeinsames Gespräch wäre folgende: Sammy, seine beiden leiblichen Eltern, die Schulsozialarbeiterin und evtl. noch eine weitere Fachperson aus der Schule. Wenn die Sorge um die Befindlichkeit des Schülers im Vordergrund steht, wird Sammys schwierige Rolle als Beschützer seines Vaters im Verlauf des Gesprächs auftauchen und kann mit allen Beteiligten besprochen werden.

Falls die Schulsozialarbeiterin aber keine solch heiklen Gespräche mit mehreren Personen führen darf oder kann, sollte sie an die Schulpsychologie oder eine andere entsprechend geschulte Instanz verweisen.

Aus den drei Beispielen wird deutlich, dass es ohne das Wissen um die Patchwork-Situation kaum eine zielführende Therapie oder Beratung für Clea, Sammy oder Konrad gegeben hätte.

Teil I Patchworks sind anders

Inhaltsverzeichnis Teil I: Patchworks sind anders

1	Ausgangslage	23
	1.1 Die Patchwork-Konstellationen	23
	1.2 Das Besondere von Patchworks	24
	1.3 Zusätzliche Belastungen	25
2	Ideal und Wirklichkeit	25
	2.1 Ideal „romantische Liebe"	25
	2.2 Folgen des Liebesideals	26
	2.3 Ideal Kernfamilie	27
	2.4 Folgen des Kernfamilienideals	28
3	Rollenerwartungen	29
	3.1 Erwartungen an Mütter und Stiefmütter	30
	3.2 Erwartungen an Väter und Stiefväter	31
4	Die Stiefvater-Fallen	32
	Vaterersatz	32
	Leben im Spagat	33
	Retter auf Schleudersitz	33
	Rückzug	34
5	Das Leiden der Stiefväter und Väter	34
6	Die Stiefmutter-Fallen	35
	Kampf gegen das Klischee	35
	Mutterersatz	36
	Verleugnung von Unterschieden	36
7	Das Leiden der Stiefmütter und Mütter	38
8	Das Leiden der Kinder und Jugendlichen	38
	8.1 Kinder mit verstorbenem Elternteil	38
	8.2 Halbgeschwister in Patchwork-Familien	39
	8.3 Leibliche Kinder der Patchwork-Eltern	39
	8.4 Kinder nach wiederholten Trennungen	40
9	Kapitalfehler der Eltern und die Folgen für die Kinder	40
	Dauerkrieg nach Trennung	40
	Kinder im Kreuzfeuer	41
	Kinder als Tröster und Vermittler	41
	Kinder als Partnerersatz	41
	Kinder als Briefträger	41
	Kinder als Geheimnisträger	42
	Kinder mit Kontrollaufträgen	42
	Kinder als Babysitter	42
10	Das Leiden der Großeltern und Verwandten	42
11	Patchwork-Diagnostik	43
	11.1 Typische Patchwork-Dynamiken	43
	Einfache Stieffamilie	43

Zusammengesetzte Stieffamilie	44
Komplexe Stieffamilie	45
Problematische Dynamiken zwischen Stieffamilie und Expartner	46
Problematische Dynamik zwischen Großeltern, Verwandten und der Patchwork-Familie	47
11.2 Prognostische Aspekte	48
Die verschiedenen Phasen nach der Bildung einer Patchwork-Familie	48
Phase 1: „Rosa Brille" – Verklärung	48
Phase 2: Nähe und Irritationen	49
Phase 3: Krise	49
Phase 4: Verletzlichkeit	49
Phase 5: Leere	49
Phase 6: Revolution	50
Phase 7: Konsolidierung	50
Ressourcen in Patchwork-Systemen	50

1 Ausgangslage

»Patchwork-Familie« ist gebräuchlich geworden als Sammelbegriff für drei grundsätzlich verschiedene Familien-Konstellationen. Wir übernehmen diesen Sprachgebrauch für die unterschiedlichen Patchwork-Konstellationen, sofern die Unterscheidung nicht relevant ist.

1.1 Die Patchwork-Konstellationen

Wenn die Anzahl der Kinder und die Kombinationen der Teilfamilien berücksichtigt werden, gibt es unzählige Patchwork-Konstellationen. Dennoch gibt es Grundkonstellationen, die jeweils bestimmte Dynamiken fördern.

Bien, Hartl und Teubner (Teubner 2002, S. 53 f.) definieren folgende Konstellationen:

1. **Einfache Stieffamilie:**
   a. Stiefmutterfamilie: Vater, Kind oder Kinder, Stiefmutter.
   b. Stiefvaterfamilie: Mutter, Kind oder Kinder, Stiefvater.

Einfache Stieffamilie

Wir führen diese beiden Beziehungsdreiecke separat auf, weil die Rollen der Stiefmutter und des Stiefvaters sehr verschieden sind und unterschiedliche Beziehungsdynamiken auslösen.

2. **Zusammengesetzte Stieffamilie:**

Zusammengesetzte Stieffamilie

In der Familie leben leibliche und nicht leibliche Kinder beider Partner, d. h., die Partner nehmen sowohl die Eltern- wie auch die Stiefeltern-Rolle ein.

3. **Komplexe Stieffamilie:**
   - Stiefmutterfamilie und mindestens ein gemeinsames Kind.
   - Stiefvaterfamilie und mindestens ein gemeinsames Kind.
   - Zusammengesetzte Stieffamilie und mindestens ein gemeinsames Kind.

Komplexe Stieffamilie

In den ersten beiden genannten Familien gibt es zwei Sorten Kinder, in der letztgenannten derer drei (je aus der Perspektive eines Elternteils): die Kinder aus den vorherigen Beziehungen, die Stiefkinder und die leiblichen Kinder der aktuellen Partnerschaft. Mit jedem Elternteil, der aus mehreren Verbindungen Kinder mit in die neue Familie bringt, erhöht sich die Komplexität nochmals.

Zu den daraus folgenden Dynamiken und Problemen lesen Sie weiter unten (▶ Teil I, Kap. 11.1, S. 43ff, und ausführlicher ▶ Teil V, Kap. 1, S. 176ff).

1.2 Das Besondere von Patchworks

Folgefamilie — Der von Soziologen bevorzugte Begriff »Folgefamilie« erfasst den wesentlichen Unterschied zur Kernfamilie: Es gibt eine ursprüngliche und eine darauf folgende Familie. Der heute üblichere Ausdruck »Patchwork-Familie« lässt dies oft vergessen.

Immer sind Trennungen vorausgegangen, die von Schmerz, Scham oder dem Gefühl eigenen Versagens begleitet sind und die Gestaltung einer neuen Familie beeinflussen.

Hat ein Todesfall die ursprüngliche Familie aufgelöst, leben Verstorbene als Bilder oder in Erinnerungsfetzen fort und sind dadurch in der Folgefamilie omnipräsent.

Verlustbewältigung — Alle Mitglieder einer Patchwork-Familie müssen zumindest die Auflösung des bisherigen Lebensmodells verarbeiten, wenn nicht gar den Verlust einer geliebten Person. Kinder verlieren wesentliche Bezugspersonen im Alltag. Ausschlaggebend für die weitere Entwicklung einer Patchwork-Familie ist, welche Konsequenzen die Betroffenen sowohl aus vorherigen Beziehungserfahrungen wie auch aus Trennungserlebnissen ziehen und mit welchen Erwartungen und Befürchtungen sie sich auf ein neues Familiensystem einlassen.

Rang zwei — Ein Stiefelternteil kommt in der Rangfolge des Partners an zweiter Stelle nach den Kindern. *»Es ist sinnlos mit den Kindern um den ersten Platz konkurrieren zu wollen«* (Juul 2011). Wenn der betroffene Partner in der neuen Familie seinen zweiten Rang nicht akzeptiert, sind Spannungen im Dreieck Elternteil – Kind – Stiefelternteil vorprogrammiert. Fragt ein Kind die Mutter oder den Vater *»Wen hast du lieber, mich oder deinen Freund/deine Freundin?«*, deutet dies darauf hin, dass der leibliche Elternteil nicht zwischen Elternliebe und Partnerliebe unterscheidet. Es entsteht eine Konkurrenzsituation zwischen Kind und Stiefelternteil.

zwei Sorten Liebe

zwei Lebenswelten — Durch den Zusammenschluss von zwei Familien nimmt die Anzahl der Beziehungen und Beziehungssysteme zu. Es treffen zwei Lebenswelten aufeinander. Dies führt zu mehr Herausforderungen, aber auch mehr Chancen für alle Beteiligten.

Die Kinder leben meist in zwei Familien im Wechsel und müssen sich mit mindestens einem Stiefelternteil auseinandersetzen. Falls beide neuen Partner Kinder mit in die Familie bringen, leben diese mit unterschiedlichen Eltern (leiblichen und nicht leiblichen), familiären Hintergründen und Familienkulturen zusammen.

drei Sorten Kinder — Entsteht in der Partnerschaft einer zusammengesetzten Stieffamilie ein gemeinsames Kind, gibt es für jeden Elternteil drei unterschiedliche Sorten Kinder: leibliche aus den vorherigen Verbindungen, Stiefkinder und ein gemeinsames aus der aktuellen Patchwork-Beziehung.

1.3 Zusätzliche Belastungen

Die Phase der Neubildung der Patchwork-Familie birgt an sich schon reichliche Herausforderungen. Krankheiten oder Probleme durch Interkulturalität fallen zusätzlich besonders ins Gewicht. Unterschiede im gesellschaftlichen Status sowie verschiedene Lebensphasen und -ziele in Bezug auf Beruf und Kinderwunsch addieren sich zu den belastenden Themen.

Bei Patchwork-Paaren gehört Geld immer zu den heiklen Themen. Jede Trennung verkleinert den Etat, den Familien im Alltag zur Verfügung haben. Wenn noch nicht alle finanziellen Belange geklärt sind, z. B. die Höhe der Unterhaltszahlungen für die Kinder oder die erbrechtliche Situation, sind Konflikte unumgänglich.

Geld

2 Ideal und Wirklichkeit

Jahrhundertealte Idealvorstellungen von Beziehung und Familie wirken heute nicht weniger auf junge Leute als moderne Rollenbilder. Beide sind Quellen eines Großteils der Probleme von Patchworks.

Seit Trennungen und Scheidungen sozial und wirtschaftlich erleichtert wurden, haben diese bekanntlich markant zugenommen und damit auch die Bildung von Patchwork-Familien. In westlichen Ländern ist auch deren Akzeptanz gewachsen, allerdings mehrheitlich erst bei jüngeren Menschen.

2.1 Ideal »romantische Liebe«

Die wohl wichtigste Triebfeder des Trennungsbooms der letzten Jahrzehnte ist das romantische Liebesideal. Nach Sieder liegt dessen Ursprung in der Romantik und setzt sich bis heute fort: *»Bis ins 20. Jahrhundert reiben sich romantische Liebe und bürgerliche Vernunft. Romane, Theaterstücke, Erzählungen, Memoiren und Briefe belegen die zahllosen Austragungen dieses Konflikts«* (Sieder 2008, S. 24). Später wird das Ideal zugunsten der bürgerlichen Welt zurechtgebogen, respektive um die *»aufrührerische, umstürzlerische und dunkel-destruktive Komponente gestutzt«* (Ochs & Orban 2008, S. 51). Im Laufe der zweiten Hälfte des 20. Jahrhunderts kommt das Liebesideal wieder zu neuer Blüte.

Das heutige Ideal suggeriert, dass Liebe einmalig ist, es nur um das perfekte Zusammenpassen der Partner geht und damit das Glück dann garantiert ist. Dechmann und Ryffel fassen diesen Mythos zusammen als *»Liebe ist ein großes, intensives Ereignis, das den Menschen zufällt*

Liebesideal

wie ein Himmelsgeschenk« (Dechmann & Ryffel 2015, S. 20). Gemäß diesem Mythos ist das Wichtigste, den oder die Richtige zu finden. Seit die elektronischen Medien diese Suche massiv vereinfacht haben, scheint auch die Umsetzung des romantischen Beziehungsideals keine Hürde mehr darzustellen. Fachliteratur und belletristische Werke mit der Aussage, die eine ideale Liebe bzw. den einzigen richtigen Partner gebe es nicht, sondern erfolgreiche Partnerschaft hänge wesentlich von der Beziehungsarbeit ab, konnten diesem Mythos nichts anhaben.

2.2 Folgen des Liebesideals

Partnerwahl

In Partnerschaften kommt es nach der »Honeymoonphase« immer zur Entidealisierung, die entweder zu einer reiferen Liebe führt oder zum Zerbrechen der Partnerschaft. Der Sog des Liebesideals wirkt in Richtung Aufgeben: Sobald Konflikte auftauchen und harte Beziehungsarbeit ansteht, gehen die Partner davon aus, falsch gewählt zu haben. Die Suche nach dem oder der »wirklich Richtigen« beginnt erneut. Vorhandene Kinder werden in die neue Beziehung mitgebracht, in der Vorannahme das Familienglück stelle sich in der Folgefamilie von alleine ein. Die medial inszenierte Idealisierung von Serienhelden oder Prominenten mit ihren glücklichen Patchwork-Familien gibt den Pfad vor. Häufig aber wiederholen sich die gleichen Konfliktmuster in der neuen Partnerschaft und es erfolgt wiederum eine Trennung.

Dämonisierung

Und wenn die getrennten Partner die erforderliche »Enttäuschungsarbeit« nicht leisten, sondern in ihrer Verletzung stagnieren, können sie in einen »Dämonisierungsprozess« geraten, wie von Omer (2007) beschrieben. Dämonisierende Prozesse werden begünstigt, wenn ungeklärte Konflikte zwischen Partnern zurückgeblieben sind. Der Expartner wird ins Negative verzerrt und alle Schwierigkeiten, die in der Partnerschaft und im Familienleben aufgetaucht sind, werden dessen schlechtem Charakter zugeschrieben. Die Trennung wird als logische und notwendige Folge definiert. Manchmal bleibt die gegenseitige Verteufelung nicht auf die ehemaligen Partner beschränkt, sondern Verwandte und gemeinsame Bekannte werden durch gezielte Verleumdungen zu Koalitionspartnern gegen das neue Paar gemacht. Dies geschieht häufig als extreme Reaktion eines verlassenen Expartners auf die Trennung.

Auch umgekehrt kommt es vor: Der neue Partner oder die neue Partnerin wird dazu instrumentalisiert, gegen den Expartner zu kämpfen. Das kann das neue Paar zusammenschweißen und lässt eigene Probleme in den Hintergrund treten.

2.3 Ideal Kernfamilie[2]

Die Kernfamilie ist nach wie vor für fast alle Menschen in der westlichen Welt die ideale Familienform. Warum klammert sich ein Großteil der Familien an dieses Modell?

> **Geschichtlicher Hintergrund des Kernfamilienideals**
>
> Familie war bis vor 200 Jahren gleichzusetzen mit einem bäuerlichen Produktionsbetrieb, sprich dem Zusammenleben eines Familienoberhaupts mit einer Frau, mit Mägden, Knechten und zahlreichen Kindern, die kreuz und quer entstanden waren.
>
> Bis ins Frühmittelalter musste die Kirche auch für die Kinder der Priester, Mönche und Nonnen aufkommen. Um diese Kosten zu reduzieren, erließen die Kirchenfürsten schrittweise Einschränkungen. Zuerst wurde dem Klerus die Heirat untersagt, und als dies nicht ausreichte, wurde der Enthaltsamkeitszölibat erlassen.
>
> Aber auch die sexuelle Freizügigkeit des Volkes war den Kirchenfürsten ein Dorn im Auge. So wurden die Heiratsformen auf eine einzige reduziert und die Kleinfamilie – bestehend aus Mutter, Vater und Kind – und somit auch die Monogamie propagiert. Im Spätmittelalter war die heilige Familie als vorbildliches Familienmodell omnipräsent. Davon zeugen tausende Bilder in Kirchen und Galerien. Diese Familienform war jahrhundertelang aber nicht Realität, sondern blieb ein Fernziel der Kirche.
>
> Mit der industriellen Revolution im 19. Jahrhundert wurden die Familienverbände kleiner, weil sie nicht mehr an einen landwirtschaftlichen, personalintensiven Betrieb gebunden waren. Erst jetzt wurde die lange propagierte Familienform von einem größeren Teil der Bevölkerung effektiv gelebt – und hält sich hartnäckig als Ideal (vgl. Ochs & Orban 2008, S. 48ff).

Geschichte der Familie

Das Ideal der Kernfamilie und das romantische Liebesideal wirken in zwei gegensätzliche Richtungen: »Zusammenbleiben in der Erstfamilie ist das Beste« kollidiert mit »Voraussetzung für eine gute Familie ist, dass man mit dem richtigen Partner zusammen ist«. Die Folge: Menschen sehnen sich nach der Geborgenheit in der Kernfamilie, die sie rasch gründen, aber sobald eine Störung auftritt, tritt das Liebesideal in Form von »*Partner auswechseln*« erneut in Kraft. Küchenhoff beschrieb die Situation bereits vor knapp 20 Jahren treffend: »*Wir haben die traditionellen Eheformen als Ideal verinnerlicht und zweifeln doch immer wieder an ihnen: wir erleben Beziehungsformen, die dem klassischen Muster*

---

2 Die Betroffenen sprechen von »Normalfamilie« oder »normaler Familie« und meinen »Kernfamilie« damit.

nicht entsprechen, einerseits als Abweichung von einer Norm, ja als ein Defizit oder Versagen. Andererseits können wir zu einer einfachen Erfüllung dieser Norm auch nicht mehr zurück« (Küchenhoff 1998, S. 196).

2.4   Folgen des Kernfamilienideals

Das Bild von Mutter, Vater und Kindern als einzige erstrebenswerte Familienform ist seit dem Mittelalter tief im christlichen Lebensalltag verankert. Getrennte Eltern haben immer noch ein negatives Image. Und eine »zerbrochene« Familie führt bei den meisten zu Gefühlen von Minderwertigkeit gegenüber Kernfamilien. Bei therapeutischen Erstgesprächen wird oft aus Scham vertuscht, dass nicht alle Kinder mit beiden anwesenden Erwachsenen blutsverwandt sind.

Das Kernfamilienideal verführt zu vier wesentlichen ungünstigen Handlungen: zu rascher Zusammenzug, Kernfamilie spielen, Liebesdruck und Ausschluss des anderen Elternteiles.

Zu rascher Zusammenzug

Die Sehnsucht nach Geborgenheit und Sicherheit in einer Kernfamilie lässt viele Paare schnell zusammenziehen. Expartner und Kinder sind damit meist überfordert, weil ihnen die Chance genommen wird, sich langsam an die neue Situation zu gewöhnen. Und das neue Paar unterschätzt bei der Fusion von zwei Familienkulturen meist die Schwierigkeiten, die nach und nach auftauchen und die sie bewältigen müssen (▶ Teil V, Kap. 4, S. 213ff [Fusion von Familienkulturen und Erziehungsstilen]).

Kernfamilie spielen

Wenn die neue Familie unter einem Dach formiert ist, verführt das Wunschbild »Kernfamilie« dazu, Mutter, Vater und gemeinsame Kinder zu spielen. Erzählen die Familienmitglieder aus ihrem Alltag, vermeiden sie die Ausdrücke »Stiefmutter«, »Stiefvater«, »Stiefkind«. Die Erwachsenen haben den Anspruch, alle gleich zu behandeln, ob Stiefkinder, eigene oder gemeinsame Kinder. *»Wir müssen als Familie zusammenwachsen«*, lautet das Argument. Die Erziehung soll für alle gleich sein, Rituale und Gewohnheiten werden nivelliert und alle Aktivitäten immer als Gesamtfamilie durchgeführt – bis die Kinder rebellieren oder der Expartner interveniert.

Liebesdruck

Wenn die Unterschiedlichkeit der Beziehungen verwischt wird, herrscht meist auch die selbstverständliche Erwartung, dass sich alle gern haben. Mütter und Väter übersehen, dass die Kinder und der neue Freund oder die neue Freundin einander erst einmal fremd sind und dass sich Beziehungen allmählich aufbauen. Der Druck, sich auf Anhieb zu lieben und zu harmonieren, löst Widerstand aus, wird den neuen Partnern und den Kindern doch die Wahl genommen, frei über sich »mögen« oder »nicht mögen« zu entscheiden.

Ausschluss des Expartners

Wenn die Stiefeltern dem Kernfamilienideal nachstreben, ist die logische Folge, dass kein zusätzlicher Elternteil mehr nötig ist, da es ja schon einen Mann und eine Frau in der Familie gibt. Der extern lebende Elternteil wird überflüssig. So plump würde dies zwar kaum ein Betroffener formulieren. Aber unbewusst ist diese Logik ein Grund dafür, dass externe Elternteile häufig nicht ausreichend einbezogen, manchmal sogar verleugnet, ausgegrenzt oder bekämpft werden. Der Kontakt zwischen ihnen und ihren Kindern wird minimiert oder unterbrochen.

3 Rollenerwartungen

Die Erwartungen an Mütter und Väter sind hoch. Sie basieren auf archetypischen[3] Bildern einerseits und gesellschaftlichen Einflüssen andererseits.

Mutterarchetypus und Rollenwandel

Mutterarchetypus

Der Mutterarchetypus umfasst positive wie negative Aspekte. Die positiven sind: eine gute, allumfassend nährende, beschützende, Geborgenheit spendende Mutterfigur. Auch Weisheit, geistige Höhe jenseits des Verstandes werden assoziiert. Diese Bedeutung findet sich etwa in der »Alma Mater«[4] oder in Bildern der germanischen und griechischen Göttin Gaya oder der Muttergottes. Negative Aspekte des Mutterarchetypus finden sich beispielsweise in der verschlingenden Drachenmutter, die ihre Kinder frisst oder in der vergiftenden, machtergreifenden Urmutter Isis.

Die Unterscheidung zwischen guter Mutter und böser Stiefmutter begann in der Spätantike: Der Stiefmutter wurden von Habgier, Intriganz, Feindseligkeit gegenüber den Stiefkindern bis zu Mordabsichten gegenüber dem Ehemann unzählige böse Motive zugeschrieben (Schnizlein 2012).

Die christliche Lehre führte diese Spaltung weiter. Die Aufteilung der Welt in Gut und Böse bezog auch die Mütter ein: Eine Mutter ist gut und liebt ihre Kinder. Eine Frau, die ihre Kinder vernachlässigt oder gar ablehnt, kann demnach keine Mutter sein: Entweder ist sie eine Hexe – oder eben eine »böse Stiefmutter«.

Der Mutterarchetypus wurde also zweigeteilt: in eine gute, idealisierte Hälfte, die Mutter, und eine verdrängte, negative Hälfte, die Stiefmutter. Ein Beleg dafür ist die Bearbeitung abendländischer Märchen durch die Brüder Grimm, die sämtliche böse Mutterfiguren in Stiefmütter umwandelten.

---

3   s. Glossar
4   s. Glossar

Der kirchliche Einfluss verstärkte den hohen Erwartungsdruck an die Mütter: Nur wer die Kinder bedingungslos liebt, beschützt und nährt, ist eine richtige Mutter. Die pädagogische Literatur der Aufklärungszeit tat ihr Übriges dazu: Das Kind ist als Individuum mit eigenen seelischen Kräften ausgestattet und muss von der Mutter optimale Förderung und Schutz erhalten, damit es gedeihen kann. Freud schließlich zeigte, dass die Beziehung zwischen Kind und Mutter entscheidenden Einfluss darauf hat, wie gut das Kind später das Leben als Erwachsener bewältigt. So wichtig diese Erkenntnisse für den Status des Kindes auch waren, so weiß man heute, dass der dadurch auf den Müttern lastende Druck sich auf die Erziehung auch negativ auswirken kann.

Vaterarchetypus

Vaterarchetypus und Rollenwandel

Dem Vaterarchetypus wird Stärke, Schutz, Halt, Gerechtigkeit und Strafe zugeschrieben, also positive und negative Aspekte.

Männliche Idealbilder sind etwa der Gottvater, Merkur und Zeus. Auch der Stier, der Teufel, der Hexenmeister und der Tod werden mit dem väterlichen bzw. männlichen Prinzip assoziiert.

Die Rolle des Mannes als Familienoberhaupt war von der Zeit des römischen Reiches bis ins 18. Jahrhundert unangefochten. Als höchste Autorität sorgte er für Zucht und Ordnung innerhalb des Hauses und vertrat die Familie nach außen. Er besaß rechtliche, wirtschaftliche, politische und soziale Vorrechte, aber auch Pflichten seinen Angehörigen und Hausbewohnern gegenüber. Die Zuschreibung von Vernunft, Disziplin und Härte an den Mann und Vater bewirkte dessen Zuständigkeit innerhalb der Erziehung als oberster Normenvollstrecker.

In den letzten 150 Jahren übernahmen kirchliche und staatliche Einrichtungen zunehmend die pädagogische Verantwortung für die Kinder, weil die Arbeit in Fabriken die Präsenz der Eltern, besonders der Väter, in den Familien einschränkte. Als die Väter zu den alleinigen Ernährern ihrer Familie wurden und die Frauen zuhause blieben, reduzierte sich ihre Rolle auf die der strafenden Instanz oder der »abwesenden Väter«. Dem Vater blieb – teils bis heute – die Wahrung der männlichen Autorität.

3.1 Erwartungen an Mütter und Stiefmütter

Egal ob Frauen Mütter sind oder Stiefmütter: Sie wollen dem positiven Ideal einer guten, weisen, beschützenden und Geborgenheit spendenden Mutter entsprechen. Und als oberstes Gebot gilt: Mütter lieben alle Kinder ohne Wenn und Aber.

Erst seit wenigen Jahren hinterfragt die Forschung diese Erwartungen an die Mütter. Gschwend (2009) etwa kritisiert den von der Kirche erschaffenen Mythos der bedingungslos liebenden Mutter, indem sie darauf hinweist, dass Mutterliebe weder biologisch noch historisch begründet ist.

Das heutige Frauenbild reduziert die Erwartungen an die Frauen nicht, im Gegenteil: Eine Frau ist selbstbewusst, selbstorganisiert, unabhängig. Sie hat eine Ausbildung, ist berufstätig, meistert ihr Leben selbständig, kann eigenständig für sich und ihre Familie sorgen. Zudem muss sie ein interessantes Freizeit- und Liebesleben haben und – genau wie in den letzten Jahrhunderten – natürlich auch attraktiv sein.

Frauenbild

Frauen mit Kindern stehen unter zusätzlichem Erwartungsdruck durch Erziehungsmethoden, die auf die Förderung der Kinder fokussieren, was viel Zeit und Energie fordert. Anerkennung für ihre Erziehungsarbeit und die Führung des Haushalts bekommen sie kaum. Vielmehr müssen sie sich rechtfertigen, wenn sie nicht nach kurzer Babypause wieder ins Arbeitsleben zurückkehren.

Auf Stiefmütter wirken sich die tradierten Bilder des Mutterideals bezüglich der ihr anvertrauten Kinder ebenso aus wie auf Mütter. Aber es kommt noch dazu, dass sie meinen, gegen das Bild der bösen Stiefmutter ankämpfen zu müssen. Denn es gibt keine genormten Rollenvorstellungen einer guten Stiefmutter. Zahlreiche negative Assoziationen wie Selbstsucht, Bösartigkeit und Ungerechtigkeit lassen einer Frau mit Stiefkindern wenig Spielraum. Aschenputtel lässt grüßen: Die egoistische Stiefmutter, die ihre eigenen Kinder verwöhnt und das Stiefkind ausbeutet und misshandelt, sitzt in unseren Köpfen fest.

Erwartungen an Stiefmütter

Den Versuch, durch Umbenennung ein Alternativmodell zu etablieren, hat Jesper Juul mit dem Begriff »Bonus-Eltern« unternommen (Juul 2011). Aber bis sich das während Jahrhunderten eingeprägte Bild verbessern wird, kann es noch dauern.

Aufgrund des enormen Erwartungsdrucks, den gesellschaftlichen Ansprüchen und denen des Partners gerecht zu werden, geraten Stiefmütter leicht in eine der Stiefmutter-Fallen (▶ Teil I, Kap. 6, S. 35f).

3.2 Erwartungen an Väter und Stiefväter

Auch an Väter hat die Gesellschaft Erwartungen, die von archetypischen Bildern genährt werden. Vater- und Männerbild gehen ineinander über und assoziieren Stärke, Autorität, Vernunft, Disziplin. Die Rolle des Ernährers und Beschützers stellt heute immer noch einen beträchtlichen Teil der männlichen Idealvorstellungen dar.

Männerbild

Emotionalität, Empathiefähigkeit und Fürsorglichkeit gehörten lange nicht zum Bild von Männlichkeit. Bis vor zwei Generationen gingen sowohl Laien wie Fachleute in Westeuropa noch davon aus, dass eine zu enge emotionale Bindung zum Kind die väterliche Autorität gefährde und die Kinder verweichliche. Heute beinhaltet das Vaterideal aber zunehmend das Bild eines sozialkompetenten Mannes, der tröstet und Säuglinge wickelt.

Trotzdem ist die klassische Rollenverteilung nach wie vor sehr häufig: Der Familienvater sorgt für die materielle Absicherung der Familie und verbringt weniger Zeit mit den Kindern als die Mutter. Den Familien bleibt oft gar nichts anderes übrig, als den Mann zum Ernährer der Familie zu machen. Denn immer noch verdienen Männer mehr als Frauen, in Deutschland zum Beispiel im Durchschnitt 20 Prozent.

Ein Vater läuft immer Gefahr, weniger in das Leben der Kinder einbezogen zu werden, als ihm lieb oder für die Kinder gut ist. Während sich die einen dagegen wehren, passen sich viele an und nutzen die gesparten Energien für andere Dinge: mehr Arbeit, die Suche nach einer neuen Frau, zum Fischen – oder für ein anderes Hobby.

Erwartungen an Stiefväter

Das Bild eines Stiefvaters fällt im Vergleich zu dem der Stiefmutter positiver aus. Ein Stiefvater muss sich meist nicht wie sein weibliches Pendant gegen hartnäckige Vorurteile wehren. Er wird eher als Retter der Familie gesehen. Er kann sich mehr Zeit nehmen, um sich in die neue Rolle und in die Familie einzufügen, da er in der Regel weniger zuhause ist. Und er kann den Beziehungsaufbau zu seinen Stiefkindern gemächlicher gestalten.

Ein Stiefvater steht aber unter scharfer Beobachtung durch die Mutter seiner Stiefkinder. Kritisch verfolgt sie, ob er liebenswürdig mit ihnen ist, die richtigen Werte vermittelt und wie er erzieht. Und sie versucht, auf sein Verhalten in Bezug auf ihre Kinder Einfluss zu nehmen.

Die Fallen, in die Stiefväter tappen können, sind zum Teil ganz anderer Art als die der Stiefmütter. Und damit die Stiefväter nicht stiefmütterlich behandelt werden, wollen wir sie im folgenden Kapitel an erster Stelle nennen.

4 Die Stiefvater-Fallen

Stiefväter wie Stiefmütter machen meist nicht grundsätzliche Fehler, sondern zu viel vom einen und zu wenig vom anderen. Es geht hier um die Themen Erziehungsverantwortung, emotionale Präsenz und Grenzen.

Vaterersatz

Besonders Männer ohne eigene Kinder sind gefährdet, in eine Vaterersatz-Rolle zu rutschen. Wenn sie ein Vater-Vakuum zu erkennen glauben, tendieren sie dazu, zu viel Verantwortung für das Wohl der Stiefkinder zu übernehmen. Das bedeutet oft, sich erzieherisch und Grenzen setzend in Szene zu setzen. Sie besetzen so den Platz, den vorher der Vater der Kinder innehatte.

Bald bekommen sie von den Kindern zu hören: »*Du bist nicht mein richtiger Vater, du hast mir nichts zu befehlen.*« Das kränkt diese Stiefväter, obwohl oder weil sie ja wissen, dass es so ist. Sie erwarten keine Zurückweisung, sondern eher Anerkennung für ihr Engagement.

Leben im Spagat

Ein engagierter Stiefvater mit eigenen Kindern will sich auch um die Stiefkinder angemessen kümmern und versucht, allen Anforderungen gerecht zu werden: Er genießt mit den eigenen Kindern intensive Erlebnisse, hat eine gute Beziehung zu den Stiefkindern aufgebaut und verbringt mit ihnen individuell Zeit. Er ist zudem bemüht die Beziehung zur neuen Partnerin gut zu pflegen. Er gleicht Ungerechtigkeiten und Asymmetrien im Beziehungsgeflecht aus. Und er unterstützt die Kontakte der Kinder mit den externen Elternteilen.

Wenn er gut organisieren kann, über viel Energie und Achtsamkeit verfügt und selber eher genügsam ist, mag dieser Spagat zwischen allen Familienmitgliedern und deren Anforderungen gelingen. Aber auf Dauer wahrscheinlich nur dem, der nicht voll oder gar nicht berufstätig ist. Dafür wiederum braucht er eine dicke Haut: »Hausmann« klingt im populären Sprachgebrauch immer noch sehr unattraktiv.

Retter auf Schleudersitz

Ein Mann, der Probleme zügig zu lösen pflegt und eher zu autoritärem Verhalten neigt, greift gerne rettend ein, wenn er sieht, wie sich seine neue Partnerin durch den Alltag mit ihren Kindern kämpft. Diese ist über die Unterstützung zuerst erleichtert und überlässt ihm das Feld. Aber je passiver sie wird, desto aktiver wird er. Die Kinder erleben die Mutter immer weniger in ihrer erzieherischen Funktion, dafür umso mehr die Konsequenz und Strenge des Stiefvaters, wodurch ein Teufelskreis entsteht: Die Kinder wollen herausfinden, ob ihre Mutter noch hinter ihnen oder eher hinter dem Geliebten steht. Sie provozieren zunehmend, damit die Mutter Position bezieht. Und der Stiefvater reagiert immer härter, bis sich die Mutter schützend zwischen ihn und ihre Kinder stellt. Früher oder später bricht der Konflikt zwischen den Partnern offen aus.

Der Schleudersitzmechanismus ist ausgelöst: Fühlt sich die Mutter gedrängt, zwischen ihren Kindern und dem Partner entscheiden zu müssen, fällt die Entscheidung fast immer zugunsten der Kinder aus. Für den Stiefvater ist oft unbegreiflich, dass die Liebe zu Ende sein soll. Ohne dass er seinen eigenen Anteil an der Dynamik erkennt, erfolgt die Trennung.

Gehilfe in Wartestellung

Das Gegenteil des Retters ist der defensive Stiefvater, der geduldig ausharrt und sich auf keinen Fall einmischen möchte. Er unterstützt seine Partnerin, wo er kann, hält sich aber in allen Erziehungsangelegenheiten zurück. Er macht viel für die neue Familie, weshalb er auch geschätzt wird. Dabei läuft er Gefahr, ausgenutzt zu werden, weil er sich nicht genügend abgrenzt. Er wagt kaum, etwas Eigenes mit den Stiefkindern zu unternehmen. Er harrt aus, bis seine Geliebte wieder Zeit für ihn hat. Oft kommt aber der Zeitpunkt für die erhoffte Zweisamkeit nie.

Die Verführung für solche Männer ist deshalb, sich bei Schwierigkeiten auf bekannte Rollen zurückzubesinnen: Geld verdienen, die Familie beschützen oder den Fokus ausserhalb der Familie setzen.

5   Das Leiden der Stiefväter und Väter

Für Väter und Stiefväter mit einem Vollzeitjob ist es immer eine Herausforderung, sich so um die Kinder zu kümmern, wie es dem modernen Männerbild entspricht. Wenn die Elternzeit für Väter vorbei ist, erlaubt ihnen die Arbeitswelt selten, einmal früher Feierabend zu machen oder frei zu nehmen, um ein krankes Kind zu pflegen oder überhaupt die Kinder ausreichend zu sehen. Hinzu kommt, dass ihnen ihre Verpflichtung, für den Unterhalt der Kinder zu sorgen, oft gar nicht erlaubt, weniger zu arbeiten. Sie fühlen sich auf die Funktion des Ernährers reduziert.

von ihren Kindern getrennt lebende Väter

Ein Vater sieht sich nach der Trennung von der Partnerin meist auch mit der Trennung von seinen Kindern konfrontiert. Er leidet darunter, dass er nun deutlich weniger Zeit mit ihnen verbringt und deren Alltag ohne ihn stattfindet.

In der kurzen gemeinsamen Zeit ist er verführt, die Kinder zu verwöhnen oder zu überfordern: Er wird zum Event-Papa, der in der kurzen gemeinsamen Zeit aufzuholen versucht, was er verpasst hat. Oder er glaubt kompensieren zu müssen, was die Mutter aus seiner Sicht unterlässt: Es kommt zu väterlicher Nacherziehung. Dass er damit seine Kinder eher vertreibt, macht ihn verzweifelt und hilflos.

Wenn der Vater zuschauen muss, wie ein neuer Mann an der Seite seiner Exfrau mit seinen Kindern zusammen sein darf, schmerzt dies. Unwillkürlich kommen Eifersuchts- und Konkurrenzgefühle auf, die großes Eskalationspotenzial in sich haben. Vor allem wenn der Stiefvater versucht, die Vaterrolle gänzlich zu besetzen und ihn überflüssig zu machen (▶ Teil V, Kap. 1.2, S. 180f [leiblicher Vater und Stiefvater in Konflikt]).

Andere Väter geben den Kampf um mehr Zeit mit den Kindern frühzeitig auf. Von außen sieht es aus, als ob sie ihre Kinder vergessen hätten. Sie argumentieren, dass die Exfrau ihnen die Kinder entzogen habe, und erleben sich als Opfer. Manchmal suchen sie sich eine neue Partnerin, um mit ihr eine neue, diesmal funktionierende Familie zu gründen, und überdecken damit ihren Schmerz.

Für Stiefväter, deren Kinder in mehreren Haushalten leben, ist es noch anspruchsvoller. Die Beziehungspflege zu den eigenen Kindern und den Stiefkindern muss gemeinsam mit der Partnerschaftspflege in die geringe Freizeit gepresst werden. Engagierte Stiefväter leiden vor allem unter dieser Mehrfachbelastung, die ihnen de facto für die eigenen Kinder am wenigsten Zeit lässt, wenn diese nicht bei ihnen leben. Sie verlangen von sich, alles irgendwie zu schultern, und gehen manchmal über ihre Grenzen. Ihre Verzweiflung darüber, dass es nicht gelingt, wird allerdings wenig beachtet. Psychosomatische Erkrankungen oder ein Burnout können die Folge sein. *Überlastung*

Für alle Stiefväter gilt, dass ihre schwierige Situation kaum anerkannt und ihr Leiden wenig gesehen wird. Sie bekommen zu wenig Unterstützung, da ihre Umgebung und sie selbst noch immer die Vorstellung haben, dass Männer Probleme mit links bewältigen können. Sie erhoffen sich von der Partnerin Verständnis, ernten aber oft Vorwürfe, dass sie zu wenig präsent sind oder sich nicht genügend um die Partnerschaft bemühen. *übersehener Kummer*

6 Die Stiefmutter-Fallen

Von außen betrachtet, macht die Stiefmutter auch eher zu viel als zu wenig in einer an sich guten Richtung. Und sie will zu viel gleichzeitig erreichen: dem neuen Partner zuliebe ihren Stiefkindern Erzieherin, Vertraute und Beraterin sein und ihnen all ihre Mütterlichkeit schenken.

Kampf gegen das Klischee

Fast jede Stiefmutter ist versucht, das Negativbild der »bösen Stiefmutter« zu widerlegen, und wagt nicht, eine bloß durchschnittliche Stiefmutter zu sein. Im Beziehungsaufbau zu den Stiefkindern gerät sie unter Druck, weil sie von sich selbst fordert, immer verständnis- und liebevoll zu ihnen zu sein. Sie neigt zur Überkompensation: Um nicht ungerecht zu erscheinen, lässt sie den Stiefkindern durchgehen, was sie den eigenen verbietet. Um nicht geizig zu wirken, verwöhnt sie die Stiefkinder. Und um nicht zu streng zu sein, vermeidet sie eine konsequente Erziehung.

Auf jeden Fall möchte sie es allen recht und »alles richtig« machen.

Mutterersatz

Eine Stiefmutter versteht ihre Rolle häufig als Mutterersatz – selbst wenn die leibliche Mutter noch da ist. Sie setzt alles daran, dass die Stiefkinder sie mögen. Und sie baut, häufig zu schnell, eine zu große Nähe zu ihnen auf. Manchmal möchte sie besser als die leibliche Mutter sein und gerät dabei in Gefahr, in Konkurrenz zu dieser zu geraten (▶ Teil V, Kap. 1.1, S. 178f [leibliche Mutter und Stiefmutter in Konflikt]).

Eine Frau ohne eigene Kinder ist besonders gefährdet, sich in eine Mutterersatz-Rolle zu stürzen, da sie ihrem neuen Partner zeigen will, dass sie trotz Kinderlosigkeit eine gute Mutter ist.

Verleugnung von Unterschieden

Versucht eine Stiefmutter, alle Kinder gleich zu lieben, verleugnet sie die stärkere Liebe zu den eigenen Kindern. Sie unterscheidet nicht zwischen ihrem Umgang mit den eigenen und den Stiefkindern. Sie versucht bei allen den gleichen Stil durchzuziehen. Vielleicht verbirgt sie ihre wahren Gefühle gegenüber den Stiefkindern oder gleicht sie durch Überkompensation aus. So verliert sie ihre Unbefangenheit. Die Folgen: Ihre eigenen Kinder rebellieren und die Stiefkinder glauben ihr sowieso nicht, dass sie alle Kinder genau gleich liebt (▶ Teil V, Kap. 1.6, S. 190ff).

7   Das Leiden der Stiefmütter und Mütter

Mittlerweile gibt es viele Fallberichte und Beschreibungen von Stiefmuttertragödien (z. B. Frei 2005, Grünewald 2015). Internetforen sind voll mit Berichten von verzweifelten Stiefmüttern.

Die meisten Stiefmütter, die wir in unserer Praxis erleben, sind Frauen, die aus Liebe zu ihrem Partner alles versucht haben, um eine gute Beziehung zu den ihnen anvertrauten Kindern und ein funktionierendes Familienleben aufzubauen. Sie alle sind einmal mit hohem Engagement, positiver Einstellung und viel Kraft in die Patchwork-Situation eingestiegen. Wir beobachten, dass sie trotz großem Leiden oft jahrelang durchhalten, bevor sie sich erlauben, Hilfe zu holen.

Aufopferung   Wenn die Stiefmutter ihre eigenen Bedürfnisse dem Wohl der Kinder unterordnet, überfordert sie sich. Sie lässt sich meist keine Zeit, langsam eine Beziehung zu den noch fremden Kindern aufzubauen, und tut alles für sie. Wenn die ersten Konflikte oder kritischen Äußerungen kommen, wird sie zu noch mehr Engagement angestachelt – im ständigen Bemühen, vom Partner, dessen Kindern und von der leiblichen Mutter anerkannt zu werden.

Frauen, die viele Kinder aus unterschiedlichen Partnerschaften betreuen (also Kinder, die sowohl leibliche Geschwister, wie auch Halb- und Stiefgeschwister sind), müssen ein Vielfaches an Anforderungen, Entscheidungen und Differenzierungsarbeit bewältigen. Sie haben ein hohes Risiko, unter der Last der vielen unterschiedlichen Aufgaben zusammenzubrechen.

Bisweilen endet der Versuch, eine gute Stiefmutter zu sein, mit tiefen Selbstzweifeln, Resignation und Selbstwertkrisen bis hin zu schweren depressiven Reaktionen.

Besonders junge Stiefmütter ohne Kinder übertragen ihre ganze Mütterlichkeit auf die Stiefkinder. Sie laufen Gefahr, den eigenen Kinderwunsch zu verleugnen. Ihr Partner drängt nicht auf ein gemeinsames Kind, weil er ja schon welche hat, oder er bremst ihre allfälligen Vorstöße, schwanger zu werden. So bleibt mancher jungen Stiefmutter nur die traurige Entscheidung, sich zu trennen und einen Mann mit Kinderwunsch zu suchen oder auf eigene Kinder zu verzichten. Die meisten harren aus und hoffen auf den Zeitpunkt, an dem ihr Partner bereit ist für ein gemeinsames Kind. Oft bis es dafür zu spät ist.

verdrängter Kinderwunsch

Stiefmütter fühlen sich von verschiedenen Seiten betrogen und enttäuscht: Von der Umwelt, die ihnen mehr Misstrauen als Anerkennung für ihre Arbeit entgegenbringt. Von den Stiefkindern, die sie nicht akzeptieren. Und manchmal auch vom neuen Partner, der ihnen nicht ausreichend Aufmerksamkeit schenkt oder sie zu wenig unterstützt. Sie fühlen sich vom Partner allein gelassen und verbittern zunehmend. In ihrer Kränkung sehen sie den Grund des Scheiterns im Wesen der Kinder oder des Partners.

Gefahr von Verbitterung

Einen besonders schweren Stand hat eine Mutter, die nach der Trennung die Zustimmung gibt, dass ihre Kinder beim Vater leben. Wenn keine sehr triftigen Gründe wie z. B. Krankheit vorliegen, wird sie als Rabenmutter bezeichnet – auch dann, wenn es den Kindern in der neuen Stieffamilie gut geht. Ihr Opfer, auf die Nähe zu den Kindern zu verzichten, wird nicht anerkannt. Sie muss zudem widersprüchlichen Erwartungen gerecht werden: Einerseits sollte sie ihre Verantwortung für das Wohlbefinden der Kinder übernehmen und ihnen weiterhin das sichere Gefühl geben, von ihr geliebt zu sein. Andererseits darf sie sich in die Erziehung der anderen Familie nicht einmischen.

von Kindern getrennte Mütter

Wenn sie dann erlebt, dass sie ausgegrenzt und entwertet wird, verstärken sich ihr Leiden und ihre Einsamkeit.

8 Das Leiden der Kinder und Jugendlichen

Kinder leiden unter der Trennung ihrer Eltern unabhängig von ihrem Alter. Sie sind Opfer der elterlichen Entscheidung. Egal wie die Eltern miteinander auskommen und ob sie gut oder nur mittelmäßig kooperieren: Ihre Kinder versuchen noch jahrelang, sie wieder zusammenzubringen. Während ältere ihre Sehnsucht, die ursprüngliche Familie wieder beisammen zu haben, meist für sich behalten, drücken kleinere Kinder ihren Wunsch unverhohlen aus oder versuchen mit Manövern, die Eltern einander wieder näherzubringen. Selbst dann, wenn diese schon in einer neuen Partnerschaft leben.

Kinder, die in einer Patchwork-Familie leben, können davon profitieren, wenn es den Erwachsenen gelingt, die Beziehungen zu ihnen differenziert zu pflegen. Je jünger die Kinder sind, desto anpassungsfähiger sind sie. Wenn Kinder im Kleinkindes- oder frühen Schulalter merken, dass die Mutter und ihr Freund oder der Vater und seine Freundin ohne Vorbehalte zueinander stehen, arrangieren sie sich mit den Stiefeltern. Nach einigen Jahren Gewöhnungszeit können sich die Kinder so wohl wie in einer guten Kernfamilie fühlen und auch die gegenseitige Liebe kann sich in diese Richtung entwickeln.

Pubertierende tun sich mit Stiefeltern schwerer. Sie sind mitten in der Identitätsfindung und gerade dabei zu entdecken, was sie an Mutter und Vater ablehnen oder gut finden. Sie wollen nicht, dass ein Elternteil plötzlich ausgetauscht wird. Vor allem lassen sie sich nicht vorschreiben, wen sie zu lieben oder wem sie sich unterzuordnen haben. Und erziehen lassen sie sich von einer fremden Person bestimmt nicht. Erzieherische Autorität entsteht nur in einem jahrelangen gemeinsamen Zusammenleben – und nicht auf Anhieb. Andererseits leiden Jugendliche, wenn ihnen vom Stiefelternteil kein Interesse entgegengebracht wird, weil sie dies als Ablehnung und Entwertung erleben.

Am schlimmsten ist es für Kinder, wenn sie zu wenig Kontakt zu ihren leiblichen Eltern haben oder spüren, dass es dem allein lebenden Elternteil schlecht geht. Kinder fühlen sich immer für das Wohlergehen ihrer Eltern verantwortlich und leiden, weil sie für diese nichts tun können.

8.1 Kinder mit verstorbenem Elternteil

Der Verlust eines Elternteils durch Tod macht es den Kindern schwer, sich auf eine Stiefmutter oder einen Stiefvater einzulassen. Natürlich kommt es darauf an, wie lange der Verlust schon zurückliegt und ob der Tod nach einer Krankheit oder unerwartet eingetreten ist. Und darauf, wie gut das Kind auf den Tod vorbereitet und während des Trauerprozesses begleitet worden ist. Häufig kommen bei Kindern

Schuldgefühle Schuldgefühle hinzu, wenn sie sich noch kurz vor dem Tod mit dem oder der Verstorbenen gestritten hatten oder nicht »brav« gewesen waren. Manchmal sind solche Schuldgefühle dafür mitverantwortlich, dass die Kinder sich gegen den Stiefelternteil wenden. Ihre Ablehnung ist dann nur Ausdruck ihrer Verzweiflung.

Oft versteht niemand, dass nagende Schuldgefühle gegenüber den Verstorbenen genau dann auftauchen können, wenn das Kind sich in der neuen Familie wohlzufühlen beginnt. Aber für das Kind ist es sehr schmerzlich, wenn sich die Erinnerung an den verstorbenen Elternteil langsam abschwächt.

Ob Kinder es aussprechen oder nicht, sie vergleichen den neuen Stiefelternteil mit dem verlorenen Elternteil. Und sie kämpfen darum, dass dieser nicht in Vergessenheit gerät, sondern immer einen guten Platz im Gesamtgefüge behält. Nichts ist für ein Kind schwerer zu ertragen, als wenn es sich gezwungen fühlt, die neue Frau anstelle der toten Mutter oder den neuen Mann anstelle des verstorbenen Vaters lieben zu müssen.

würdiger Platz

8.2 Halbgeschwister in Patchwork-Familien

Bekommen die Patchwork-Eltern noch ein gemeinsames Kind, besteht die größte Gefahr darin, dass sich alle Erwachsenen nur noch dem neuen Baby widmen und die anderen Kinder zu sehr in den Hintergrund geraten. Im schlimmsten Fall werden die älteren Kinder und Stiefkinder zu Babysittern oder Dienstboten degradiert.

Die Kinder, die neben diesem jüngeren Halbgeschwister aufwachsen, erleben, wie dieses immer mit Mutter und Vater zusammen sein darf, während sie selber sich mit einem getrennt lebenden Elternteil abzufinden haben. Sie spüren eine latente Drohung, bei Fehlverhalten ganz zum Vater oder zur Mutter ziehen zu müssen, unabhängig davon, ob dies eine tatsächliche Option ist oder nicht. Deshalb sind diese Kinder häufig angepasster, zurückgezogener und unauffälliger und leben ihre Pubertät moderater aus.

Benachteiligung

Kinder reagieren sofort, wenn sie die Bevorzugung des jüngeren Halbgeschwisters wittern. Eifersucht und Neid sind Alltag. Wenn sie beim extern lebenden Elternteil sind, befürchten sie, etwas Wichtiges in der neuen Familie zu verpassen. Werden aber Besuche oder Ferien mit dem externen Elternteil reduziert, kommt Sehnsucht nach diesem auf.

Oft wollen Kinder, vor allem Mädchen, sich mit den Patchwork-Eltern gut stellen, indem sie das jüngere Halbgeschwisterchen anhimmeln und ständig mütterlich betreuen. Damit laufen sie Gefahr, dass die Erwachsenen sie als Gratisbabysitter ausnutzen.

8.3 Leibliche Kinder der Patchwork-Eltern

Gemeinsame Kinder der Patchwork-Eltern haben im Gegensatz zu den Halbgeschwistern immer ihre leiblichen Eltern um sich. Sie sind von Ge-

Bevorzugung

burt an in der Prinzessinnen- oder Prinzenrolle und erleben viel Zuwendung und Geborgenheit. Ihre spätere Selbstsicherheit ist meist größer als die ihrer Halbgeschwister.

Ein mögliches Leiden entsteht dadurch, dass sie von den Halbgeschwistern für ihre Rolle bestraft werden, die sie durch eigene Provokationen oft noch verstärken. Meist sind die Aktionen harmlos, aber zuweilen führt die Verzweiflung der älteren Halbgeschwister zu gefährlichen Experimenten mit dem ihnen ausgelieferten Säugling oder Kleinkind.

8.4 Kinder nach wiederholten Trennungen

Verunsicherung

Erleben Kinder mehrfach mit, dass ihre getrennten Eltern neue Beziehungen eingehen, eine Patchwork-Familie gründen und diese wieder zerbricht, nimmt ihre Verunsicherung mit jedem Mal zu. Wenn sie eine gute Beziehung zum Stiefvater oder zur Stiefmutter aufgebaut haben und diese Person dann plötzlich weg ist, müssen sie immer wieder ohnmächtig erleben, dass liebgewonnene Menschen aus ihrem Leben verschwinden. Sie werden sich bei jedem neuen Freund der Mutter, bei jeder neuen Freundin des Vaters noch schwerer tun, sich auf diese einzulassen. Im schlimmsten Fall geben sie völlig auf, sich auf Beziehungen zu Erwachsenen zu verlassen.

9 Kapitalfehler der Eltern und die Folgen für die Kinder

Wenn Eltern nach einer unbewältigten Trennung in ihrer Not gegen ihre Expartner kämpfen, übersehen sie häufig die Bedürfnisse der Kinder. Diese gelangen in ungesunde, inadäquate Rollen und leiden darunter. Beratende müssen helfen, folgende Situationen zu vermeiden.

Dauerkrieg nach Trennung

Wenn Eltern sich nach der Trennung weiter bekämpfen, zerreißt es vor allem jüngere Kinder innerlich fast. Sie glauben, sich für Vater oder Mutter entscheiden zu müssen. Die meisten Kinder lösen das Problem, indem sie das Prinzip »Getrennte Welten« anwenden: bei der Mutter so tun, als gäbe es den Vater nicht, und umgekehrt. Was sie am einen Ort erleben, bleibt am anderen tabu.

Wenn der Loyalitätskonflikt zu groß wird, spielen manche Kinder ihre Eltern gegeneinander aus oder entwickeln körperliche oder psychische Symptome, bis hin zu dissoziativen Störungen. Dies führt die Eltern wenigstens einmal gemeinsam zu Ärztinnen, Lehrern oder Beraterinnen.

Kinder im Kreuzfeuer

Am schlimmsten ist es für Kinder wenn sie einer jahrelangen kriegsähnlichen Auseinandersetzung der Eltern unter Beteiligung von Ämtern und Gerichten ausgesetzt sind. Oder wenn sie gar zu amtlichen Stellungnahmen für oder gegen einen Elternteil genötigt werden.

Kinder als Tröster und Vermittler

Für Elternteile, die allein leben, spielen Kinder oft eine Rolle als Tröster. Diese entwickelt sich bei Jugendlichen zuweilen bis zur Therapeutenrolle weiter. Andere versuchen, bei Streitereien der Eltern zu vermitteln. Natürlich sind sie damit überfordert und erreichen wenig. Es kostet aber viel seelische Energie, Zeit und Kraft. Die Erfolglosigkeit solcher Versuche und die Erinnerung an den Konflikt lassen die Kinder lange nicht los.

Kinder als Partnerersatz

Bei länger allein lebenden Elternteilen geraten besonders gegengeschlechtliche Kinder und Jugendliche fast unmerklich in Partnerersatzrollen. Sie kommen dadurch in eine Konfusion der Hierarchien: Einmal befinden sie sich auf gleicher Ebene wie Mutter oder Vater, ein anderes Mal müssen sie sich als Kind unterordnen. Dies bewirkt längerfristig Autoritätskonflikte. Falls dann ein Stiefelternteil dazukommt, müssen sie ihre Rolle an diesen abgeben, was leicht zu einem Konkurrenzkampf zwischen Kind und Stiefelternteil führt ▶ Teil V, Kap. 1.6, S. 190 [Kinder lehnen Stiefmutter ab] und Teil V, Kap. 1.6, S. 190f [Kinder lehnen Stiefvater ab]).

Kinder als Briefträger

Haben die Eltern nur noch marginalen Kontakt miteinander und handelt es sich nur um Unterlagen oder Notizen, die transportiert werden müssen, mag die Briefträgerrolle für Kinder noch angehen. Muss ein Kind aber die Unfähigkeit der Eltern, miteinander zu kommunizieren, ausgleichen, gerät das Kind in eine verantwortliche Rolle im Elternkonflikt und trägt schwer daran. Sobald eine mündliche Botschaft mit drohendem Unterton oder entwertendem Beigeschmack überbracht werden soll, kann es den paraverbalen oder nonverbalen Anteil weglassen, abschwächen oder auch verstärken. Es entschärft oder befeuert damit den

Konflikt. Zwar wollen Kinder, dass die Eltern Frieden schließen. Dennoch wählen sie oft unbewusst eine Variante, die den Konflikt anheizt, in der Hoffnung, dies bringe die Eltern zu einem direkten Austausch und ihnen selber Entlastung.

Kinder als Geheimnisträger

Wenn ein Elternteil vom Kind verlangt, Geheimnisse vor dem anderen zu haben, kommt dieses in einen Loyalitätskonflikt. Vor allem jüngere Kinder, die sich nicht abgrenzen können, leiden enorm darunter und müssen einen großen psychischen Aufwand erbringen, um den Erwartungen gerecht zu werden. Trotzdem wissen sie genau, dass sie den anderen Elternteil damit verraten.

Kinder mit Kontrollaufträgen

Implizite Aufträge überfordern Kinder, z. B. wenn die Mutter die Hoffnung äußert, dass der Vater am Wochenende nicht zu viel trinke. Dies können Kinder als Aufgabe interpretieren, den Vater zu kontrollieren. Mit solchen Äußerungen bürden Eltern ihrem Kind eine Verantwortung auf, die sie selber tragen müssten. Auch elterliche Aufträge an Kinder, Informationen über den anderen Elternteil mehr oder weniger heimlich einzuholen, bringen diese in seelische Konflikte. Zwar fühlen die Kinder sich dann wichtig und mächtig, spüren aber gleichzeitig, dass sie einem Elternteil etwas Schlechtes antun.

Kinder als Babysitter

Dass ein jugendliches Kind als Babysitter für jüngere Stief- oder Halbgeschwister gebraucht wird, ist häufig zu beobachten. Der Babyitter-Dienst wird erst schädlich, wenn er ein exzessives Maß annimmt oder Anerkennung dafür fehlt. Bleibt dem Jugendlichen keine Zeit mehr für die eigenen Bedürfnisse oder sozialen Kontakte, fühlt er sich zu Recht missbraucht.

10   Das Leiden der Großeltern und Verwandten

Großeltern spielen im gesamten Patchwork-Familiengeschehen meist eine wichtige Rolle. Im Vordergrund steht für sie das Wohlergehen ihrer erwachsenen Kinder und ihrer Enkel. Trennen sich jene oder gehen eine neue Partnerschaft ein, werden die Großeltern vor vollendete Tatsachen gestellt. Davon fühlen sich viele überrumpelt. Sie leiden, wenn sie ihren Unmut kundtun und ihnen dann Einmischung vorgeworfen wird, oder unter ihrer Untätigkeit, wenn sie sich zurücknehmen. Am schlimmsten ist für sie, wenn sie den Kontakt zu ihren Enkelkindern, die sie vorher regelmäßig betreuten, wegen einer Trennung oder einer neuen Partnerschaft von einem Tag auf den anderen ganz verlieren. Oder wenn sie diese viel seltener sehen als vorher. Diese Großeltern versuchen meist alles, um die Beziehung zu ihren Enkeln wieder zu intensivieren. Manchmal durch Einmischung oder Kritik, wodurch noch mehr Konflikte und Leiden entstehen (▶ Teil V, Kap. 1.7, S. 195f).

All dies gilt auch für andere Verwandte, die eine enge Beziehung zu Eltern und Kindern haben.

11 Patchwork-Diagnostik

Wir verstehen unter Patchwork-Diagnostik das Erfassen des ganzen Systems, in dem Menschen leben, und wollen nicht die einzelnen Personen diagnostizieren.

Dazu gehört die Beschreibung der eben dargestellten Patchwork-Fallen und der Leiden der Betroffenen sowie der dysfunktionalen Beziehungsmuster und -dynamiken, die nun folgen.

11.1 Typische Patchwork-Dynamiken

Wir behandeln im Folgenden die häufigsten Dynamiken, die sich in den verschiedenen Patchwork-Konstellationen ergeben können und zu typischen Problemen führen. Eine ausführlichere Darstellung dieser Dynamiken finden Sie im Teil V, Kap. 1, S. 176ff.

Der Aufbau des Kapitels folgt den soziologischen Definitionen von Folgefamilien (▶ Teil I, Kap. 1.1, S. 23), wobei wir nicht unterscheiden, ob das Paar verheiratet ist oder nicht.

Einfache Stieffamilie

Wir gehen von folgender Konstellation aus: Eine Mutter mit einem Kind hat eine neue Partnerschaft und will Kind und Partner zusammenbringen. Sie liebt beide sehr und sie wünscht sich sehnlichst, dass sich die beiden auch lieben. Für sie wäre es das Schönste, wenn sie ihre Liebe zu dritt genießen könnten (▶ Teil I, Tanz mit Perspektiven, S. 53ff).

Nun hängt es vom Verhalten der Erwachsenen ab, wie es weitergeht: Wenn die Mutter zwischen Liebe zum Partner und Liebe zum Kind un- — Liebesdreieck terscheidet und deutlich macht, dass sie nicht gleichzeitig für beide voll da sein kann, und dies der Partner akzeptiert, hat die Stieffamilie eine gute Chance, langsam zusammenzuwachsen. Versucht die Mutter hingegen ihre Aufmerksamkeit dauernd auf beide zur richten, entsteht irgendwann bei beiden das Gefühl zu kurz zu kommen (▶ Teil V, Kap. 1.1, S. 176f [Mutter ist hin- und hergerissen zwischen Kind und neuem Partner]).

Zieht sich der Partner zurück, wenn ihr Kind da ist, vermutet sie, dass er ihr Kind nicht mag, oder beginnt gar an seiner Liebe zu zweifeln. Fordert er dauernd sein Recht auf Nähe zur Partnerin ein, begibt er sich in einen Konkurrenzkampf mit dem Kind um ihre Aufmerksamkeit. Als Folge kann sich sowohl der Stiefvater vom Kind abgelehnt fühlen wie auch das Kind vom Stiefvater (▶ Teil V, Kap. 1.4, S. 185f [Stiefvater lehnt Kinder ab]).

Die gleiche Dynamik droht zwischen Vater mit eigenem Kind und seiner Partnerin (▶ Teil V, Kap. 1.2, S. 179 [Vater ist hin- und hergerissen zwischen Kind und neuem Partner] und ▶ Teil V, Kap. 1.3, S. 181 [Stiefmutter lehnt Kinder ab]).

Diese Folgen des unausgeglichenen Liebesdreiecks treten sehr oft auf, müssen aber nicht sein.

verwitwete Partner

Ist ein Partner und Elternteil verwitwet, wird die Ergründung der tieferliegenden Motive für die Wahl des neuen Partners wichtig: Könnte es sein, dass es hauptsächlich darum ging, einen guten Ersatz für den oder die Verstorbene zu finden? Brauchte der Witwer jemanden, um über die Trauer hinwegzukommen und die eingetretene Leere zu füllen? Suchte die Witwe jemanden, der ihr Sicherheit zu geben versprach? Ist die Trauerarbeit vollendet? (▶ Teil V, Kap. 1.3, S. 184f [Stiefmutter findet nach dem Tod der leiblichen Mutter ihren Platz nicht] und Teil V, Kap. 1.4, S. 188f [Stiefvater findet nach dem Tod des leiblichen Vaters seinen Platz nicht]).

Sind diese Fragen nicht geklärt, kann der Stiefelternteil eine unausgesprochene Rolle als »Erbe« eines verstorbenen Partners antreten. Dann ist es schwierig, in der neuen Familie einen guten Platz zu finden.

Zusammengesetzte Stieffamilie

Wenn beide Partner sowohl die Eltern- als auch die Stiefeltern-Rollen für die Kinder einnehmen, treten folgende Dynamiken oft auf und führen zu Problemen:

zwei Mannschaften

Die erste tritt vor allem bei Kindern auf, die das Kleinkindalter hinter sich haben. Weil zwei Familienteile mit unterschiedlichen Geschichten, Erziehungsgrundsätzen und Familienkulturen zusammenleben, kommt es zu einer Konkurrenz zwischen den beiden Partnern betreffend Erziehungsform, Werten und Ritualen. Wie zwei Mannschaften aus Eltern und ihren jeweiligen Kindern treten sie gegeneinander an. Dies kann zu ernsthaften Paarproblemen, aber auch zu erbitterten Kämpfen zwischen den Kindern führen (▶ Teil V, Kap. 4, S. 213ff [Fusion von Familienkulturen und Erziehungsstilen]).

Zur Vorbeugung einer solchen Situation hilft, das Zusammenleben vorher auszuprobieren und den Zusammenzug gut vorzubereiten.

Die zweite problematische Dynamik kommt dann auf, wenn die Mutter bzw. Stiefmutter sich zu sehr bemüht, alle Kinder gleich zu lieben und zu behandeln (▶ Teil I, Kap. 6, S. 35f). Dann vernachlässigt sie die eigenen Kinder emotional (▶ Teil V, Kap. 1.3, S. 183 [Stiefmutter vernachlässigt eigene Kinder]).

<small>benachteiligte eigene Kinder</small>

Bei voll berufstätigen Stiefvätern ist es noch häufiger, dass deren eigene Kinder zu kurz kommen. Leben Kinder hauptsächlich beim Vater gemeinsam mit der Stiefmutter und deren Kindern, so haben diese ihre leiblichen Eltern noch weniger um sich: Sie haben wenig Kontakt zu ihrer Mutter und sehen den Vater nur abends und am Wochenende und müssen ihn dann mit den Stiefgeschwistern teilen (▶ Teil V, Kap. 1.4, S. 187 [Stiefvater vernachlässigt eigene Kinder]).

Es wären Zeiten notwendig, die jeweils die Eltern nur mit ihren eigenen Kindern verbringen.

Komplexe Stieffamilie

In dieser Konstellation haben die Partner zusätzlich zu ihren eigenen Kindern noch mindestens ein gemeinsames Kind.

Die Gründe für ein gemeinsames Kind sind sehr unterschiedlich und meist ausschlaggebend für das weitere Gedeihen der Patchwork-Familie:

Manche Paare hoffen, dass durch das gemeinsame »Projekt« Kind wieder mehr Nähe in die angespannte Partnerschaft kommt. Das hilft aber höchstens vorübergehend. Bald wird klar: Mit dem Neugeborenen kommen zusätzlich zu den ganz normalen Herausforderungen, die ein Säugling mit sich bringt, hohe neue Anforderungen auf die Eltern zu: Sie müssen neue Lösungen für das Familienleben mit den verschiedensten Bedürfnissen der Kinder unterschiedlichen Alters und aus mindestens zwei Herkunftsfamilien finden. Da sie nun drei Sorten Kinder haben, sollten sie auch drei verschieden gestaltete Beziehungen zu den Kindern pflegen. Die Gefahr, dass die Patchwork-Eltern überfordert sind und ihre Paarbeziehung erneut vernachlässigen, ist hoch.

<small>Kittkind</small>

<small>drei Sorten Kinder</small>

Wenn das Paar hoffte, die Stiefkinder bekämen durch das neue Kind mehr das Gefühl, nun eine »richtige Familie« zu sein, erleben sie häufig das Gegenteil. Die Kinder reagieren irritiert, da sich die Situation für sie völlig verändert hat: Sie sind durch das Neugeborene, das nun an erster Stelle der elterlichen Aufmerksamkeit steht, »entthront« worden und müssen einen neuen Platz im Familiengefüge finden. Viele dieser Kinder nehmen eine Rolle ein, die ihnen zumindest ein gewisses Maß an Aufmerksamkeit sichert: in die Progression gehen und sich an die elterlichen Vorstellungen anpassen oder in Abwehrhaltung gehen und provozieren. Oder ganz den Rückzug antreten. Bisweilen tun sich die Kinder

<small>»richtige Familie«</small>

auch zusammen, wenn es ihnen allen schlecht geht, aber häufig geraten sie untereinander in Konflikt. Das Ziel, nun mehr Familie zu sein als vor der Geburt, wurde weit verfehlt.

Für diese Patchwork-Eltern ist die Versuchung groß, so zu tun, als wäre man eine Kernfamilie. Wenn es zwischen den einzelnen Kindern Streit gibt, glauben sie, sie müssten die Familie mit noch mehr gemeinsamen Aktionen zusammenschweißen. Das gegenteilige Resultat tritt aber ein: Die Kinder rebellieren, machen mit Verhaltensauffälligkeiten auf sich und auf Ungerechtigkeiten aufmerksam, die Konflikte nehmen zu (▶ Teil II, Ringen um Rangfolgen, S. 81ff).

Kind als Legitimation

Sollte das neue Kind der Legitimation als Familie dienen, wird das Paar feststellen, dass die Umgebung und besonders die Großeltern sich vor allem über den Nachwuchs freuen, nicht aber die Stiefmutter mehr akzeptieren oder den Stiefvater stärker achten. Treten außerdem die Stiefenkel für die Verwandtschaft in den Hintergrund, sind diese nochmals enttäuscht und verletzt (▶ Teil I, Kap. 8.2, S. 39).

Solch schwierige Situationen lassen sich entschärfen, indem die Eltern die Beziehungen zu allen Kindern gezielt einzeln pflegen und sich bewusst sind, wie schwierig eine Entthronung für die Kinder sein kann (▶ Teil V, Kap. 1.6, S. 192 [Patchworkkinder in Konflikt] und Teil V, Kap. 4, S. 208f [Ausgleiche schaffen]). Manchmal muss das Elternpaar auch Einfluss auf die Beziehungsgestaltung der Großeltern mit ihren Enkeln und Stiefenkeln nehmen, damit sich alle Kinder neben dem neuen Halbgeschwister noch gesehen und geliebt fühlen. Und wenn es Patchwork-Familien gelingt, mehr Ressourcen zu mobilisieren, kann das Patchwork-Kind zur Bereicherung für alle werden.

Problematische Dynamiken zwischen Stieffamilie und Expartner

Konkurrenz

Die häufigste Problemdynamik ist die Konkurrenz zwischen leiblichem Elternteil und Stiefelternteil: Eine Stiefmutter findet die Mutter unmöglich oder umgekehrt. Ein Stiefvater hält den Vater für unfähig oder umgekehrt. Oder das neue Paar kämpft gemeinsam gegen die Expartner, indem es diese mit konkreter Kritik und mit Vorwürfen angreift oder versucht, die Besuche der Kinder bei diesen zu reduzieren oder zu sabotieren. Solche Konflikte können sich in verschiedene Richtungen entwickeln:

Grenzverletzungen

Die erste ist, dass sich Väter und Mütter ins Leben der Stieffamilie einmischen, also Grenzen verletzen, weil sie mehr mit ihren Kindern zu tun haben wollen. Z. B. indem sie bei den Kinderübergaben ungefragt in deren Wohnung eindringen.

Konfliktverschiebung

Bei einer zweiten Variante kommt es dazu, dass Mutter oder Vater den Konflikt mit dem Ex an den Partner delegieren. Dann streitet sich der extern lebende Elternteil mit dem neuen Partner. Meist entzünden sich die Konflikte am Umgang mit den Kindern: Besuche, Erziehungshaltungen, Unterhaltszahlungen. Dies kommt vor, wenn zwischen den leiblichen Eltern vor der neuen Familiengründung keine ausreichende Klärung stattgefunden hat.

Wenn die Konflikte weiter eskalieren, kann es zur Dämonisierung (▶ Teil I, Kap. 2.2, S. 26, und Teil V, Kap. 4, S. 210f [Entdämonisierung]) der Expartner kommen. Oder der eine Elternteil versucht mithilfe von Behörden oder Gerichten, die Unfähigkeit des anderen und die Gefährdung der Kinder aufzuzeigen. Dies kann bis zur Unterstellung von grober Vernachlässigung oder sexueller Ausbeutung gehen.

Dämonisierung

Manche extern lebende Elternteile wehren sich und heizen die Eskalation an. Andere – meist Väter – ziehen sich zurück und opfern die Beziehung zu den Kindern.

Für Berater und Therapeutinnen sind solche Dynamiken die größte Herausforderung. Sie müssen die neuen Partner darin unterstützen, aus der Konkurrenzsituation herauszukommen, den ausgeschlossenen Elternteil dazu ermuntern, mit adäquaten Mitteln um den Kontakt zu den Kindern zu kämpfen, oder zwischen den Parteien eine Konfliktklärung durchführen (▶ Teil V, Kap. 4, S. 216f [Hochstrittigkeit], und Teil V, Kap. 4, S. 221 [Nachscheidungsberatung]).

Problematische Dynamik zwischen Großeltern, Verwandten und der Patchwork-Familie

Bricht ein Konflikt zwischen der jungen Patchwork-Familie und der Verwandtschaft aus, werden die Großeltern am stärksten tangiert.

Wenn die Ablösung noch nicht oder nicht gut stattgefunden hat, erleben Großeltern Trennung, Scheidung und neue Partnerschaft ihrer Kinder auch als ihre eigene Angelegenheit. Sie mischen sich in das Leben ihrer Kinder ein und versuchen, deren Probleme zu lösen, eine Trennung zu verhindern oder zu fördern, beziehen Stellung und kämpfen mit der einen Partei gegen die andere. Sie idealisieren oder verdammen die neuen Partner. Oder sie beschützen ihre Enkel vor dem neuen Stiefelternteil.

Einmischung

Lassen sich Tochter oder Sohn die Einmischung gefallen oder sind gar froh darüber, sind die Großeltern mitten drin im Ehe- oder Nachscheidungskrieg.

Am schwierigsten ist es, wenn Großeltern gegen das eigene Kind Stellung beziehen und den Expartner unterstützen. Das geschieht vor allem, wenn die Großeltern befürchten, ihre Enkel nicht mehr zu sehen, weil diese bei der Schwiegertochter leben und sie sich deshalb mit ihr gutstellen wollen. Auch um den Preis, dass sie damit den Kontakt zu ihrem eigenen Kind gefährden.

Diese Muster gelten natürlich auch für andere Verwandte, die ähnliche Rollen wie die Großeltern innehaben.

Großeltern und Verwandte können bestehende Konflikte anheizen, aber auch vermittelnd wirken, wenn sie ihre Hilfe anbieten, aber sich nicht in die Konflikte ihrer Kinder mit hineinziehen lassen (▶ auch Teil V, Kap. 3.8, S. 205f).

11.2 Prognostische Aspekte

Wie die Prognose einer sich neu gebildeten Patchwork-Familie ausfällt, hängt wesentlich vom Alter der Kinder ab. Sind diese sehr klein, werden sie sich schneller an die neue Familiensituation gewöhnen. Bei Fortbestehen dieser Familie werden sich die Grenzen zwischen leiblichen und Stiefkindern verwischen. Es kann sich ein ebenbürtiges Familiengefühl entwickeln wie bei einer Kernfamilie.

Je älter die Kinder bei der Bildung einer Patchwork-Familie aber sind, desto stärker sind deren Erinnerungen an die Erstfamilie und Vergleiche drängen sich ihnen auf. Ganz schwierig wird es für Kinder sich nach einer zerbrochenen Patchwork-Familie wieder auf eine neue einzulassen.

Die Prognose für die weitere Entwicklung einer Patchwork-Familie hängt sowohl von den vorhandenen Ressourcen als auch davon ab, an welchem Punkt des Entwicklungsprozesses die neue Familie steht.

Die verschiedenen Phasen nach der Bildung einer Patchwork-Familie

Bis das Alltagsleben einer Patchwork-Familie konsolidiert ist, dauert es bis zu fünf Jahre. Die ersten zwei Jahre sind die schwierigsten. Wenn eine Familie diese Zeit überstanden hat, ist die Prognose recht gut. Es ist darum sinnvoll, die Beteiligten über den noch vor ihnen liegenden Beziehungsaufbau zu informieren und ihre Ungeduld mit sich selber zu reduzieren.

Es gibt mehrere Ansätze, die Beziehungsentwicklung von Patchwork-Familien in Phasen zu gliedern. Während Visher und Visher (1996) sieben Phasen unterscheiden, teilt Grünewald (2015) den Prozess in vier Phasen auf. Wir passen ein Phasenmodell für Patchwork-Familien an, das von Mahoney (1995) entwickelt und von Dechmann und Ryffel (2015) für Paare adaptiert wurde.

Phase 1: »Rosa Brille« – Verklärung

Neue Patchwork-Eltern tendieren zu Illusionen und Naivität. Die Erwachsenen, frisch verliebt und optimistisch für ein neues Familienleben, leben in einer Traumwelt: Sie verklären die neue Situation und gehen davon aus, dass nach aller Trennungsmühsal und den komplizierten Auseinandersetzungen mit dem Expartner nun alles gut sei.

Die Kinder hingegen leben in der Hoffnung, dass die alte Situation wieder zurückkehre.

Phase 2: Nähe und Irritationen

Langsam lassen sich alle auf die neue Situation ein.

Aber dann treten erste Irritationen über das Verhalten des Partners auf. Sie werden als kleine Anomalien beiseitegeschoben. Es taucht die Ahnung auf, selber nicht okay zu sein, oder der Partner wird nicht mehr nur in gleißendem Sonnenlicht gesehen. Eltern stehen vermehrt hinter ihren Kindern, wenn der Stiefelternteil sie zurechtweist. Kinder beginnen gegen den Stiefelternteil zu opponieren. Aber die sich anbahnenden Konflikte werden ausgesessen und nicht angesprochen. Dies ändert sich in der nächsten Phase.

Phase 3: Krise

Nun wird offenkundig, dass die anfänglichen Hoffnungen auf ein einfaches gemeinsames Leben unrealistisch waren. Das Bewusstsein, in einer Krise zu stecken, verführt zu alten Bewältigungsansätzen. Sind diese erfolglos, macht sich Enttäuschung breit. Die Konflikte werden ernsthafter und der Bedarf nimmt zu, etwas ändern zu müssen. Die Beteiligten sehen die Ursachen der Schwierigkeiten bei den anderen: dem Partner, den Kindern, dem Expartner und allen, die Kritik äußern.

Phase 4: Verletzlichkeit

Die Konflikte werden offener, direkter und zuweilen bedrohlich. Es tauchen vermehrt Selbstzweifel auf: Sind meine Gefühle inadäquat? Habe ich den Falschen, die Falsche gewählt? War es ein Fehler zusammenzuziehen? Die Koalitionen der leiblichen Elternteile mit ihren Kindern werden stärker. Stiefmütter verzweifeln, Stiefväter beginnen bei den Stiefkindern durchzugreifen oder ziehen sich in mehr Arbeit zurück. Die erneute Trennung steht im Raum.

Phase 5: Leere

Die Zweifel verstärken sich. Intellektuelle Einsichten und Gefühle klaffen auseinander. Es wird immer deutlicher, dass die bisherigen Wirklichkeitskonstruktionen und Lösungsmuster ausgedient haben, neue aber nicht in Sicht sind. Ein Kontrollverlust droht. Die Partner können sich nur noch gegenseitig Halt geben. Oder sich Hilfe von außen holen.

Phase 6: Revolution

Die Partner beginnen sich mehr und tiefer auszutauschen und nach gemeinsamen Lösungen zu suchen. Sie sehen sich selber und die anderen verstärkt in einem neuen Licht, Rollendifferenzierungen etablieren sich langsam. Sie nehmen mit Expartnern vermehrt Kontakt auf und suchen mit ihnen Klärungen bezüglich der Kinder. Für die Patchwork-Familie bedeutet das, dass die Beziehungen klarer werden. Neue Seilschaften entstehen, neue Bewältigungsmuster und Rituale. Grenzen werden gezogen, Klarheit und Verbindlichkeit nehmen zu.

Phase 7: Konsolidierung

Die Kooperation mit den externen Elternteilen wächst weiter. Entscheidungen können gemeinsam gefällt werden. Kinder wie Erwachsene tun nicht mehr so, als wären sie eine Kernfamilie, sondern bekennen sich zu ihrem Familienmodell mit mehreren Elternteilen. Die Familie gewinnt eine eigene Identität als Patchwork-Familie und steht zu ihren Besonderheiten.

Ressourcen in Patchwork-Systemen

Für die Arbeit mit Patchwork-Systemen ist für uns unabdingbar, sowohl die Ressourcen der einzelnen Betroffenen als auch des ganzen Beziehungsgefüges erkennen und beschreiben zu können. Unsere Fragen richten sich deshalb besonders auf die vorhandenen Stärken, Fähigkeiten und Möglichkeiten. Je mehr Ressourcen bei Patchworks vorhanden sind, desto leichter oder besser gelingt das neue Familiengefüge.

sichere Bindung — Eine Beziehung, egal ob es sich um die erste Partnerschaft oder um eine Patchwork-Situation handelt, hat laut Volland (1995) und Wolf (2008) hinsichtlich Stabilität eine gute Prognose, wenn beide Partner als Kinder eine sichere Bindung erlebten. Weniger stabil ist die Beziehung, wenn das Bindungsmuster des einen der ängstlich-ambivalenten oder der gleichgültig-vermeidenden Gruppe zugehört.

Ablösung — Eine gelungene Ablösung vom Elternhaus und eine gute Autonomieentwicklung sind die besten Voraussetzungen dafür, sich nach einer Trennung wieder auf eine neue Beziehung einlassen zu können und nicht in ein Abhängigkeitsverhältnis mit dem Partner zu geraten.

Differenzierung — Differenzierungsfähigkeit hilft dabei, Grenzen der Verantwortlichkeiten zu ziehen und sich den verschiedenen Rollen und Herausforderungen zu stellen.

Ich-Du-Grenze — Wer ein sicheres Gefühl für Grenzen zwischen Ich und Du hat, kann später mit dem Partner in eine konstruktive Auseinandersetzung treten. Personen mit geringer Selbstdifferenzierungsfähigkeit kommen im vielschichtigen Beziehungsleben entweder selbst zu kurz oder mischen sich ins Leben anderer ein und verletzen Grenzen im zwischenmenschlichen Miteinander.

Selbstwert — Nach gescheiterten Beziehungen ist der Selbstwert aufgrund der Verletzungs- und Verlusterlebnisse oft beeinträchtigt. Gelingt es den Menschen wieder, sich selbst anzunehmen, inklusive der eigenen schwierigen Anteile, die zur Trennung geführt haben, können sie anderen tolerant begegnen – eine wichtige Voraussetzung für einen respektvollen Umgang mit Expartnern und neuen Partnern.

Haben Partner eine gute Selbstwirksamkeitserwartung und packen Schwierigkeiten an, ist ihre Chance deutlich besser, sich im komplexen Beziehungsgefüge eines Patchwork-Systems zurechtzufinden.

Selbstwirksamkeit

Verlust- und Trennungserfahrungen werden spontan selten als Quelle eigener Ressourcen angesehen, sondern eher als Hindernis, sich wieder auf neue Beziehungen einzulassen. Aber die Beraterin kann dies entsprechend umdeuten – »reframen«, wie wir dies im Systemjargon nennen. Realisieren die betroffenen Menschen, dass sie Leid und Schmerzliches bewältigen konnten, erstarkt ihr Vertrauen in sich, auch zukünftige Krisen zu überwinden. Diese sogenannte Leidenskompetenz ist eine wertvolle Ressource, um schwierige Patchwork-Situationen durchzustehen. Eltern und andere Erwachsene, die in ihrem Leben Abschiede und Trennungen gut meistern konnten, sind Kindern eine Stütze beim Verarbeiten der Trennung ihrer Eltern. Denn solche Eltern können ihren Kindern vermitteln, dass nicht jeder Abschied gleichbedeutend mit Verlust oder Kontaktabbruch ist. Sie werden für die notwendige Sicherheit sorgen, dass ihre Kinder und Stiefkinder den Kontakt zu beiden leiblichen Eltern behalten.

Leidenskompetenz

Jede Patchwork-Familie hat ein großes Reservoir an potenziellen Konflikten. So banal es klingt: Kreativität befeuert das Aufspüren von Lösungen, um Konflikte oder logistische Probleme zu meistern. Humor und etwas Selbstironie machen es leichter, eigene Positionen zu relativieren. Und Flexibilität hilft dabei, Entscheidungen zu überdenken und sich im Patchwork-Beziehungsgeflecht zurechtzufinden.

Kreativität und Humor

Empathie, Toleranz und Respekt sind wichtige Voraussetzungen, um besser zuzuhören, nachzuempfinden, Unterschiedlichkeiten zu akzeptieren und Konflikte zu klären. Besonders relevant sind Toleranz und Respekt bei ethnischen Unterschieden. Alle Familienmitglieder müssen sich auf Kritik und Einmischung einstellen. Beide Familien oder Sippen sollten mit Toleranz auf die unterschiedlichen Werte- und Glaubenssysteme reagieren können.

Empathie, Toleranz, Respekt

Patchwork ist ein Biotop für Selbstentwicklung, die durch Selbstreflexions- und -kritikfähigkeit erleichtert wird. Wenn sich die neuen Partner bewusst sind, was sie selber zum Scheitern der vorangehenden Beziehungen beigetragen haben, werden sie seltener zu Wiederholungstätern. Sie geraten weniger schnell in ähnliche Beziehungsmuster und neigen weniger dazu, Partner oder Stiefkinder als Täter und sich selbst als Opfer zu definieren. Denn für ein solides Patchwork-Fundament braucht es die Fähigkeit, für sich und das eigene Handeln die volle Verantwortung zu übernehmen.

Selbstreflexion

Patchwork-Eltern müssen im Vergleich zu Kernfamilien-Eltern ein Vielfaches an Entscheidungen treffen und Koordination leisten: Wer wird zu welchem Fest eingeladen und wer geht zu welcher Feier? Wie können die Bedürfnisse der externen Elternteile berücksichtigt werden? Haben die Patchwork-Eltern die Fähigkeit zu priorisieren, Jugendliche und Kinder bei Bedarf mit einzubeziehen, Kompromisse einzugehen und Flexibilität zu zeigen, dann finden sie leichter Lösungen, die für alle ak-

Entscheidungskompetenz

zeptabel sind. Aber sie müssen auch lernen, manchmal Entscheidungen zu fällen, ohne allen gerecht zu werden.

Zuwachs Ein Patchwork-Projekt hat auch dann eine günstige Prognose, wenn durch den Zuwachs an Verwandten und Bekannten sich nicht nur die Komplexität des Familiengefüges erhöht, sondern auch die Möglichkeiten für Unterstützung und Entlastung der Familie mehr werden. So kann Patchwork für alle Seiten ein Gewinn sein, wenn z. B. die Eltern des kinderlosen neuen Partners unverhofft zum (Stief-)Enkelsegen kommen.

Jede Person kann eine wichtige Ressource sein, je nachdem, welche Fähigkeiten und Kenntnisse sie mitbringt. Zum Beispiel sind Großeltern oder Tanten und Onkel in stressigen Zeiten eine Entlastung für die Patchwork-Eltern, indem sie ihnen im Gespräch oder gar beim Entschärfen von Konflikten zur Seite stehen, Kinder betreuen, bei Hausaufgaben oder bei der Lehrstellensuche unterstützen.

Zum Schluss möchten wir auf eine der wichtigsten Ressourcen hinweisen – die zwar nicht alle Probleme löst, aber das Patchwork-Leben massiv erleichtert:

Liebe Unsere Erfahrung zeigt, dass Patchwork-Eltern, die eine tiefe Liebe verbindet, eine viel größere Chance haben, die Herausforderungen zu meistern. Sie spenden sich in der Zweisamkeit Kraft und halten ihrer Liebe wegen länger durch. Offen und ehrlich zu sein und einander auch schwierige Gefühle zu offenbaren, geht dann leichter. Paare, bei denen praktische Aspekte für das Zusammenziehen das stärkere Motiv waren als die Liebe, geben das Patchwork-Projekt früher auf.

Tanz mit Perspektiven

Zentral beim Umgang mit Patchwork-Familien ist das Sammeln der verschiedenen Perspektiven der Beteiligten, um sie zu einem Gesamtbild zusammenzufügen. Man muss nicht auf die Suche nach der Wahrheit gehen, sondern erkennen, wie jeder seine Wirklichkeit beschreibt. Für Therapeutinnen und Berater, die in der Regel mit Einzelnen arbeiten, kann dies eine Umorientierung bedeuten. Anhand der aus dem Prolog bekannten Patchwork-Familie veranschaulichen wir die Notwendigkeit, alle Perspektiven zu berücksichtigen.

Patchwork-Geschichte (Fortsetzung 3)

Beate und Lars leben seit einigen Monaten zusammen und Lars' Sohn Timo, der hauptsächlich bei seiner Mutter wohnt, kommt regelmäßig zu ihnen. Beate hat einen guten Kontakt zu ihm, zumal sie sein Hobby Fotografie teilt. Timo fühlt sich bei ihnen wohl, auch weil er ein eigenes Zimmer hat, wo niemand aufräumt oder putzt.

Aber für Beate werden die Tage, an denen Timo bei ihnen ist, zunehmend schwieriger: Die familiären Routinen von Lars, Beate und den Kindern Sammy und Clea werden gestört, wenn Timo zu Besuch ist. Es gibt ständig Ausnahmen, da Lars viel Zeit mit seinem Sohn verbringt und sich sehr um ihn bemüht. Vater und Sohn besetzen konstant das Wohnzimmer und Beate räumt immer hinter den beiden her.

Da Timo auch an Wochenenden kommt, an denen ihre Kinder beim Vater sind, vermisst Beate die Zweisamkeit mit Lars.

Nehmen wir an, Sie kommen mit einzelnen Betroffenen dieser Familie professionell in Kontakt.

Einzelgespräch mit der Stiefmutter Beate

Beate schildert ihre Situation folgendermaßen:
Kaum ist Lars' Sohn bei uns, bin ich nur noch Luft für meinen Freund. Timo hier und Timo da – wenn der was will, wird's gemacht. Er kann sich benehmen, wie er will, alles ist lustig und witzig, egal wie unverschämt und unerzogen er ist. Zumindest muss man, d. h. ICH, für alles Verständnis haben. Ich fand Timo am Anfang ganz nett, aber so langsam geht es mir auf den Geist, dass Lars nur noch ihn anschaut. Wenn Timo da ist, zählt nur er, es gibt kein Gespräch mehr zwischen uns. Ich kann noch glücklich sein, wenn ich für alle kochen und putzen darf! Oder die beiden wollen einen richtigen »Männerabend« machen – d.h. mit Chips und Spielkonsole vor dem Fernseher hängen oder stundenlang am PC gamen. Dann fühle ich mich so was von überflüssig, da kann ich gleich allein sein. Und nach solchen Wochenenden, wo ich so gut wie gar nicht vorhanden bin für Lars, will er auch noch meinen Applaus dafür, welch ein cooler Vater er und welch ein wahnsinnig toller Junge Timo sei!

Aus Beates Schilderungen ziehen Sie möglicherweise folgende Schlussfolgerungen:

Beate bekommt von Lars zu wenig Beachtung, sobald sein Sohn Timo da ist. Sie muss darin unterstützt werden, bei Lars mehr Liebe und Aufmerksamkeit einzufordern. Gleichzeitig soll ihre Unabhängigkeit von den beiden gefördert werden, damit sie sich weniger ausgenutzt fühlt, sich abgrenzt und besser für sich sorgt.

Eventuell ist Timo einfach schlecht erzogen, dann müsste dies zum Thema zwischen Lars und Beate werden. Aufgrund dieser Überlegungen ermutigen Sie Beate, Vater und Sohn klarzumachen, dass sie mehr Respekt verdient.

Eine andere Schlussfolgerung könnte sein, dass sich Beate zu wenig in die Vater-Sohn-Beziehung einfühlt. Dann soll sie darin unterstützt werden, sich mit Lars mehr über seinen Sohn auszutauschen, und spüren lernen, wie wichtig für Timo diese gemeinsamen Zeiten sind. Eventuell bestärken Sie Beate darin, mehr Toleranz für die Vater-Sohn-Zeiten zu entwickeln und zu erkennen, dass es mit Jugendlichen im Haus anders als sonst zugeht.

Um zu entscheiden, in welche Richtung Sie weiterarbeiten wollen, wären die Sichtweise von Lars und Timo notwendig.

Einzelgespräch mit dem Vater Lars:

Lars schildert seine Situation so:
Ich weiß nicht, was in Beate gefahren ist und warum sie plötzlich zickig ist, wenn mein Sohn bei uns ist. Zuerst fand sie ihn toll und die beiden haben sich richtig gut verstanden. Aber seitdem er mehr bei uns ist, mäkelt sie ständig an ihm herum. Sie gönnt uns keine gemeinsame Minute. Aber mitmachen tut sie auch nicht, sie kann einem richtig den Spaß verderben. Ich würde mich nicht mehr um sie kümmern, sagt sie. Aber ich kann mich nun mal nicht halbieren. Manchmal finde ich sie in ihrem Benehmen richtig kindisch.

Mögliche Schlussfolgerungen:

Lars steht unter Druck, es sowohl seinem Sohn als auch seiner Partnerin recht zu machen. Beate scheint sich zu wenig in ihn einfühlen zu können.

Als Beraterin können Sie Lars darin unterstützen, sich mehr von Beate abzugrenzen, wenn diese mehr Zeit mit ihm einfordert. Lars muss Beate verständlich machen, dass ihm die gemeinsamen Vater-Sohn-Zeiten wichtig sind.

Wenn Lars sich fragt, ob Beate seinen Sohn nicht mehr so gern hat wie am Anfang und sich deshalb so abweisend verhält, müssten Sie Lars unterstützen, die möglichen Gründe dafür herauszufinden.

Denkbar ist auch, dass Lars seine Beziehung zu Timo in den Vordergrund stellt, weil er ihm gegenüber ein schlechtes Gewissen hat. Da er früher zu wenig Zeit für seinen Sohn aufgewendet hat, will er dies nun mit viel Zuwendung und Engagement kompensieren. Als Beraterin können Sie Lars helfen, seine Schuldgefühle von früher abzulegen.

Sollten Timos Ansprüche zu hoch sein und wenn er sich nur verwöhnen lassen möchte, muss Lars darin unterstützt werden, besser für sich zu sorgen und sich abzugrenzen.

Sollte Lars aber entdecken, dass seine Liebe zu Beate weg ist und er sich deshalb mehr mit seinem Sohn beschäftigt, wäre dies das vorrangige Thema.

Einzelgespräch mit Timo

Sollten Sie mit dem Jugendlichen ins Gespräch kommen, würde er Ihnen die Situation so beschreiben:

Was hat Beate nur gegen mich in letzter Zeit? Zuerst war doch alles ok! Sie war anfangs richtig locker drauf und wir verstanden uns gut. Aber jetzt motzt sie ständig, dass ich nicht richtig aufräume, immer alles liegen lasse, dreckig mache, nicht genug Rücksicht auf sie und ihre Kids nehme. Ich muss um jede Minute kämpfen, die ich mal mit meinem Vater allein sein kann. Ich glaube, sie will nicht, dass ich so viel bei meinem Vater bin. Sie will ihn ganz für sich. Ich glaube, sie wünscht sich, dass ich nur noch bei der Mama wohne. Aber ich finde es super beim Papa – jedenfalls dann, wenn sie nicht da ist.

Mögliche Schlussfolgerungen:

Timo versteht Beates Verhalten überhaupt nicht und fühlt sich von ihr grundlos kritisiert und abgelehnt. Er scheint zu befürchten, dass Beate ihm seinen Kontakt zum Vater nicht gönnt. Und so konkurriert er mit Beate um die Liebe und Aufmerksamkeit von Lars. Timos größte Sorge ist, dass der Kontakt zum Vater weniger wird, den er als Jugendlicher sehr braucht.

Das alles ist sehr nachvollziehbar. Als Beraterin können Sie Timo darin bestärken, dass er ein Recht auf den Kontakt zum Vater hat. Er sollte seine Ängste und Wünsche mit dem Vater besprechen, damit dieser um seine Befürchtungen weiß.

Vielleicht würden Sie Timo auch dazu motivieren wollen, mit seiner Stiefmutter zu reden, damit diese ihn besser versteht. Dann wird sie ihm und seinem Vater mehr Raum und Zeit geben.

Sicht der Einzelnen und das Gesamtbild

Hört man jeweils eine Sichtweise alleine, fällt es leicht, jedem der drei Beteiligten beizupflichten. Man ist gar geneigt, jeden als Opfer der anderen oder der Umstände zu sehen.

Bei der Zusammenschau aller drei Schilderungen wird deutlich, dass sich die unterschiedlichen Sichtweisen nicht ausschließen, sondern ein neues ganzes Bild ergeben. Wir nennen es das Liebesdreieck:

Lars liebt beide, er ist das Liebesbindeglied zwischen Beate und Timo. Die wenige Zeit mit seinem Sohn will er diesem ganz allein widmen, weil er sonst deutlich mehr mit seinen Stiefkindern als mit Timo zusammen ist. Er geht selbstverständlich davon aus, dass Beate ihn versteht, weil sie sich ja lieben. Offensichtlich verständigen sich Lars und Beate nicht darüber, wie sie mit Timos Besuchen umgehen. Es gibt keine klare Abmachung zwischen den beiden, welche Position Beate als »Teilzeit-Stiefmutter« hat. Wenn sie in diesen Zeiten akzeptieren lernt, dass das leibliche Kind des Partners ganz klar den Vorrang hat, muss sie nicht in Konkurrenz mit dem Jugendlichen treten. Das bedeutet natürlich nicht, dass Beate schlecht behandelt werden darf. Wie sie den Umgang miteinander gestalten, müssen die Partner untereinander klären. Das Wesentliche ist, dass sich die beiden einig darüber werden, wann Lars seine volle Aufmerksamkeit seinem Sohn schenkt und wann er für Beate da ist.

Die Wirkung einer Einzelberatung von nur einer Person könnte in solch einer patchworktypischen Situation eine Richtung einnehmen, die sich für die Familie als Ganzes ungünstig auswirken kann:

So könnte die Wirkung einer Einzelberatung für Beate sein, dass sie noch mehr um Lars' Beachtung kämpft, diesen dadurch unter Druck setzt, sodass die Konflikte verschärft werden und die partnerschaftliche Beziehung in Gefahr gerät – was sicher nicht im Interesse von Beate wäre.

Wird nur Lars beraten, könnte dieser den Konflikt mit Beate provozieren, sofern diese nicht einsieht, warum sie weniger beachtet wird. Auch dies ließe die Beziehung brüchiger werden.

Müsste Timo seine Situation allein mit den Erwachsenen klären, wäre dies wohl eine Überforderung. Meist geraten Jugendliche in ähnlichen Situationen noch mehr in Konflikt mit den Erwachsenen und das Verhältnis zum Stiefelternteil oder zu beiden Erwachsenen verschlechtert sich weiter.

Um erfolgreich auf eine Lösung hinzuwirken, gehören alle Familienmitglieder berücksichtigt. Deshalb ist es günstig, wenn in einer gemeinsamen Beratungssituation alle Beteiligten auch die Sichtweisen der anderen hören. Erst so verstehen sie überhaupt, was in den anderen vor sich geht. So können Missverständnisse geklärt und die Konflikte reduziert werden.

Teil II Arbeit mit Patchworks

Inhaltsverzeichnis Teil II: Arbeit mit Patchworks

1		Voraussetzungen für die therapeutische Arbeit	62
		Therapeutische Haltung	63
		Therapeutisches Rüstzeug	63
2		Der diagnostisch-therapeutische Kreisprozess	63
3		Schritte einer Therapie oder Beratung	64
	3.1	Settingentscheidung	64
		Erstgespräch	65
		Folgesitzungen in Subsystemen	65
		Settingkorrekturen	66
	3.2	Auftragsklärung	67
	3.3	Therapieplanung	68
	3.4	Prozesssteuerung	68
		Reihenfolge	69
		Überblick trotz Dringlichkeit	69
4		Elemente der therapeutischen Arbeit	70
	4.1	Basiskomponenten	70
		Entschleunigen	70
		Normalisieren	70
		Ressourcen mobilisieren	71
		Kinder einbeziehen	71
		Ausgeschlossene einbeziehen	72
		Elterliche Kooperation fördern	72
		Konflikte klären	72
	4.2	Wichtige Dauerthemen	73
		Aufmerksamkeit aufteilen	73
		Beziehungsaufbau	73
		Grenzen	74
		Differenzieren und Ausgleiche schaffen	74
		Partnerschaft pflegen	75
	4.3	Besondere Herausforderungen	75
		Hochstrittigkeit und anhaltende Konflikte	75
		Multiproblemfamilien	76
		Patchwork-Folgefamilie	76
5		Stop-and-go-Beratung, Teilabschlüsse, Abschlüsse	77

Beratungen von Patchwork-Familien unterscheiden sich von Familientherapien mit Kernfamilien vor allem in zwei Punkten: Diese Familien stehen unter häufiger Kritik von außen und haben im Vergleich mit Kernfamilien mehr und komplexere Probleme. Die Literatur zur Therapie von Stief- oder Patchwork-Familien ist spärlich. Das ausführlichste und wohl erste Werk stammt vom einem amerikanischen Therapeuten-Paar, das selber eine Patchwork-Familie mit je vier Kindern gründete und ab 1979 zu diesem Thema publizierte (Visher & Visher 1996). Diese Autoren hatten auch eine Nachbefragung über den Nutzen von Therapien bei Stieffamilien durchgeführt. Als die vier hilfreichsten Interventionen zeigten sich: Validierung und Normalisierung der Stieffamiliendynamik, psychoedukative Unterstützung, Hilflosigkeit verringern, Paarbeziehung stärken. Das erste Buch in deutscher Sprache, das sich umfassend mit Therapie und Beratung von Stieffamilien befasst, ist von Krähenbühl et al., 1986 erschienen und liegt heute in der 7. Auflage vor (Krähenbühl et al. 2011).

1 Voraussetzungen für die therapeutische Arbeit

Im Teil I wurden die Besonderheiten von Patchwork-Familien ausführlich beschrieben. Mit diesem Wissen im Hinterkopf müssen die Therapeutinnen[5] darauf bedacht sein die Strukturen der verschiedenen Patchwork-Konstellationen mit den dazugehörigen Mustern und Fallen zu erkennen. Sie beobachten die Beziehungen und Interaktionen der Beteiligten und des Umfelds und fokussieren auf die Ressourcen des Gesamtsystems – als Voraussetzung für zielführende Interventionen.

Selbstverständlich gehen wir davon aus, dass die Beraterinnen von Patchwork-Familien die in ihrem Fachbereich geforderten Grundvoraussetzungen für die Beratungs- oder Therapiearbeit mitbringen. Wir heben im Folgenden die Punkte hervor, die uns für die Arbeit mit Patchworks besonders wichtig erscheinen.

Struktur-verantwortung

Die Therapeutin sollte von allen Beteiligten als respektvoll, zugewandt, verständnisvoll und kompetent anerkannt und als Verantwortliche für den Gesamtprozess respektiert werden. Gleichzeitig muss ihre Position unabhängig von allen Anwesenden sein, was auch gegenüber anderen beteiligten Fachpersonen gilt. Diese Rolle erlaubt der Therapeutin, den Prozess zu steuern und, wo nötig, zu unterbrechen oder zu verlangsamen.

---

5 Wie in der Einführung erwähnt, wechseln wir die Begriffe »Therapeutin«, »Therapeut«, »Beraterin« und »Berater« rein zufällig ab.

Therapeutische Haltung

Die Komplexität von Patchwork-Systemen erfordert Allparteilichkeit in besonderem Maß. Darunter verstehen wir nicht, dass wir auf jegliche Stellungnahme und jeden Positionsbezug verzichten, sondern eine prinzipiell wertneutrale und respektvolle Haltung gegenüber allen involvierten Personen einnehmen. Denn nur wer sich respektiert fühlt, lässt sich im Gespräch führen. Besonders notwendig ist eine nicht wertende Haltung, wenn die Frage im Raum steht ob sich zwei Partner trennen oder zusammenbleiben wollen.

Allparteilichkeit

Wertneutralität

Krähenbühl et al. verlangen: »*Die Therapeutin, die mit Stieffamilien arbeitet, muss ihr eigenes Bild von ›Familie‹, ihre Vorstellung von der ›idealen Familie‹ überprüfen. Ist sie auf die Kernfamilie starr festgelegt, oder ist sie offen für andere Familienformen?*« (Krähenbühl et al. 2007, S. 194).

Therapeutisches Rüstzeug

Beraterinnen müssen zumindest minimale Gruppenmoderationsfähigkeiten mitbringen, um Sitzungen mit Familien oder anderen Gruppierungen leiten zu können (▶ Teil V, Kap. 3.1, S. 198f).

Gruppenmoderationsfähigkeit

Da bei Patchwork-Familien immer und überall Konflikte anzutreffen sind und deren Klärung matchentscheidend ist, ist eine Methode zur Konfliktbearbeitung hilfreich (▶ Teil V, Kap. 3.2, S. 199 und Kap. 5.2, S. 230ff).

Konfliktarbeit

Besonderen Wert legen wir auf die Fähigkeit zum Perspektivenwechsel: Sind Beraterinnen in der Lage, sich in alle einzelnen Beteiligten einzufühlen, sie zu verstehen und die verschiedenen Blickwinkel einzunehmen? Denn sie wirken als Modell, wenn sie diese Fähigkeit in Anwesenheit der anderen Familienmitglieder zum Ausdruck bringen.

Perspektivenwechsel

2 Der diagnostisch-therapeutische Kreisprozess

In unserer Arbeit handhaben wir keine strikte Trennung von Diagnose und Therapie, wenn unter Diagnose die Festschreibung eines problematischen Ist-Zustandes verstanden wird und unter Therapie die daraus resultierende Intervention.

Vielmehr betrachten wir Diagnose und Therapie als einen kontinuierlichen Wechselwirkungskreislauf zwischen Informationsgewinnung, Hypothesenbildung, Diagnose und Therapie.

Wechselwirkungskreislauf

Unsere Anfangshypothesen und -diagnosen sind provisorisch. Die Reaktionen der Familie auf eine Intervention bringen neue Informationen. Und so passen wir die Diagnose an, worauf die nächste Intervention aufbaut und so weiter.

Hypothesen

Wesentlicher Grundbaustein des Beratungsprozesses ist der geübte Umgang mit Hypothesen über die Beziehungsdynamik und die damit zusammenhängenden Symptome.

Hypothesen haben vielfältige Funktionen: Sie dienen als Leitfaden für Fragen und weitere Abklärungsmöglichkeiten. Sie sind einleuchtende Erklärungen für bisher unverstandene Verhaltensweisen. Sie fördern die Flexibilität der Betroffenen oder liefern zumindest Informationen darüber, ob diese bereit sind, eigene Erklärungen zu modifizieren oder aufzugeben. Sie haben immer auch Interventionscharakter, weil sie die Sicht- und Denkweisen beeinflussen.

Genauso wichtig wie die Bildung von Hypothesen ist deren ständige Überprüfung mit den Betroffenen und die Bereitschaft, sie zugunsten anderer loszulassen. Frei nach dem Motto von G.-F. Cecchin: »*Flirte mit deinen Hypothesen, aber heirate sie nicht!*« (mündliche Mitteilung).

3 Schritte einer Therapie oder Beratung

Die Beratung im Mehrpersonensetting, sei es Kernfamilie, Stief- oder Patchwork-Familie, erfordert von Beratern einige Fähigkeiten, die im Einzelsetting nicht nötig sind. Einige Hinweise zur Gesprächsmoderation finden Sie in Teil V, Kap. 3.1, S. 198f.

Da es in Patchwork-Familien für die Beratenden besonders hohe Komplexität und eine Vielfalt an speziellen Herausforderungen gibt, stellen wir im Folgenden Prinzipien der Beratung und Therapie vor, ohne auf manchmal notwendige Ausnahmen einzugehen.

3.1 Settingentscheidung

Setting-Prinzipien

Da Allparteilichkeit unser erstes und wichtigste Gebot ist, betonen wir bei der Settingentscheidung eine ausgewogene Ausgangslage für das Erstgespräch. Alle, die zum System gehören, sollen involviert werden. Auch diejenigen, die als »Problemverursacher« oder als störend beschrieben werden. Denn bei ihnen handelt es sich um eine Konfliktpartei, die nicht außerhalb des Beratungsprozesses bleiben darf, da sonst der Konflikt nicht bearbeitet werden kann (▶ Teil V, Kap. 2, S. 197f).

Es gilt also alle einzubeziehen, ...

- die immer oder zeitweise im selben Haushalt leben,
- die etwas zur Lösung beisteuern können,
- die etwas gegen eine Lösung bzw. eine Veränderung einwenden könnten.

Erstgespräch

Wenn man nicht alle Patchwork-Beteiligten von Anfang an in den Therapieprozess einbindet und eine wichtige Person ausschließt, kann die ganze Arbeit Schlagseite bekommen und scheitern. »Beteiligte« meint bei Patchwork-Familien fast immer:

- die beiden Patchwork-Eltern,
- die extern lebenden Elternteile,
- die Kinder.

Der Vorteil eines Erstgesprächs im Gesamtsystem besteht in der hohen Transparenz für alle. Niemand kann so den Eindruck gewinnen, der Berater könne gegen andere Beteiligte instrumentalisiert werden.

Erstgesprächsetting

Falls ein hocheskalierter Konflikt verunmöglicht, dass die Parteien zusammen am selben Tisch sitzen (häufig sind dies die biologischen Eltern von symptomtragenden Kindern), kann gestaffelt vorgegangen werden: Die Teilsysteme werden am gleichen Tag kurz hintereinander eingeladen, um die Bedingungen für eine Zusammenarbeit zu klären. Meist gelingt dann trotz anfänglicher Ängste eine gemeinsame Klärung der Anliegen (▶ Teil V, Kap. 4, S. 216f [Hochstrittigkeit]).

Am Ende eines Erstgespräches werden die Subsysteme mit den Arbeitszielen festgelegt und die Priorisierung nach Themen und Dringlichkeit geordnet, damit für alle die weiteren Schritte klar sind. Teilsysteme bestehen aus den aktuellen und den vorangegangenen Familien. Diese können sein:

- Patchwork-Eltern mit oder ohne ihre Kinder,
- getrennte Eltern mit oder ohne ihre Kinder,
- Elternteile mit ihren eigenen Eltern (Einbezug der Großelternebene),
- Familiensubsystem mit externen Personen (Fachpersonen, Bezugspersonen).

Folgesitzungen in Subsystemen

Gemäß den Vereinbarungen im Erstgespräch folgt dann die Arbeit in Subsystemen.

zusätzliche Personen	Manchmal ist es ratsam, zusätzliche Personen hinzuzuziehen, wenn sie eine wichtige Ressource zur Lösung eines Problems darstellen, z. B. Großeltern, Verwandte oder andere Bezugspersonen der Kinder.

Wenn der zu klärende Konflikt vor der jetzigen Familie entstanden ist, z. B. ein noch nicht beigelegtes Zerwürfnis der Expartner oder Ablösungsprobleme eines Partners mit eigenen Eltern, werden die betreffenden Personen zur Klärung eingeladen.

Die Bildung von Teilsystemen mit Einbezug externer Fachpersonen wird notwendig, wenn das zu lösende Problem in einem Kontext außerhalb der Familie liegt oder bereits andere Helfer mit einem Familienmitglied fachlich beschäftigt sind (z. B. Einzeltherapeutin, Lehrkraft, Familienbegleiter, Betreuer).

Auch während einer Sitzung können Teilsysteme gebildet werden, z. B. um Lösungsvorschläge von den Kindern und den Eltern separat erarbeiten zu lassen.

Einzelne können ebenfalls als Teilsystem betrachtet werden. Falls etwa ein Fokus auftaucht, der eine Vertiefung mit einer Einzelperson erfordert, aber nichts mit dem Hauptanliegen der Familie zu tun hat, sind Einzelgespräche hilfreich.

Zwischenauswertungen im Gesamtsystem	Regelmäßige Sitzungen mit dem Gesamtsystem sind für Zwischenauswertungen sinnvoll in Form von Standortsitzungen. Oder wenn aufgrund einer situativen Veränderung eine neue Auftragslage entstanden ist und diese ein Recontracting erfordert.

Settingkorrekturen

Beginn mit Einzelperson	Trotz genauem Nachfragen bei der telefonischen Anmeldung passiert es immer wieder, dass erste Gespräche mit einer Einzelperson stattfinden und erst im weiteren Verlauf deutlich wird, dass andere Patchwork-Beteiligte zur Klärung des Auftrages dazu gehören würden. Bei Institutionen, in denen die Anmeldungen durch Administrativpersonal entgegengenommen werden, ist dies sogar die Regel. Ebenso in der Jugendsozialarbeit oder in der Schulsozialarbeit, wo keine oder nur eine niederschwellige Anmeldung vorangeht.

Die hilfesuchende Person hat sich dann innerlich darauf eingestellt, Unterstützung für sich allein zu holen. Dabei besteht die Gefahr, dass sie Unterstützung manchmal mit einer Koalition gegen jemanden gleichsetzt: Gegen den Expartner, gegen die Stiefmutter oder gegen die Eltern. Sobald ein Berater darauf einsteigt, wird es aber immer schwieriger, die anderen Konfliktparteien für die Zusammenarbeit zu gewinnen. Deshalb folgen nun einige Ratschläge, wie man aus solchen Situationen herausfindet:

Setting für Auftragsklärung	• In der Einzelsitzung auf ein adäquates Setting für die gemeinsame Auftragsklärung hinarbeiten. • Die Funktion der Einzelgespräche als Vorbereitung auf die wesentliche, noch folgende Arbeit deklarieren.

- Sich auf die Exploration der Gesamtsituation beschränken, d. h. nach Familienverhältnissen und Beziehungen fragen und noch keine Therapieziele definieren.
- Um bereits kognitiv die anderen Mitbeteiligten einzubeziehen: Zirkuläre Fragen[6] stellen wie z. B: »*Was würde Ihr Exmann dazu sagen*«, »*Wie stehen Ihre Kinder dazu?*« etc.

Wenn der Therapeut mehrere Einzelgespräche mit einer Person geführt hat, kann es sein, dass er mit dieser loyal ist und eher kritisch eingestellt ist gegenüber den anderen Beteiligten, die noch nicht einbezogen sind. Oder die Einzelperson erlebt ihn als Bündnispartner. Als Ausgleich können Einzelsitzungen mit anderen Beteiligten vereinbart werden, bevor die ganze Familie eingeladen wird.

Jugendsozialarbeiter[7] bewegen sich in einem juristischen Graubereich hinsichtlich Schweigepflicht gegenüber einem Kind oder Jugendlichen, um die Eltern einbeziehen zu können. Oft verzichten auf Jugendsozialarbeit spezialisierte Fachleute aus einer Mischung aus Angst, die Schweigepflicht zu verletzen, Loyalität zum Jugendlichen und der Befürchtung, mit Eltern in einen Konflikt zu geraten, auf den Einbezug der Erwachsenenebene. Wir empfehlen den Beratern, den Jugendlichen klarzumachen, dass es ein Problem auf der Erwachsenenebene gibt, das es dort zu lösen gilt, und auf die Eltern zuzugehen. Unserer Erfahrung nach reagieren die betroffenen Jugendlichen erleichtert und zeigen sich kooperativ.

Beginn mit Jugendlichen

3.2 Auftragsklärung

Auch die Auftragsklärung verstehen wir als Teil des diagnostisch-therapeutischen Kreisprozesses. Sie dient zum einen der Informationsgewinnung, zum andern dem Aufbau einer guten therapeutischen Beziehung mit allen Beteiligten. Immer ist sie das Resultat eines Austauschprozesses zwischen Patienten und Therapeutin. Wir erfahren, welche unterschiedlichen Therapieziele und tieferen Beweggründe die Beteiligten für die Beratung haben und ob diese untereinander vereinbar oder gegensätzlich sind. Hinzu kommen die Schilderungen und eigenen Beobachtungen von Symptomverhalten in Abhängigkeit unterschiedlicher Kontexte. Und nicht zuletzt gewinnen wir aus averbalen und paraverbalen Botschaften einen Eindruck über die Beziehungen zwischen den Anwesenden. Daraus lassen sich Hypothesen über Muster und implizite Aufträge generieren.

---

6 s. Glossar
7 Wir verwenden diesen in Deutschland korrekten Begriff für alle Formen der Unterstützung von sozial oder durch individuelle Beeinträchtigungen benachteiligten jungen Menschen. Umgangssprachlich ist der Begriff »außerschulische Jugendarbeit« oder »Jugendarbeit« geläufiger.

implizite und explizite Aufträge

Die expliziten Anliegen und die impliziten Aufträge – vor allem die der Kinder – verweben wir gemeinsam mit den Betroffenen zu einem sinnvollen Therapieauftrag.

Ressourcen

Während der Auftragsklärung ist zudem wichtig, die persönlichen und systemimmanenten Ressourcen zu erkennen und zu betonen. Fehlt den Beteiligten das Vertrauen in die eigenen Fähigkeiten zur Veränderung, bleiben die definierten Ziele außer Reichweite. Eine gute Auftragsklärung hat deshalb den Charakter einer therapeutischen Intervention, weil die Betroffenen Hoffnung auf Linderung von Leiden bekommen.

analoge Methoden

Zur Gewinnung von Informationen über die Beziehungsmuster bieten sich auch nichtsprachliche Verfahren an. Bei Kindern ist es oft nicht anders möglich, ihre Wünsche aufzudecken. Wenn sie mit Figuren etwas darstellen oder ein Bild malen, wird meist rasch klar, worunter sie leiden. Aber auch Erwachsene lassen sich in der Regel gern darauf ein, etwas zu visualisieren, zu skizzieren, mit Symbolen darzustellen oder Bildkarten für die verschiedenen Anliegen auszuwählen (▶ auch Teil III, Kap. 2, 2. Sitzung, S. 105ff, und Teil V, Kap. 5.1, S. 227ff).

3.3 Therapieplanung

Nach der Auftragsklärung wird der Familie ein Plan für das weitere Vorgehen vorgeschlagen. Dieser ist derart angelegt, dass ...

- ein rascher erster Erfolg mit Entlastung und Abbau von Leiden erreicht wird,
- die Ressourcen der Beteiligten eingesetzt werden,
- das Leiden der Kinder am schnellsten behoben wird,
- anstehende Entscheidungen gefällt und eventuelle Termine und Übergänge (z. B. Gerichtstermine, Schulwechsel, Umzug) eingehalten werden,
- alle genannten Beziehungsbaustellen berücksichtigt sind und die Arbeit daran in adäquaten Subsystemen geplant wird.

3.4 Prozesssteuerung

Patchwork-Systeme, die massive Probleme, verschiedene Baustellen und eskalierte Konflikte bergen, erfordern während des gesamten Beratungsprozesses eine aktive Steuerung durch die Therapeutin. Als Strukturierungshilfe sind folgende Orientierungsebenen nützlich (vgl. Hess 2005). Sie können nicht immer gleichzeitig im Auge behalten werden, aber man sollte sich angewöhnen, diese Ebenen abwechselnd zu reflektieren:

Orientierungsebenen

- Therapeutischen Beziehung
- Therapeutische Auftragslage
- Interaktionsmuster der Anwesenden
- Selbstverantwortung der Einzelnen

- Grenzen zwischen den Familienmitgliedern
- Entscheidungsprozesse

Richtlinien zur Feinsteuerung sind nicht realistisch, weil man während einer Sitzung dutzende kleine – oft unbewusste – Entscheidungen fällt (z. B. ob man eine Aussage kommentiert oder nicht, ob man eine Provokation stehen lässt oder sie relativiert). Aber es gibt einige Grundprinzipien zur Entscheidungshilfe.

Reihenfolge

Falls keine andere Dringlichkeit besteht, empfehlen wir folgende Reihenfolge.

Priorisierung

1. *Kinder entlasten:*
   Kinder aus dem Spannungsfeld der Erwachsenen herauszunehmen hat höchste Priorität, und zwar je jünger, desto eher. Kinder sind Erwachsenen ausgeliefert und haben ein Recht auf Schutz. Einem Kind zu helfen, das Belastungen ausgesetzt ist, erfordert einen viel geringeren Aufwand, als später die Folgen davon zu beheben.
2. *Frühere Beziehungen vor neueren bearbeiten:*
   Bei Konflikten oder Verstrickungen unter Erwachsenen gilt das Anciennitätsprinzip: Die älteren Beziehungen kommen vor den jüngeren, also die Beziehung eines Elternteils mit den eigenen Eltern vor der Beziehung zum Expartner. Und die Beziehung zum Expartner vor der Beziehung zum aktuellen Partner. Dabei darf die Therapeutin das Leiden der Betroffenen und andere Prioritäten natürlich nicht außer Acht lassen und sollte darauf hinweisen, wann diese Themen bearbeitet werden.
3. *Heiße Konflikte vor kalten bearbeiten:*
   Hoch eskalierte und virulente Konflikte müssen so rasch wie möglich angegangen werden, d. h., sobald das Vertrauen zwischen Klienten und Therapeutin genügend aufgebaut ist. Dies steht im Widerspruch zum Anciennitätsprinzip, hat aber größeres Gewicht, da heiße Konflikte sehr viel Energie beanspruchen und den Gesamtprozess blockieren können.

Überblick trotz Dringlichkeit

Diese Grundsätze führen zu einer Gratwanderung zwischen therapeutischer Prozessplanung und Anpassung an die aktuellen Anliegen der Betroffenen. Auf der einen Seite befinden sich die vereinbarten Ziele und die Gesamtstruktur und auf der anderen drängen die immer wieder neu auftauchenden Probleme der Familie. Regelmäßige, im Voraus festgelegte Standort-Bestimmungen helfen, den Gesamtüberblick zu bewahren. Letztlich sind die Betroffenen, die aus ihrer Not heraus agieren und oft den Weitblick verlieren, dankbar, wenn die Beraterin ordnend und strukturierend auftritt. So fühlen sie sich wahrgenommen und aufgehoben.

4 Elemente der therapeutischen Arbeit

Im Folgenden stellen wir die wesentlichen Bestandteile einer Patchwork-Beratung dar. Konkrete Interventionsmöglichkeiten für verschiedene Ausgangslagen oder Teilprobleme finden Sie in Teil V, Kap. 4, S. 207ff.

4.1 Basiskomponenten

Im Gegensatz zur Beratung von Kernfamilien kommt man bei Patchwork-Familien nicht darum herum, zuweilen Klartext zu sprechen, sogar konkrete Tipps zu geben oder vor unbedachten Schritten zu warnen, weil die Betroffenen die patchworkspezifischen Dynamiken oder Folgen ihrer Handlungen meist nicht kennen und wir als Fachleute verpflichtet sind, die wahrscheinlichen Konsequenzen ihrer Entscheidungen aufzuzeigen.

Entschleunigen

Falls eine Beraterin eines neuen Paares zum Beispiel vom spontanen Zusammenzug als Patchwork-Familie erfährt, sollte sie bremsend einwirken. Je nach Beratungsstil kann sie dies direktiv, tangential oder mit Fragen tun. Unsere Empfehlung an die Familien ist, vor dem definitiven Zusammenzug eine gemeinsame Zeit von mindestens mehreren Wochen zu verbringen, in der sie den Alltag als Patchwork-Familie ausprobieren.

Normalisieren

Entlastung

Essenziell bei der Arbeit mit Patchworks ist es, zu normalisieren, also aufzuzeigen, dass es anderen Familien ebenso geht wie ihnen. Das trägt zur Entlastung bei. Besonders für die Begleitung von Kindern ist es wichtig, deren Probleme, Sorgen und Ängste ernst zu nehmen, aber als normal und als logische Folge einer bestimmten Situation zu bezeichnen.

Ressourcen mobilisieren

Ressourcen zu nutzen ist Teil zahlreicher Therapie- und Beratungsschulen. Bei der Arbeit mit Patchworks ist dieses Grundprinzip besonders wichtig. Wir haben mit Menschen zu tun, die an sich selbst zweifeln, weil ihre Familien zerbrochen sind. Als Berater unterstützen wir die Betroffenen darin, ihren Selbstwert wieder aufzubauen, indem wir den Fokus von Anfang an auf das Gesunde, Funktionierende und auf ihre Stärken und Begabungen legen.

Einzelne stärken

Ebenso wichtig ist es, die Patchwork-Eltern auf mögliche Entlastungsmöglichkeiten in ihrem Umfeld aufmerksam zu machen. Besonders wenn Patchwork-Eltern aus Überlastung in Gefahr sind, sich als Paar zu verlieren, wird das Mobilisieren von Unterstützung notwendig. Nur so bekommen die Partner wieder Zeit für die Pflege ihrer Liebesbeziehung. Sie haben manchmal Hemmungen, die eigenen Eltern oder andere Verwandte und Bekannte um Unterstützung zu bitten. Sie befürchten – ab und an zu Recht –, dass sie mit der Begründung abgewiesen werden: »Ihr habt es ja so gewollt, seid selber schuld.« Also muss die Therapeutin mit konkreten Fragen nachhelfen und das Paar ermutigen, weiter nach Unterstützung zu suchen.

Unterstützung suchen

Kinder einbeziehen

Therapeuten, die mit Erwachsenen zu arbeiten gewohnt sind, haben vielfach Hemmungen Kinder einzubeziehen. Manche meinen, dass sie dazu eine Kinder- und Jugendlichentherapie-Ausbildung benötigen. Hier geht es aber nur darum, dass Kinder eine Stimme bekommen und direkt gehört werden. Meist ist ein solcher Einbezug von Kindern sehr viel einfacher als erwartet und fast immer bereichern Kinder eine Sitzung. Voraussetzung ist, dass sie in einer altersgemäßen Sprache angesprochen werden und ihre Aussagen und Produkte (Aufstellungen, Zeichnungen) gewürdigt werden (▶ Teil V, Kap. 3.7, S. 203ff). Eine sehr stimmige Art, bei Kindern in Trennungssituationen Tierfiguren einzusetzen, hat A. Aichinger entwickelt (▶ Teil V, Kap. 5.1, S. 227ff, und Aichinger 2012 u. 2014).

Kindern eine Stimme geben

Manchmal verhalten sich Kinder und Jugendliche in Beratungssitzungen störend. Das passiert vor allem dann, wenn sie nur auf diese Weise zum Ausdruck bringen können, dass in ihrer Familie etwas nicht gut läuft. Wir nehmen deshalb ihr Verhalten und ihre Symptome als Wegweiser, die uns zu wichtigen Themen führen. Zuweilen muss die Therapeutin als Übersetzungshilfe fungieren, damit die Eltern und Stiefeltern die Anliegen der Kinder verstehen. Weil Eltern ihre Kinder fast immer lieben und ihnen nicht schaden wollen, haben deren direkte oder indirekte Aussagen über ihr Leiden ein immenses Gewicht.

Symptome als Wegweiser

Die Anwesenheit von Kindern hat noch weitere Vorteile: Sie hilft den Eltern oder Stiefeltern meist, sich zu beherrschen und ihren Konflikt nicht eskalieren zu lassen. Oder Kinder geben durch ihre direkte Art Geheimnisse preis, die Erwachsene (noch) nicht ansprechen wollen oder können. Oder sie führen zu wichtigen, bisher ausgeblendeten Themen. Durch ihr Verhalten drücken die anwesenden Kinder auch aus, ob die Therapie oder Beratung auf einem guten Weg ist – sie sind wie Supervisoren unserer Arbeit.

Kinder als »Supervisoren«

Die Kinder selber profitieren von den therapeutischen Gesprächen oder von der Beratung, wenn sie entlastet und ihrem Alter gemäß in Entscheidungsprozesse einbezogen werden (▶ Teil V, Kap. 4, S. 212 [Entscheidungsprozesse begleiten]).

Ausgeschlossene einbeziehen

Es sind meist die von ihren Kindern getrennt lebenden Väter, die bei der Planung einer Beratung ausgelassen oder vergessen werden. Seltener passiert dies Müttern, z. B. wenn diese sich nicht mehr um die Kinder kümmern können oder weil die Eltern die Kinder unter sich aufgeteilt haben. Aber gerade diese im Familienalltag wenig präsenten Väter und Mütter müssen in die Therapie eingebunden werden, denn die Gedanken, Gefühle und Fantasien ihrer Kinder kreisen besonders um sie.

Unser Prinzip: Ohne beide leibliche Eltern kontaktiert zu haben, führen wir keine Beratung durch. Eltern bleiben Eltern, egal wie schlecht sie als Partner waren. Die einzige Ausnahme beim Einbezug in die Erstgespräche bilden Straftatbestände gegenüber den Kindern (z. B. Gewalt und sexuelle Übergriffe).

Unserer Erfahrung nach sind fast alle Väter – und natürlich auch die Mütter – froh, nicht vergessen worden zu sein, wenn wir sie bei Beginn der Beratung kontaktieren.

Elterliche Kooperation fördern

Die Förderung der elterlichen Kooperation steht im Mittelpunkt fast jeder Patchwork-Beratung. Es reicht nicht, wenn sich nur die Patchwork-Eltern einigen, wer für welche Erziehungsbereiche zuständig ist. Zusätzlich muss das neue Paar sich mit den Expartnern immer wieder betreffend erzieherischen und elterlichen Aufgaben absprechen, um die Verantwortung sinnvoll aufzuteilen. Die leiblichen Eltern müssen soweit miteinander kooperieren lernen, dass die Kinder Klarheit und Sicherheit von ihnen bekommen.

Konflikte klären

Wenn die früheren Partner ihre Probleme auch nach der Trennung nicht zu lösen vermögen, kommt es zu Dauerkonflikten, unter denen die Kinder am meisten leiden. In solchen Situationen ist es therapeutische

Pflicht, die psychischen Folgen für die Kinder zu nennen. Wenn die Erwachsenen merken, dass es dem Wohl der Kinder dient, haben sie eine gewisse Motivation, sich zusammenzuraufen und sich auf eine Klärung einzulassen. Vor allem wenn ihnen versichert wird, dass nicht die ganze Beziehungsgeschichte aufgewärmt werden muss. Es gilt nur das zu klären, was heute noch schmerzt. Der Ausdruck »Klärung Ihrer Zusammenarbeit« schreckt weniger ab als »Nachscheidungsberatung«. Aber leider sind nicht alle Eltern in ihrem Kampf durch alle Instanzen zu bremsen.

Falls ein Konflikt zwischen einem Stiefeltern- und dem extern lebenden, leiblichen Elternteil ausgebrochen ist, muss die Beraterin eruieren, ob sich diese beiden schon vor der Patchwork-Gründung gekannt haben und sie noch etwas Altes zu klären haben. Oder ob der Konflikt Stellvertreterfunktion hat für einen ungelösten Konflikt zwischen den Expartnern. Dann braucht es für diese Klärung beide Expartner und den Stiefelternteil (▶ Teil V, Kap. 4, S. 221 [Nachscheidungsberatung] und Teil V, Kap. 5.2, S. 230ff).

4.2 Wichtige Dauerthemen

Es gibt einige Themen, die nur selten von den Betroffenen selber als Anliegen genannt werden, die aber in der Beratung erkannt und bearbeitet werden müssen.

Aufmerksamkeit aufteilen

Kinder brauchen besonders direkt nach der Trennung Sicherheit in den Beziehungen zu ihren Eltern. Bis sie sich mit der neuen Situation arrangiert haben, benötigen sie viel Aufmerksamkeit. Wenn neue Geliebte an die Seite der Eltern treten, bekommen Kinder leicht den Eindruck, dass die Eltern sich zu wenig um sie kümmern. Neue Partner müssen dafür Verständnis aufbringen und manchmal auf die ersehnte Aufmerksamkeit ihrer geliebten Person verzichten.

Das Thema, wer wann volle Aufmerksamkeit von wem erwarten darf, ist daher ein wichtiges in therapeutischen Gesprächen. Und dass die neuen Partner die beiden Sorten Liebe, die Elternliebe und die Partnerliebe, nicht gleichzeitig leben können. Ziel der Beratung wäre hier, dass das Paar gemeinsam klärt, wann Zeit und Raum für welche Liebe ist, wie viel Präsenz jeder vom andern erwartet und ob diese Erwartungen zueinander passen.

Beziehungsaufbau

Der Aufbau einer stabilen Beziehung zwischen Stiefelternteil und Stiefkindern braucht in der Regel ein bis zwei Jahre, wenn die Kinder im

Grundschulalter oder jünger sind. Die Kinder müssen spüren, dass die Erwachsenen eine stabile Beziehung führen, damit sie sich leichter und in ihrem Tempo auf den neuen Stiefelternteil einlassen und diesen mit der Zeit als neu hinzugekommene Bezugsperson akzeptieren können. Bei Teenagern kann der Beziehungsaufbau deutlich länger dauern. Berater sollten Eltern und Stiefeltern dabei coachen, Geduld zu haben und diesen Beziehungen ihre Aufmerksamkeit zu widmen.

Den betroffenen Erwachsenen sollte man klarmachen, dass sich nicht alle lieben müssen, sondern dass gegenseitiger Respekt ausreicht, um eine gut funktionierende Gemeinschaft zu bilden.

Grenzen

Nicht nur bei Expartnern, die im Dauerclinch liegen, drängen sich Themen rund um Grenzen und Begrenzung auf. Und zwar innerhalb der Familie wie nach außen hin. Ein großer Teil der Patchwork-Probleme sind Einmischungen, Grenzüberschreitungen und Ablösungsthematiken: Erwachsene, die noch nicht von ihren eigenen Eltern abgelöst sind, Großeltern, deren Vertrauen in ihre erwachsenen Kinder noch nicht ausgereift ist und die sich daher ins Leben der jüngeren Generation einmischen (▶ Teil V, Kap. 4, S. 215f [Grenzen ziehen]).

Ziel einer jeden Beratung ist, immer wieder mit den Beteiligten herauszufinden, wann jemand eingebunden und einbezogen werden soll und wo klare Grenzen Sinn machen.

Differenzieren und Ausgleiche schaffen

Um gute Grenzen ziehen zu können, müssen die Betroffenen zunächst die vielfältigen Unterschiede erkennen und diese akzeptieren: zwischen zwei Familien- und Wertekulturen, zwischen Lebens- und Erziehungsstilen.

Das beinhaltet, in der Beratung dem Kernfamilienspiel entgegenzuwirken und mit der Patchwork-Familie zu differenzieren, worin die Unterschiedlichkeiten der beiden Familienformen liegen. Besonders wichtig ist, dass es unterschiedliche Arten der Beziehungspflege für die zwei oder drei Sorten Kinder geben muss. Patchwork-Kinder haben ein feines Gespür, wenn eine Gleichbehandlung der Kinder nicht stimmig ist. Für sie ist es ganz natürlich, dass jedes Kind mit seinen beiden leiblichen Elternteilen auch Zeiten allein braucht, und begrüßen meist solche Einzelaktionen.

Asymmetrie Wenn die Asymmetrien und Unterschiede einer Patchwork-Familie während einer Beratung deutlich geworden sind, ist der nächste Schritt herauszufinden, ob und welche Ausgleiche geschaffen werden müssen. Dies kann die Erwachsenen betreffen, wenn es um große Unterschiede zum Beispiel in materieller Hinsicht geht, also wenn der neue Partner deutlich mehr oder weniger zum Familienbudget beiträgt. Oder es betrifft die ganze Patchwork-Familie, wenn sich Lebensstile oder Erziehungsvorstellungen nicht zur Deckung bringen lassen. Dann muss die Beraterin den Prozess in Gang bringen, bis die Familie Ausgleiche gefunden hat, die für alle akzeptabel sind.

Beim Thema »Entthronung« durch ein neues gemeinsames Kind ist es besonders schwierig, gute Ausgleiche zu finden. Für ein Patchwork-Kind sind immer beide Eltern anwesend, während dessen Halbgeschwister immer nur einen leiblichen Elternteil um sich haben. An diesem wesentlichen Unterschied können weder die Eltern noch eine Beraterin etwas ändern, aber das Leiden durch besondere Beziehungsangebote lindern (▶ Teil V, Kap. 4, S. 208f [Ausgleiche schaffen], und Teil V, Kap. 4, S. 225f [Rollendifferenzierung]).

Entthronung

Partnerschaft pflegen

Auf Patchwork-Eltern lastet viel Druck und die Liebe droht im Alltagsstress zu versickern. Deshalb sollte die Therapeutin das Paar unterstützen, wie es trotz problembeladener Themen und Zeitdruck seine Beziehung stärken kann. Paarinseln[8] und Selbstfürsorge sind wichtig. Viele Stiefelternpaare gewähren sich nicht genügend Raum für den Erhalt ihrer Liebe. Dann tut es ihnen gut, von der Therapeutin eine »Erlaubnis« dafür zu bekommen. Aber es braucht zuweilen einige Überzeugungskraft, um sie dazu zu bringen, ein gemeinsames Zeitfenster in ihren Familienplaner aufzunehmen und stur einzuhalten. Wichtig dabei ist, dass die Paarinseln wirklich nur für die Beziehungspflege genutzt werden und es Zusatzzeiten gibt, in denen das Paar in Ruhe diskutieren kann. Denn es hat reichlich zu kommunizieren, weil es in Patchwork-Familien immer viel zu organisieren und wichtige Entscheidungen zu fällen gibt. Oft müssen Partner auch erst differenzieren lernen, was sie für sich allein brauchen, was gut ist für die Paarbeziehung und was für das gesamte Familiensystem.

Paarinseln

4.3 Besondere Herausforderungen

Hochstrittigkeit und anhaltende Konflikte

Es gibt leider Elternpaare, die sich weigern, gleichzeitig in dieselben Praxisräumlichkeiten zu kommen, weil sie derart tief in einem Konflikt stecken und nur schon der Anblick des anderen zu einer Eskalation führen könnte. In solchen Situationen kommt das von uns vorgeschlagene Standardmodell mit Einbezug beider Elternteile am Erstgespräch nicht in Frage. Ein angepasstes Vorgehen ist in Teil V, Kap. 4, S. 216f (Hochstrittigkeit) beschrieben.

---

8 s. Glossar

Dauerkonflikte — Bekämpfen sich die getrennt lebenden Eltern nach mehr als zwei Jahren immer noch, ist die seelische Gesundheit der Kinder gefährdet. Meist schaffen Kinder zwar, die zwei Eltern-Welten zu trennen und die Konflikte zwischen den Eltern nicht anzuheizen, aber sie leiden, weil sie nie ganz offen beim einen Elternteil über die jeweils andere Welt reden können.

Nachscheidungsberatung — Gelingt es, solchen Eltern das Leiden der Kinder deutlich zu machen, brauchen diese eine Begleitung, damit sie ihre Konflikte beilegen können (▶ Teil V, Kap. 4, S. 221 [Nachscheidungsberatung]). Die Streitthemen sind zwar fast immer sachlicher Art, aber selbst ein gerichtlich festgelegter Kompromiss oder eine rein sachorientierte Mediation, die zu einer einvernehmlichen Lösung geführt hatte, verhindern oft die weiteren Konflikte nicht. Grund dafür sind die unbearbeiteten Verletzungen. Auch wenn die Expartner einen Wunsch nach Aufarbeitung von alten Verletzungen haben, stehen diesem Klärungsprozess häufig Schutz- und Abgrenzungsbedürfnisse entgegen (vgl. Holdt & Schönherr 2015). Deshalb ist es wichtig, eine Konfliktklärungsmethode zu wählen, die diesen Schutz gewährleisten kann. Eine solche wird in Teil V, Kap. 5.2, S. 230ff beschrieben.

Dämonisierung — Wenn ein Dämonisierungsprozess bereits in Gang ist, reicht es allerdings nicht aus, nur mit den Expartnern zu arbeiten.

Egal von wem die Dämonisierung ursprünglich ausgegangen ist, die Beraterin muss herausfinden, von wo aus sie den Prozess am besten bremsen kann. Sie muss von beiden Seiten die Hauptkontrahenten kennen: Einmal sind es die Expartner, die die hauptsächlichen Konfliktantreiber sind. Ein andermal deren neue Partner, die instrumentalisiert wurden, gegen den oder die Ex zu kämpfen. Und manchmal kämpfen die neuen Patchwork-Eltern gemeinsam gegen die Expartner. Oder auch deren Eltern, Verwandte oder Freunde oder auch Anwälte. Kurz, die Personen, die den Dämonisierungsprozess aktiv unterhalten, gehören zum Beratungsprozess. Mehr dazu in Teil V, Kap. 4, S. 210f (Entdämonisierung).

Multiproblemfamilien

hohe Dringlichkeit — Patchwork-Familien kommen oft mit einer Sammlung von hochdringlichen Problemfeldern in die Beratung. Sie sind für alle Beratenden eine große Herausforderung, weil zudem meist die Erwartungshaltung besteht, dass alles wie von Zauberhand gelöst werde.

In den Sitzungen ist besonders wichtig, den Problemschilderungen nicht den gesamten Zeitraum zu widmen. Die Beraterin muss die Priorisierung der Themen transparent durchführen und sich immer wieder rückversichern, dass alle Beteiligten die anfänglich vereinbarten zentralen Themen nicht aus den Augen verlieren (▶ Teil V, Kap. 4, S. 220 [Multiproblemfamilien]).

Bei Patchwork-Systemen, die erst kurz vor dem Auseinanderbrechen Hilfe suchen, ist der Lauf der Dinge oft kaum mehr zu stoppen. Manchmal hat ein Beteiligter der Patchwork-Familie das stille Anliegen, den Partner oder die Kinder in therapeutische Hände abzugeben, um sich mit besserem Gewissen zu trennen. Die Beratung kann dann zwar eine Trennung nicht verhindern, aber die Interessen der Kinder in den Vordergrund rücken, für die ein erneuter Beziehungsabbruch schwer zu ertragen ist. Die Therapeutin kann dazu beitragen wichtige Beziehungen der Kinder aufrechtzuerhalten, damit diese nicht wieder retraumatisierende Verluste erleben müssen.

Scherbenhaufen

In solchen Situationen ist eine Trennungsbegleitung sinnvoll. Ziele für eine Beratung sind dabei, die auseinandergehenden Partner alte Trennungsmuster erkennen zu lassen und Konflikte zu deeskalieren.

Trennungsbegleitung

Patchwork-Folgefamilie

Mehr als die Hälfte der Patchwork-Familien zerbrechen wieder, aber nicht wenige versuchen danach wieder eine neue Familie aufzubauen. Deshalb wird in der Beratung zunehmend auch mit »Patchwork-Folgefamilien« zu rechnen sein, die von Holdt und Schönherr (2015, S. 202) als »Leporello-Familien« bezeichnet werden.

Patchwork-Folgefamilien

Für alle Beteiligten bedeutet diese neue Patchwork-Familie eine nochmals höhere Komplexität an Beziehungen als in der vorherigen. Und es sind noch mehr Beziehungsabbrüche zu bearbeiten. Solche Familien werden schnell zu Multiproblemfamilien und die neue Partnerschaft gerät noch mehr als eine erste Patchwork-Familie in Gefahr, unter den hohen Belastungen erneut auseinanderzubrechen.

Wer solche Familien berät, muss vor allem die Bedürfnisse der Kinder nach Kontakt zu den früheren Familienmitgliedern im Fokus haben. Denn manchmal haben diese in einem Stiefelternteil oder einem Stiefgeschwister eine wichtige Stütze gefunden, deren Verlust sehr belastend sein kann.

Bei der Begleitung des neuen Patchwork-Elternpaares steht die Verarbeitung der Trennungsgeschichten und die Differenzierung der Beziehungen im Vordergrund: Welche Beziehungen aus den vergangenen Familien wollen sie aufrechterhalten, welche nicht? Konnten sie sich gut verabschieden oder noch gar nicht? Stehen noch Klärungen an?

Und schließlich: Was haben sie aus der gescheiterten Patchwork-Familie gelernt? Dann folgen die Themen, die in jeder Patchwork-Familie anstehen: unterschiedliche Bedürfnisse berücksichtigen und die logistischen Herausforderungen bewältigen.

5 Stop-and-go-Beratung, Teilabschlüsse, Abschlüsse

flexibler Beratungsverlauf

Eine Besonderheit bei Beratungen von Patchwork-Familien ist das Phänomen, dass die Begleitung häufig mehrfach abgeschlossen wird und nach einigen Monaten erneut beginnt. Änderungen treten bei Patchworks schnell und häufig ein, weil viele Menschen mit verschiedensten Bedürfnissen und Anliegen involviert sind. Immer wieder können Übergänge und extern bedingte Veränderungen von Erwachsenen oder Jugendlichen – Umzug eines extern lebenden Elternteiles, Schulabschluss eines Jugendlichen etc. – Krisen auslösen. Im Vergleich zu Kernfamilien gibt es bei Patchworks schlicht mehr Situationen und Herausforderungen, die zur Destabilisierung des komplexen Familiensystems beitragen können.

Eine flexible Therapieplanung ist deshalb unabdingbar. Ohne sich aufzudrängen, sollte man den Beteiligten einer Patchwork-Familie immer ein Beratungsangebot offen halten.

Teilabschlüsse

Wir bevorzugen Teilabschlüsse und provisorische Abschlüsse mit optionalen Folge- oder Kontrollterminen. Optionale Sitzungen fördern die gemeinsame Entscheidung und Selbstverantwortung der Beteiligten.

Ist eine Arbeit in einem Subsetting abgeschlossen, kann in einer Standortsitzung der Erfolg gewürdigt und die Arbeit in anderen Subsystemen aber noch weitergeführt werden.

provisorische Abschlüsse

Unter provisorischen Abschlüssen verstehen wir drei Varianten, wie der Familie ein Stück Verantwortung zurückgegeben werden kann, ohne den Prozess ganz abzuschließen: (1) Es wird eine optionale Sitzung vereinbart, die unter vordefinierten Bedingungen stattfinden wird, z. B. wenn eine beteiligte Person findet, es gäbe noch ein wichtiges Thema zu bearbeiten. (2) Eine Folgesitzung in einem bestimmten Zeitabstand wird vom weiteren Verlauf abhängig gemacht. Kurz vor dem Termin entscheidet der Berater gemeinsam mit der Familie (telefonisch oder per Mail), ob eine Sitzung nötig ist oder nicht. (3) Eine Kontrollsitzung wird weit in der Zukunft vereinbart (z. B. ein halbes oder ein Jahr später). Diese kann abgesagt werden, wenn alles gut läuft.

Provisorische Abschlüsse haben zwei wesentliche positive Aspekte: Sie helfen allen Beteiligten, den Schritt zurück in die Therapie zu machen, weil er dann weniger groß ist als eine Neuanmeldung. Und die Verantwortung für Folgetermine wird an die Familie abgegeben. Wenn Familien einen provisorischen Termin in der Zukunft bekommen, den sie bestätigen oder absagen müssen, hilft ihnen dies, sich ihrer Situation bewusst zu werden: in welchem Moment des Familienintegrationsprozesses sie sich befinden und ob sie es auch ohne Unterstützung von außen schaffen werden. Ein Fortschritt ohne therapeutische Begleitung bedeutet immer das größere Erfolgserlebnis.

In Abschluss-Sitzungen empfiehlt sich, alle Beteiligten zusammen einen »Notfallkoffer für schwierige Situationen« entwickeln zu lassen. Dieser ist mit Ressourcen und Lösungsmöglichkeiten der Familie gefüllt. Und er kommt zum Einsatz bevor ein Termin mit der Beraterin vereinbart wird – oder stattdessen.

Notfallkoffer

Ringen um Rangfolgen

Nun möchten wir diese Grundprinzipien auf unsere Patchwork-Familie von Beate und Lars anwenden – und andeuten, dass dies nicht immer so einfach ist. Es geht hier um die Rangfolge und Priorisierung der Anliegen und Themen innerhalb des Beratungsprozesses.

Patchwork-Geschichte (Fortsetzung 4)

Mittlerweile lebt die Familie seit einem Jahr zusammen.
Beate ist von Lars schwanger geworden und beide freuen sich auf das gemeinsame Kind. Sie gehen davon aus, dass ein Kind die Familie richtig zusammenwachsen lassen wird. Mitten im turbulenten Patchwork-Alltag kommt Noah zur Welt. Zum Glück freuen sich die anderen Kinder auch darüber. Vor allem Clea beschäftigt sich gerne mit ihrem kleinen Halbbruder und entlastet Beate damit. Aber Sammy will sich nicht mehr so recht freuen, er zieht sich immer mehr in sein Zimmer zurück, wirkt mürrisch und unzufrieden. Beate hat schon dann und wann erlebt, wie er Noah gegenüber grob war, aber hat dies seiner eher ungeschickten Art zugeschrieben.

Eines Tages überrascht Beate Sammy dabei, wie er die Wiege, in der Noah liegt, so stark hin und her schaukelt, dass sie umkippt. Beate kommt gerade noch rechtzeitig, um das Schlimmste zu verhindern.

Nehmen wir an, Beate kommt mit ihrem Sohn Sammy zu Ihnen in Beratung:

Schilderung von Beate

Ich weiss nicht, was in den Jungen gefahren ist. Wir alle haben uns so gefreut auf das Kind und nun wäre beinahe ein Unglück geschehen. Sammy war kurz nach der Trennung einmal auffällig, das lag aber an meinem Exmann. Das hat sich dann irgendwie doch wieder gelegt. Aber jetzt dreht der Junge durch. Fragen Sie ihn nur selber, was er beinahe angerichtet hätte. Was ist nur in ihn gefahren?

Nun sprechen Sie mit dem 11-jährigen Jungen allein:

Schilderung von Sammy

Sammy: *Mit Noah ist gar nix passiert. Die Mama ist nur durchgedreht, als ich mit ihm gespielt habe.*

Beraterin: *Weshalb ist deine Mama durchgedreht?*

Sammy: *Ich habe ihn nur ein wenig geschaukelt (stöhnt). Alle finden den Noah soooo süß, obwohl er eigentlich ein ganz hässliches, fettes Baby ist. Ich bin im Zimmer daneben – und der plärrt die ganze Zeit!*

Ich kann nicht schlafen, das weiß Mama ganz genau, aber die interessiert das ja nicht. Alles dreht sich nur noch um Noah. Und Clea schleimt sich so richtig fies bei der Mama ein, die tut nur so lieb mit Noah – aber wenn Mama nicht hinschaut, dann macht die auch ganz eklige Grimassen zu ihm. Diese blöde Kuh, alle fallen auf ihr Getue rein. Auch Oma, wenn die überhaupt noch Augen für was anderes als ihr »Goldkind« hat.

Plötzlich bin ich für alle immer der »Große«, und es heißt: »Jetzt kannst du das schon selber«. Und Lars findet, ich soll nicht so kindisch tun, ich sei ja »kein kleiner Junge mehr«. Aber damit kriegen die mich nicht! Immer muss ich so wahnsinnig viel Verständnis haben: »Nimm doch auch mal Rücksicht«, sagen die. Denen ist sicher auch egal, wenn ich mal krank werde – Hauptsache, ich bin noch gut in der Schule. Keiner fährt mich mehr zum Fußball, keiner geht zum Turnier mit, höchstens alle zusammen: »Das ist doch schön, die ganze Familie zusammen!«, findet Mama. Das stimmt nicht, die kümmern sich dann nämlich auch da nur um Noah, damit der nicht wieder plärrt. Und kein Schwein merkt, dass ich das 2:0 geschossen hab. Früher haben Mama und Lars richtig mitgejubelt.

Und Timo kann man vergessen. Der ist so was von sauer auf mich, dass ich das größere Zimmer bekommen hab, obwohl er ja das Fernsehzimmer hat, als wir alles neu verteilen mussten, damit dieser kleine Scheißer auch ein Zimmer hat – der sowieso die ganze Nacht bei Mama schlafen darf. Timo redet nicht mehr mit mir, seitdem wir uns so gestritten haben. Aber ... ist mir doch egal!

Wie gehen Sie weiter vor in dieser Situation?

- Ich lade die Eltern des Jungen ein, also Beate und ihren Exmann Konrad.
- Ich lade Mutter Beate und Stiefvater Lars ein.
- Ich lade die ganze neue Familie ein (wenn möglich ohne Säugling).
- Ich empfehle eine Spieltherapie für den Jungen.

Durch die Geburt von Noah hat sich das ganze Stiefgeschwistergefüge verändert. Das Neugeborene steht nun an erster Stelle der elterlichen Aufmerksamkeit und die anderen bekommen automatisch andere Rollen.

Die Halbgeschwister werden »entthront«. Eine Entthronung in einer Patchwork-Situation ist einschneidender als in einer Kernfamilie: Noah hat täglich beide leiblichen Elternteile um sich, die anderen Kinder stets nur einen.

Sammy fühlt sich also nicht nur benachteiligt, sondern auch überfordert mit dem Maß an Verantwortung, das er als »der Große« nun tragen soll. Clea musste ihre Rolle als Jüngste abgeben. Und Timo weiß gar nicht mehr, ob er noch zu den Kindern gerechnet wird oder nicht.

Clea wird zu Noahs »Muster-Schwester« – und sichert sich wenigstens dadurch die positive Aufmerksamkeit ihrer Mutter. Der Nachteil bleibt, dass sie sich allein fühlt und emotional in Konkurrenz mit ihrem Halbbruder Noah, mit Bruder Sammy und mit Stiefbruder Timo steht.

Sammy versucht es mit negativer Aufmerksamkeit. Er kann nicht auch noch der liebevoll umsorgende Bruder sein, da Clea diese Rolle schon besetzt. Deshalb fängt er mit Provokationen an.

Timo scheint den Rückzug anzutreten und sich aus allem raushalten zu wollen.

Zu den möglichen Vorgehensweisen in der Beratung:
Beide Eltern von Sammy einzuladen ist in dieser Situation nicht dringend indiziert, wäre aber auch nicht falsch. Höchstwahrscheinlich ist Konrad in dieser Dynamik kein Mitspieler, könnte aber eine Ressource für Sammy sein.

Die Patchwork-Eltern einzuladen wäre eine gute Idee. Sie haben offensichtlich nicht gemerkt, dass Sammy mehr Aufmerksamkeit braucht und nicht weniger, seit Noah auf der Welt ist. Sie müssen engmaschig beraten werden, wie es ihnen in dieser Situation gelingen kann, ihm die nötige Zuwendung zu geben. Die Gefahr bei diesem Setting wäre aber, dass die Bedürfnisse von Clea wie auch von Timo in den Hintergrund der Aufmerksamkeit geraten könnten und nur für Sammy eine Verbesserung gesucht würde.

Mit der ganzen neuen Familie zu arbeiten, wäre wohl die schnellste und sicherste Möglichkeit, eine für alle passende Lösung zu finden: Nur im gemeinsamen Gespräch kann man ergründen, wo und wann genau sich Sammy zurückgesetzt fühlt. Und auch die Rollen von Clea und Timo könnten dabei berücksichtigt werden, damit alle Kinder einen guten Platz im neuen Familiengefüge bekommen.

Eine Spieltherapie für Sammy ist als alleinige Maßnahme nicht ausreichend, da sich innerhalb der Familie so kaum etwas ändern würde. Cleas und Timos Bedürfnisse würden dadurch nicht berücksichtigt, was gegenüber der Familientherapie ein Nachteil wäre.

In Kombination mit Eltern- und Familienberatung führt eine Spieltherapie zur Entlastung und Resilienzsteigerung.

Patchwork-Geschichte (Fortsetzung 5)

> Beate hat sich leider auf keine weitere Therapie eingelassen, aber zumindest Sammy zur Spieltherapie geschickt. Diese hat Sammy nach kurzer Zeit wieder aufgegeben, weil er lieber in den Fußball-Verein ging, wo er sich zuhause fühlte. Er lässt nun Noah in Ruhe, was Beate als Therapie-Erfolg auffasst.
>
> Beate hat nach einem halben Jahr Mutterpause wieder angefangen, Teilzeit zu arbeiten, weil es finanziell weiterhin sehr knapp ist. Das Leben mit dem Baby und den anderen Kindern bleibt besonders für Beate anstrengend: Der Haushalt muss auch noch gemacht werden, die Kinder streiten sich viel und dazwischen schreit Noah. Sie fühlt

sich zunehmend ausgebrannt. Und Lars und Beate streiten sich immer öfter.

Während eines Kontrollbesuchs bei ihrer Gynäkologin bricht Beate in Tränen aus: »*Ich kann nicht mehr, alles wächst mir über den Kopf. Ich weiß gar nicht, wie es weitergehen soll.*«

Nach einem Gespräch, in dem Beate ihr Leid klagt, gibt ihr die Gynäkologin die Adresse einer Beratungsstelle.

Sie arbeiten in dieser Beratungsstelle und hören Folgendes:

Schilderung von Beate

Ich bin am Anschlag – und dachte doch immer: Wir werden das schon schaffen, jetzt, wo wir eine ganze, komplette Familie sind: Lars, unsere drei Kinder und nun unser gemeinsames Kind, der Wonneproppen Noah. Der sollte eigentlich aus dem Gröbsten raus sein und es könnte sich langsam der Alltag einstellen. Aber irgendwie bekomm ich das nicht hin. Alles wird nur schwieriger. Es vergeht kein Tag, an dem es nicht irgendeinen Streit gibt, irgendjemand ausflippt oder irgendwas total schiefläuft. Sammy und Clea streiten ständig, und während Clea sich manchmal ganz nett um Noah kümmert, ist Sammy total gemein zu ihr. Timo hält sich raus aus allem, er ist überhaupt keine Hilfe, obwohl er doch nun wirklich schon groß ist und mal zupacken könnte! Die Wohnung ist ein Chaos, außer mir räumt wirklich keiner mehr auf. Und Lars ist immer gereizt und tatsächlich noch weniger zuhause als vorher – wo ich ihn doch so gut brauchen könnte. Plötzlich muss er abends unbedingt noch mit einem Kollegen was trinken gehen – angeblich geschäftlich. Wo wir doch vorher ganz klar abgemacht haben, dass wir alle zusammenhalten und jeder seine Aufgabe in der neuen Familie hat. Ich muss hier alles stemmen zuhause, es gibt einfach kaum Hilfe von außen. Und als ob das alles nicht reichen würde, machen mir mein Ex und vor allem seine Mutter in letzter Zeit die Hölle heiß, dass ich mich mehr um Sammys Schule kümmern solle. Maria, die Mutter von Timo, macht mir auch noch Druck, dass ich Timo mehr Struktur geben müsse. So langsam reicht's mir, ich kann nicht mehr!

Ich selber darf in der Arbeit auf keinen Fall als durchgeknallt auffallen, die dürfen nicht erfahren, dass ich zum Psycho geh, sonst bin ich meine Teilzeitstelle los. Aber das Geld brauchen wir dringend!

Was würden Sie als Beraterin oder Psychotherapeutin als ersten Schritt tun?

- Ich würde Beate in eine psychosomatische Klinik einweisen.
- Ich würde Beate erst einmal Einzelgespräche anbieten.
- Ich würde eine sozialpädagogische Familienhilfe in die Wege leiten.

- Ich würde eine Familientherapie beginnen oder diese anderswo einfädeln.
- Ich würde als Erstes den Mann Lars einladen, um seine Sicht auch zu hören.

Nicht nur Beate, sondern die ganze Patchwork-Familie ist kurz vor dem Kollaps. Es ist bedenklich, dass die Liebe zwischen Beate und Lars nicht mehr hält und sich das Paar zu verlieren droht.

Die Idee mit der Klinik wäre an sich gut, wenn der Säugling nicht wäre. Diesen mitzunehmen ist nur in wenigen Kliniken möglich. Und wie dann die übrigen Kinder betreut würden, wäre auch noch nicht geregelt.

Eine Einzelpsychotherapie von Beate könnte an sich hilfreich sein, doch ist sie als alleinige Maßnahme zu diesem Zeitpunkt nicht ausreichend. Denn bevor Beate alle notwendigen Prozesse alleine zur Entwirrung und Entlastung in die Wege geleitet hätte, könnte es bereits zum Auseinanderbrechen der Familie kommen.

Eine sozialpädagogische Familienhilfe wäre eine gute Lösung. Aber erfahrungsgemäß ist es nicht realistisch, dass diese zeitnah einsetzt, z. B. wegen bürokratischer Hürden und Überlastung der Stellen. Aber Hilfe wäre für die Familie bald notwendig, denn ein Start erst in einem halben Jahr wäre viel zu spät.

Eine Familientherapie ist sicher indiziert, weil dadurch schnell Druck aus dem System genommen und Ressourcen mobilisiert werden können.

Lars einzuladen wäre aus folgenden Gründen sinnvoll: Seine Sichtweise vervollständigt das Bild über die Familiensituation. In einem nachfolgenden Gespräch mit dem Paar können alle Varianten von Entlastung und Therapiemöglichkeiten durchgesprochen werden. Und falls eine Familientherapie ins Auge gefasst wird, könnten Beate und Lars gemeinsam die Kinder dafür motivieren.

Falls Sie Lars zu einem Gespräch eingeladen haben, erzählt er Folgendes:

Schilderung von Lars

Noah ist ein Sonnenschein und eine Bereicherung, keine Frage. Irgendwie dachte ich aber, dass wir jetzt mehr Zusammenhalt hätten, Beate sich besser fühlen und wir irgendwie näher zusammenrücken würden. Stattdessen wird Beate immer anspruchsvoller, zieht sich von mir zurück. Immer schiebt sie Noah oder die Kinder vor – ich muss erst alle ihre Aufgaben erfüllen, dann bekomm ich vielleicht mal ein Lächeln. Es ist so schwierig mit ihr, immer gestresst, immer am Anschlag – so langsam sollten sich die Hormone doch wieder normalisiert haben! Natürlich will ich Beate unterstützen, denn sie tut ja wirklich viel für uns alle. Aber ich weiß oft auch nicht mehr, wo mir der Kopf steht, ich muss ja auch mehr arbeiten.

Denn wie stellt sich Beate das eigentlich vor? Dass wir zuhause wie ihre Angestellten funktionieren? Sie bestimmt, was wir wann zu tun haben! Ich weiß gar nicht mehr, wann ich das letzte Mal was allein mit Timo gemacht habe. Nun ja, der interessiert sich in letzter Zeit eh nur für Mädels, der merkt gar nicht, ob ich nun Zeit für ihn habe oder nicht.

Und von Eheleben brauch ich gar nicht mehr zu reden. Beate scheint wirklich nicht gut organisiert zu sein: Sie könnte sich die Tage viel besser einteilen, weil sie nur Teilzeit arbeitet. Dann sollte doch wenigstens alle paar Tage mal eine gemütliche Zeit für uns beide rausspringen.

Beate und Lars sind enttäuscht. Sie hatten gehofft, dass mit der Geburt von Noah die Familie zusammenwächst und die Kinder ein stärkeres Identitätsgefühl als ganze Familie entwickeln würden.

Aber nichts davon hat stattgefunden. Beate und Lars sind derart überlastet und in ihrem jeweils eigenen Trott festgefahren, dass sie nicht mehr sehen können, wie es dem anderen geht. Die Kommunikation scheint zusammengebrochen zu sein. Der einjährige Noah ist vermutlich der einzige Beweggrund für das Paar, die Familie noch zusammenzuhalten.

Die Reihenfolge und Ziele der therapeutischen Maßnahmen könnten Sie unterschiedlich bewerten:

- Erste Priorität hat die Paarebene von Beate und Lars, damit sie wieder zu ihrer Liebe und dadurch zu ihrer Energie zurückfinden.
- Erste Priorität haben die Kinder, denn wenn sie so viel streiten, geht es ihnen nicht gut. Sie brauchen Entlastung durch eine Therapie.
- Erste Priorität hat die Entlastung von Beate. Sie muss mittels externer Hilfe unterstützt werden, die Familie wieder ins Lot zu bringen.
- Erste Priorität hat die psychische Gesundheit Beates, egal ob mithilfe von Medikamenten, eines Klinikaufenthaltes oder einer Psychotherapie.

Unsere Einschätzung in diesem Fall ist folgende: Eine Verbesserung und Stabilisierung der Partnerschaft verspricht den raschesten Erfolg für die ganze Familie, sofern gleichzeitig der Frage nach weiteren Entlastungsmöglichkeiten für Beate nachgegangen wird. Dies würde wahrscheinlich nicht viel Zeit in der Beratung beanspruchen, aber viel zur Erleichterung aller beisteuern.

Das Paar muss begleitet werden, bis die notwendige Hilfe installiert ist. Dann können zusätzliche Maßnahmen wie Einzeltherapie von Beate und evtl. auch von Lars durchgeführt werden. Vorher werden sie wohl kaum für einen intensiven Einzelprozess bereit sein. Eine antidepressive Medikation kann je nach gesamtpsychischem Zustand unterstützend wirken.

Dieses Vorgehen, nämlich zuerst mit dem Paar zu arbeiten, stünde nicht im Widerspruch zu unserem Prinzip »zuerst Kinder entlasten«. Denn genau das passiert, wenn sich streitende Eltern beginnen, wieder liebevoll miteinander umzugehen. Deshalb steht zuerst die Stabilisierung der Partnerschaft im Zentrum.

Ende der Geschichte

Beate und Lars kommen zu einem Gespräch, beiden ist die Erschöpfung anzusehen. Sie beklagen sich übereinander und über die Kinder, glauben aber nicht daran, dass eine Familien- oder Paartherapie ihnen noch helfen könnte. Sie glauben, dass ein Kurzurlaub besser geeignet ist, ihre Liebe zu neuem Leben zu erwecken.

Sechs Monate später meldet sich Beate nochmals zur Beratung und erzählt enttäuscht, dass Lars wieder ausgezogen ist. Ihre Mutter hilft ihr, mit den Kindern und dem Haushalt einigermaßen fertig zu werden. Lars und sie treffen sich aber noch regelmäßig, schon allein wegen Noah. Beate zweifelt aber, dass sie jemals wieder zusammenziehen werden.

Aber natürlich hätte es auch ganz anders kommen können, wie Sie im nächsten Kapitel sehen können …

Teil III Therapiebeispiel

Inhaltsverzeichnis Teil III: Therapiebeispiel

Intake 95
   Telefonische Klärung des Settings für das
   Erstgespräch 95
   Kommentar zum Intake 97
1. Sitzung: erster Teil: Sammy mit leiblichen
   Eltern und Lehrerin 98
   Kommentar zum Erstgespräch 1. Teil 99
   zweiter Teil: Sammy mit leiblichen Eltern 100
   Kommentar zum Erstgespräch 2. Teil ... 103
2. Sitzung: Gespräch mit der ehemaligen
Familie 105
   Kommentar zur 2. Sitzung 111
3. Sitzung: Erstgespräch mit der neuen Familie 112
   Kommentar zur 3. Sitzung 116
4. Sitzung: Zweites Gespräch mit der
ehemaligen Familie 117
   Kommentar zur 4. Sitzung 122
   Telefonat von Beate 122
   Telefonat mit Sammys Lehrerin 123
Wiederanmeldung nach einem Jahr 123
   Telefonat von Beate 123
   Telefonat von Lars 124
   Kommentar zur Wiederanmeldung 125
5. Sitzung: Erstgespräch mit Timo, seinen
Eltern und seiner Stiefmutter 125
   Kommentar zur 5. Sitzung 131
6. Sitzung: Erstes Gespräch mit den Patchwork-
Eltern 132
   Kommentar zur 6. Sitzung 135
7. Sitzung: Erstes Gespräch mit der ehemaligen
Familie von Timo: 136
   Kommentar zur 7. Sitzung 138
Kritischer Rückblick auf den Therapie-Verlauf 138

Im Folgenden geht es um die Anwendung des vorgestellten Therapie- oder Beratungsansatzes. Anhand eines Beispiels zeigen wir, wie die Arbeit mit einem Patchwork-System konkret aussehen kann.

Wir benutzen dieselbe Familie von Beate und Lars, den Kindern und den Expartnern Konrad und Maria wie in den vorangegangenen Beispielkapiteln. Aber wir muten Ihnen einen Sprung an den Anfang der Geschichte zu. Sie erfahren nun, wie es auch hätte verlaufen können, wenn die Familie sich ganz am Anfang auf einen intensiven therapeutischen Prozess eingelassen hätte.

Wir beschreiben in den linksbündigen Texten, was im Beratungsraum abläuft, und in den nach rechts versetzten, grau unterlegten Texten, was im Therapeuten vorgeht: In der Ich-Form werden die Überlegungen zu Entscheidungen und Interventionen sowie die Resonanz, die in ihm hervorgerufen wird, beschrieben. Wo stehe ich im Prozess? Habe ich den Anfangsauftrag noch im Auge? Worum könnte es hinter den formulierten Anliegen auch noch gehen? Welche Intervention setze ich ein?

In den Kommentarboxen zwischen den einzelnen Sitzungen erläutern wir auf der Metaebene den therapeutischen Prozess, kurz, alles was in einer Vor- und Nachbereitung einer Sitzung überlegt werden muss: Korrekturbedarf in der therapeutischen Beziehung, Gesamtstrategie, Methodenwahl.

Intake

Die Mutter, Beate M., meldet ihren Sohn Sammy für eine Abklärung bei einem Kinderpsychiater/Kindertherapeuten an. Sie schreibt in der E-Mail, dass Sammy 9-jährig ist und die Eltern seit einigen Monaten getrennt sind. Die drei Jahre jüngere Tochter Clea und der neue Partner von ihr, Lars B., wohnen im selben Haushalt.

Telefonische Klärung des Settings für das Erstgespräch

Gesprächsverlauf	Resonanz und Überlegungen
Anruf der Mutter Beate	
Sie wiederholt ihren Wunsch einer diagnostischen Abklärung des 9-jährigen Sohnes Sammy.	
	Einer Abklärung zuzustimmen, ohne die Entstehungsgeschichte der Störung zu kennen, wäre vorschnell.
Therapeut: »*Was ist der konkrete Anlass?*« Mutter Beate: »*Sammy ist plötzlich so unzuverlässig und oft unkonzentriert bei den Hausaufgaben. Aber eigentlich ist er ein intelligenter Junge und schreibt immer wieder gute Noten, v. a. in Überraschungstests.*«	
	Bisher liegt nur die Sicht der Mutter vor. Was sind wohl die Anliegen anderer involvierter Personen?
Therapeut: »*Sehen der Vater und die Lehrkraft dies genauso?*«	
Die Mutter kommt ins Stottern: »*Ich selber finde es eigentlich normal, dass man auch mal eine Ablenkung braucht bei der Arbeit, aber der Vater macht immer so Druck.*«	
	Hypothese: Es könnte ein Problem zwischen den Eltern bestehen – zumindest bezüglich der Hausaufgaben von Sammy.
Therapeut: »*Und die Lehrerin oder der Lehrer?*« Mutter: »*Die Lehrerin ist auch nicht sehr zufrieden mit S., sie findet seine Leistungen und sein Verhalten aber tolerabel. Sie meint aber, dass er in letzter Zeit nachgelassen habe und dass sie sich um ihn Sorgen mache. Sie hat zwar nicht auf Abklärung gedrängt, das bin eher ich. Ich brauche Hilfe, um zu entscheiden, ob Sammy noch mehr Druck braucht oder ob vielleicht gerade der Druck, den der Vater macht, die Ursache für die Störungen ist.*«	
	Hypothese: Der Konflikt zwischen den Eltern ist relevant und womöglich ursächlich am Verhalten von Sammy beteiligt. Die Lehrerin könnte hilfreich sein, um die Situation von Sammy besser einschätzen zu können. Sie soll mit der Mutter zusammen entscheiden, ob sie dabei sein soll oder nicht.
Therapeut: »*Was denken Sie, soll die Lehrerin einbezogen werden und zusammen mit Ihnen als Eltern und dem Jungen am ersten Gespräch teilnehmen? Besprechen Sie das doch mit ihr und geben mir dann Bescheid.*«	

Gesprächsverlauf

	Resonanz und Überlegungen

Reaktion der Mutter:
»*Ich kann sie mal fragen. Aber soll ich nicht zuerst einfach den Jungen zu Ihnen bringen? Mit dem Vater zusammen ist das nicht möglich, der hat kaum Zeit. Aber mein Partner hat mit Sammy viel mehr zu tun und kennt ihn besser. Ich könnte auch gut mit ihm und dem Jungen kommen.*«

> Die Beziehung der Eltern scheint mehr als nur gespannt zu sein. Wer gehört ins Erstgespräch-Setting?
> Sicher darf der Vater nicht ausgelassen werden, da sonst ein Elternkonflikt nicht geklärt werden kann. Aber der Konflikt darf nicht vor der Lehrerin thematisiert werden. Der Vorteil des Einbezuges aber wäre, dass dem Anmeldeanliegen genügend Gewicht zugemessen würde.
> Wenn ich der Mutter überlasse, den Vater einzuladen, wird sie ihn vielleicht nicht ausreichend motivieren, schlimmstenfalls durch Vorwürfe oder Beschuldigungen eher abhalten zu kommen.

Therapeut: »*Soll ich versuchen, den Vater einzuladen?*«
Zögernd willigt die Mutter ein und gibt die Kontaktinfos.

> Das Einverständnis der Mutter zeigt: Zwar ist ein Konflikt da, aber zumindest sind bei ihr keine so tiefen Verletzungen vorhanden, dass sie die therapeutische Unterstützung durch eine Weigerung, den Vater einzubeziehen, aufs Spiel setzt.

Telefonat mit dem Vater Konrad

> Das Telefonat ist heikel: Der Konflikt zwischen den Eltern darf nicht als Grund für den Einbezug beider Elternteile genannt werden, da dies nur eine Hypothese ist. Die väterliche Sichtweise über die Leistungen von Sammy muss in den Vordergrund gestellt werden.

Therapeut: »*... Ihre Exfrau hat Ihren Sohn Sammy zur Abklärung bei mir angemeldet. Da Sie als Vater eine wichtige Rolle spielen für Sammy, sind Ihre Sichtweise und Ihr Erleben von Sammys Leistungsverhalten zentral. Ich möchte Sie deshalb gern zum Erstgespräch einladen.*«
Der Therapeut macht außerdem klar, dass er Sammy und die Mutter vorher nicht sehen wird, sondern dass alle drei zusammen für ein Erstgespräch kommen würden. Er erwähnt weiter, dass möglicherweise am Anfang die Lehrerin dabei sein wird.

Der Vater ist erstaunt und verärgert, weil er vom Plan der Mutter, Sammy abzuklären, nichts weiß. Das sei typisch, er werde von seiner Ex immer außen vor gelassen. Aber selbstverständlich komme er zum Termin, er könne es sich als Jurist bei einer Versicherung zum Glück gut einrichten.

> Die Antwort macht deutlich, dass die Kommunikation zwischen den Eltern sehr spärlich ist, dass der Vater aber froh ist, einbezogen zu werden. Evtl. will er mehr Einfluss auf seinen Sohn gewinnen oder seiner Exfrau eins auswischen, weil sie Sammy zu wenig fördert.
> Nun ist es wichtig, den Konflikt nicht anzuheizen, indem man Position für die Mutter bezieht, sich aber auch nicht auf die Seite des Vaters stellt.

1. Sitzung

Gesprächsverlauf	Resonanz und Überlegungen
	Der Therapeut zeigt Verständnis für den Ärger und betont, dass die Mutter sehr spontan und unverbindlich angefragt habe. Es sei ja zum Wohl von Sammy.

Kommentar zum Intake

Die Klärung, in welchem Setting begonnen wird, ist sehr wichtig. Vier wesentliche Weichenstellungen finden hier statt: Es wird vermieden, dass sich der Vater ausgeschlossen fühlt. Dank der Präsenz beider Eltern wird ein Kampf um die Gunst des Therapeuten nicht zugelassen. Der Schule wird das nötige Gewicht beigemessen.[9] Die Einzelabklärung von Sammy wird verschoben, bis klar ist, ob diese nötig und sinnvoll ist.

1. Sitzung: erster Teil: Sammy mit leiblichen Eltern und Lehrerin

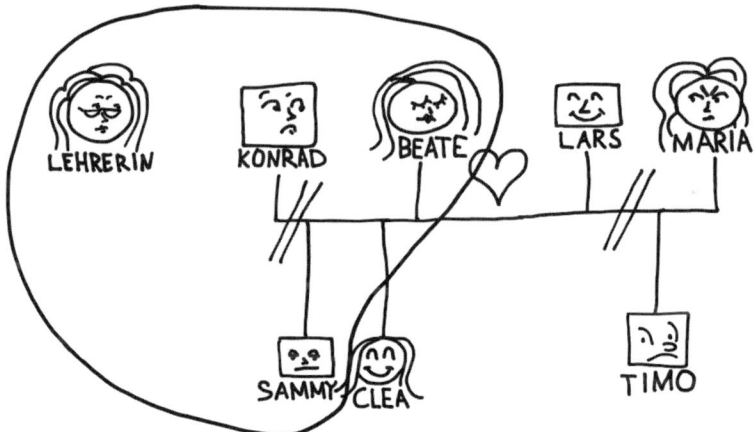

Genogramm: Subsystem Beate, Konrad, Sammy und Lehrerin

---

9 Im Gegensatz zu Deutschland werden Lehrpersonen in der Schweiz in solche Gespräche oft einbezogen.

Gesprächsverlauf

> **Resonanz und Überlegungen**
>
> Zuerst muss die Struktur offen gelegt werden damit die Eltern ihre Beziehungsproblematik für den zweiten Teil der Sitzung aufsparen.

Am Anfang wendet sich der Therapeut der Lehrerin zu: »*Sie sind im ersten Teil der Sitzung mit dabei, da ein schwacher Verdacht auf ein ADS besteht. Deshalb ist Ihre genaue Schilderung von Sammys Verhalten in der Schule wichtig. Im zweiten Teil der Sitzung kläre ich mit den Eltern und Sammy das weitere Vorgehen; dazu benötigen wir Sie nicht mehr.*«

Die Eltern wirken verkrampft. Sammy sitzt vornübergebeugt zwischen seinen Eltern.

> Sammy wirkt sehr bedrückt und die Eltern scheinen bemüht, sich als kooperierendes Elternpaar zu zeigen. Die Spannung ist spürbar. Vermutlich erwarten alle, dass nun Schwächen von Sammy aufgezählt werden.
> Damit beginne ich sicher nicht, sondern mit den Stärken.

Der Therapeut beginnt mit der Lehrerin: »*Wo sehen Sie Sammys Stärken, was macht er gut? Und wie ist er in der Klasse integriert? Wo meinen Sie, dass er therapeutische Unterstützung braucht?*«

Die Lehrerin meint, er sei in der Klasse gut integriert, eine Leaderfunktion habe er aber nicht. Sie betont, dass Sammy im Fach »Mensch und Umwelt« Interesse zeige und sehr aktiv mitmache. In Mathe und Französisch sei es schwieriger, da fehle es oft an Konzentration und beim Vokabelnlernen habe Sammy Mühe. Sie glaube aber nicht, dass ein ADS vorliege.

> Die Lehrerin scheint Sammy gern zu haben. Sie wirkt interessiert daran, für Sammy etwas zu tun.
> Die geschilderten Verhaltensweisen sind zwar nicht untypisch für ein ADS. Aber es besteht keinerlei Gefährdung bezüglich Versetzung und auch kein hoher Leidensdruck. Eine Testabklärung und eventuelle medikamentöse Unterstützung kann zurückgestellt werden.

Dann fragt der Therapeut nacheinander die Eltern: zuerst nach den Stärken von Sammy, dann nach Sammys Verhalten bezüglich Lernen und Erledigen von Hausaufgaben.

Die Mutter betont v. a. Sammys emotionale und soziale Stärken. Aber beschreibt auch, dass Sammy bei den Hausaufgaben sehr ablenkbar sei.
Für den Vater stehen die Leistungen im Vordergrund. In dieser Gesellschaft, so betont er, könne man nur bestehen, wenn man leistungsfähig sei. Er sorge sich um das schulische Fortkommen seines Sohnes und lässt fallen, dass er sich leider nicht mehr wie früher um ihn kümmern könne, da er ihn nur noch alle zwei Wochen sehe.
Die Mutter fährt dazwischen: »*Du hast ihm während zehn Jahren Ehe nie geholfen mit den Hausaufgaben!*«

> Es wird deutlich, dass beide Eltern Sammy lieben, ihn aber sehr unterschiedlich zu fördern versuchen: Der elterliche Konflikt akzentuiert sich. Die Spannungen haben sicherlich einen großen Einfluss auf die Stimmung und das Leistungsverhalten von Sammy. Jetzt muss dieser Konflikt auf den zweiten Teil der Sitzung vertagt werden, damit die Lehrkraft nicht Zeugin einer Eskalation wird.

Gesprächsverlauf

	Resonanz und Überlegungen

Sammy blickt immer wieder besorgt vom einen Elternteil zum anderen. Solange die Lehrerin spricht, wirkt er lockerer, wenn die Eltern etwas sagen, ist er angespannter.

> *Nun muss der Fokus auf die Ressourcen der Familie gelenkt werden.*

Therapeut: »*Die Unterschiedlichkeit Ihrer Haltung bezüglich Schulleistung ist eine große Chance. Sammys emotionale und soziale Stärken werden ebenso gefördert wie die kognitiven Fähigkeiten. Wollen Sie beginnen, diese zwei Haltungen als Ergänzung zu sehen statt als Konkurrenz?*«
Die Eltern blicken sich irritiert und fragend an.

> *Ich werde im zweiten Teil ohne die Lehrkraft zunächst die Rolle von Sammy zwischen den Eltern explorieren und danach erst die Leistungsproblematik erneut beleuchten.*

Therapeut: »*Es ist völlig normal, dass Eltern ihre Kinder auf unterschiedliche Art und Weise fördern, und dass eine Trennung zwingend zu einer neuen Rollenverteilung führt. Darüber sprechen wir im zweiten Teil der Sitzung.*«
Mit der Lehrerin exploriert der Therapeut noch genauer, was die Gründe für die sehr unterschiedlichen Leistungen in Tests sein könnten – immer wieder mit Rückfragen an Sammy.
Dann wird vereinbart, ein halbes Jahr später eine Standortsitzung in der gleichen Zusammensetzung durchzuführen. Eine optionale frühere Sitzung soll dann stattfinden, wenn neue Aspekte hinzukommen, die den Einbezug der Schule notwendig machen.

Kommentar zum Erstgespräch 1. Teil

Schwerpunkt in diesem Teil der Sitzung ist, die Kooperation aller Beteiligten zu erreichen und eine gute therapeutische Beziehung aufzubauen. Außerdem muss die mögliche Angst von Beate und Konrad, als schlechte Eltern dazustehen, weil sie getrennt sind, verringert werden. Deshalb normalisiert der Therapeut die Situation, macht aber gleichzeitig klar, dass der Konflikt zum Thema werden wird – allerdings ohne Anwesenheit der Lehrkraft, damit die familiäre Intimsphäre gewahrt bleibt.

Indem der Therapeut nach den positiv konnotierten Dingen fragt, vermeidet er, dass die Eltern auf den Defiziten des anderen herumreiten. Dies schafft die Möglichkeit, dass sie sich zuhören und eher auf die Vorschläge des anderen eingehen können.

Die Lehrerin scheint nicht abgeneigt zu sein, ihren Teil zur Unterstützung von Sammy beizutragen. Da die Frage ADS noch nicht vom Tisch ist, muss sie auf »stand by« gehalten werden, bis klar ist, ob die Schule als Ganzes doch eine Rolle spielt bei Sammys Versagen. Deshalb ist eine optionale Sitzung und eine Kontrollsitzung eine gute Lösung: Die Lehrkraft muss bis zu diesem Zeitpunkt Sammy gut beobachten, damit sie zur Lösungsfindung bei Bedarf etwas beitragen kann.

Die Aufträge sind noch nicht formuliert, beginnen sich aber abzuzeichnen.

Expliziter Auftrag:

- Testpsychologische Abklärung von Sammy

Angedeutete oder implizite Aufträge:

- Einfluss des väterlichen Druckes auf Sammy eruieren.
- Einfluss des elterlichen Konfliktes auf Sammys Befinden und sein Leistungsverhalten abklären.
- Verbesserung der elterlichen Kommunikation.
- Schutz von Sammy (bzw. beider Kinder) vor inadäquaten Rollen im Spannungsfeld der Eltern.

Erstgespräch zweiter Teil: Sammy mit leiblichen Eltern

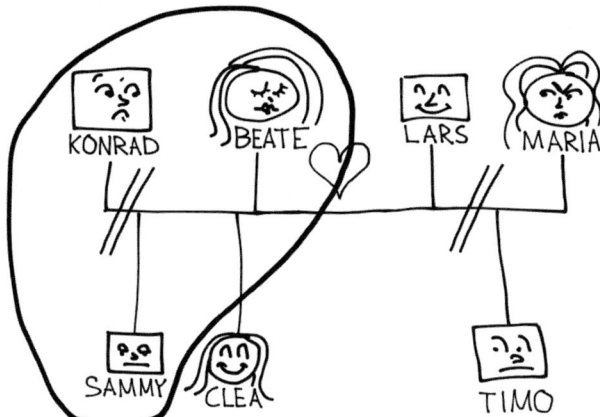

Genogramm: Subsystem Eltern und Sammy

1. Sitzung

Gesprächsverlauf

| | **Resonanz und Überlegungen** |

Sammy sitzt immer noch eingeklemmt zwischen seinen Eltern und rutscht auf dem Stuhl hin und her. Er spielt nervös mit seinen Händen und blickt immer wieder vom einen zum anderen Elternteil.

> Sammy scheint zu leiden zwischen seinen Eltern. Sein Verhalten könnte man so interpretieren: »*Ich will nicht Bindeglied zwischen Mama und Papa sein.*«
> Wenn ich nun die Spannung zwischen den Eltern direkt anspreche, könnten sie aus Angst vor einer Eskalation ihren Konflikt herunterspielen. Falls aber Sammy dazu bewegt werden kann, selber etwas zu seiner Rolle zwischen ihnen zu sagen, führte dies direkter zum Ziel. Die Sitzordnung anzusprechen ist ein günstiger Weg dahin.

Therapeut: »*Sammy, wie geht es dir so auf dem Stuhl zwischen Mutter und Vater?*«

Sammy (windet sich): »*Ja, ganz gut – äh* (blickt zwischen den Eltern hin und her), *da drüben wäre, glaube ich, besser*« (zeigt auf den Stuhl, auf dem die Lehrerin zuvor gesessen hat, weiter weg von den Eltern).

Therapeut: »*Willst du es dir dort bequem machen?* (Sammy setzt sich auf den anderen Stuhl.) *Besser so?*« – (Sammy atmet auf.) »*Ja.*«

> Offensichtlich geht es Sammy hier besser, außerhalb des elterlichen Spannungsfeldes. Hoffentlich merken dies die Eltern auch.

Dann fragt der Therapeut zuerst die Mutter, dann den Vater: »*Wenn Sie in der Rolle Ihres Sohnes wären und so zwischen den Eltern säßen, die einen Konflikt haben: Wie würden Sie sich fühlen?*«
Beide sind etwas betreten und geben zu, dass dies für ihren Sohn wohl gar nicht gut ist.

> Die Eltern wirken angespannter, denn nun geht es um sie.
> Nun ist es ausgesprochen, dass Sammy unter der Spannung zwischen den Eltern leidet. Ob er Vermittler oder Postbote ist oder sich in einer anderen ungesunden Rolle befindet, ist noch offen. Und wichtig ist auch, an die Schwester zu denken. Falls sie ebenfalls in einer problematischen Rolle zwischen den Eltern steckt, muss sie rasch daraus befreit werden.

»*Glauben Sie, dass Clea sich in einer ähnlichen Lage befindet? Und was halten Sie davon, die Kleine in einer späteren Sitzung auch einzubeziehen?*«
Beate bejaht zögernd, Konrad ebenfalls.
Nun entspannt sich Sammy vollends und blickt beinahe fröhlich drein.

Therapeut: »*Sind Sie einverstanden, dass wir uns jetzt mal dem Thema ›seelische Belastung von Sammy‹ widmen? Und später dann die Schulleistungen anschauen?*«
»*Und Sammy, Du kannst von dort drüben zuhören oder etwas malen oder lesen, wenn du magst.*« Er zeigt ihm eine entfernte Ecke im großen Raum.

> Wenn die Konfliktthemen nicht bald offen gelegt werden, besteht das Risiko, dass die Eltern alles unter den Tisch kehren. Eine Klärung kann zwar nicht vollständig geschehen, aber die Eltern sollten zumindest beide spüren, dass ihr Konflikt etwas mit dem

Gesprächsverlauf

Resonanz und Überlegungen

Befinden von Sammy zu tun hat.
Sammy soll aus dem Konfliktfeld herausgenommen werden, aber zumindest mit einem Ohr zuhören. Wenn er merkt, dass sich jemand um die Angelegenheiten seiner Eltern kümmert, wird er entlastet. Oder er kann sich einbringen, wenn es für ihn wichtig wäre.

Therapeut: »*Wir spüren ja alle, dass Sie sich in wichtigen Punkten nicht einig sind und dass dies Spannungen verursacht. Jetzt soll es nicht um Sie als Paar gehen, sondern ausschließlich um Sie als Eltern. Und um die Klärung, wodurch Ihre Kinder belastet sind und in welche Konflikte sie involviert sind.*«

Zuerst sollen die beiden sich sammeln und bei sich bleiben. Dafür ist Einzelarbeit mit Visualisierung geeignet.

Der Therapeut fordert die Eltern auf, sich einige Minuten Zeit zu nehmen und Skizzen (»Kribbelzeichnung«) für die ihnen wichtigen Themen anzufertigen: »*Das ist dann ein Spickzettel für Sie, damit kein Thema, das Ihnen wichtig ist, unerwähnt bleibt*«.

Es darf nun nicht zu einer Eskalation zwischen den Eltern kommen. Klare Struktur ist angesagt. Spontane Interaktionen zwischen den Eltern verhindere ich durch die Sitzordnung.

Therapeut: »*Bitte drehen Sie Ihre Stühle zu mir. Sie brauchen sich nicht anzuschauen, Sie erzählen nur mir, worum es Ihnen geht.*«
Nacheinander lässt der Therapeut nun die Skizzen von Beate und Konrad erläutern. Daraus ergeben sich folgende Konfliktthemen und Anlässe für Verletzungen:

Themen von Beate:
- Leistungsdruck des Vaters auf Sammy,
- Kürzung des Unterhalts durch den Vater,
- kurzfristige Änderungen der Kinderbesuchswochenenden.

Themen von Konrad:
- Zusammenzug von Beate und Lars, ohne dass sie Konrad vorher informierte,
- Arbeit von Beate und die dadurch erforderliche Fremdbetreuung der Kinder oder dass sie diese allein lässt,
- mangelhafte schulische Förderung von Sammy durch Beate.

Das sind ja einige schwierige Themen auf der Sachebene mit hohem emotionalem Sprengstoff. Beide scheinen noch tiefe Verletzungen in sich zu tragen. Eine Aufarbeitung der Ehegeschichte würde Erleichterung bringen – ist aber wohl noch viel zu früh. Ich will ihnen anhand der Klärung eines einzelnen Themas zeigen, dass es weniger weh tut, als befürchtet.

Therapeut: » *Aus Zeitgründen können wir heute nicht alle Ihre Punkte bearbeiten. Bei Bedarf tun wir dies in einer späteren Sitzung. Heute können wir höchstens noch einen Punkt abarbeiten. Ein Thema zu wählen, das Sammy betrifft, würde gut passen: z. B. ›Leistungsdruck des Vaters auf Sammy‹ als Anliegen der Mutter und ›mangelhafte schulische Förderung von Sammy durch die Mutter‹ als Anliegen des Vaters.*«

Gesprächsverlauf

> **Resonanz und Überlegungen**
>
> Eine ganze Klärung des Konfliktes ist zeitlich nicht möglich. So mache ich mal nur eine »Vorschau« und taste ab, ob sie auf eine Klärung einsteigen können. Ich werde je einmal die Technik des paraphrasierenden Doppelns verwenden.

Therapeut: »*Erlauben Sie mir, Ihre gegenseitigen Wünsche und Anliegen zu übersetzen, quasi von möglichen Vorwürfen zu reinigen?*«
Die Eltern stimmen zu.
Therapeut zu Beate: »*Ich werde an Ihrer Stelle sprechen und Sie hören genau hin und sagen mir dann, ob es so für Sie stimmt.*«
(Der Therapeut setzt sich dicht neben Beate und schaut Konrad ins Gesicht): »*Ich wünsche mir von dir, Konrad, dass du meine Bemühungen, Sammy zu helfen, siehst und anerkennst und dass du dich nicht mehr lustig machst über meine Schulbildung.*«
Der Therapeut fragt Beate: »*Stimmt das so?*«
Beate bejaht.
(Nun wechselt der Therapeut auf einen Stuhl dicht neben Konrad und blickt Beate an): »*Ich wünsche mir von dir, dass du auch meine Versuche, Sammy zu helfen, ernst nimmst und dich nicht lächerlich machst über meine Unbeholfenheit im Umgang mit den Kindern.*«
Der Therapeut fragt Konrad: »*Stimmt das so?*«
Konrad bejaht.
Therapeut: »*Verstehe ich Sie richtig, dass Sie eigentlich beide wollen, besser miteinander umzugehen?*«
Beide bejahen.

> Die beiden wirken berührt und eine leichte Erleichterung von beiden scheint spürbar. Offenbar wollen sie einsteigen. Jetzt muss ich baldmöglichst daran weiterarbeiten.
> Aber Clea muss ich auch noch berücksichtigen.

Der Therapeut fasst die stattgefundene Annäherung der Eltern zusammen und erkundigt sich, ob diese daran weiterarbeiten wollen. Beide stimmen zu.
Dann erwähnt er nochmals die Leistungsstörung von Sammy: Sie könne mit der Trennung und den Folgen zusammenhängen – oder auch mit anderen Faktoren, was noch zu klären wäre.
Er schlägt vor, das nächste Mal Clea in die Sitzung mitzubringen und dass es dann um die Themen der elterlichen Zusammenarbeit und deren Einfluss auf die Kinder gehen werde. Die Eltern sind einverstanden. Eine baldige Sitzung mit der Exfamilie wird vereinbart.

Kommentar zum Erstgespräch 2. Teil

In diesem Teil der Sitzung steht das Joining des Therapeuten im Vordergrund. Thematisch geht es vor allem um die Entlastung von Sammy, indem ein erster Schritt einer Klärung der elterlichen Konflikte gemacht wird.

Die Überprüfung der Aufträge findet hier implizit statt: Da es klar ist, dass Sammy leidet und aus seinem Druck erlöst werden will, genügt die Frage an die Eltern »*Wie würde es Ihnen ergehen an Sammys Stelle ...?*«

und deren Antwort »*schlecht*« oder auch nur ein zustimmendes Nicken als Auftrag.

Nun muss der Therapeut die Reihenfolge der Anliegen festlegen. Dafür sind folgende Aspekte wesentlich:

Das Leiden der Kinder: Es könnte sein, dass eines oder beide Kinder in belastenden inadäquaten Rollen zwischen den Eltern stecken. Dies muss als allererstes überprüft werden.

Konfliktklärung mit den Eltern: Klärung so weit wie möglich. Allerdings ist mit Widerstand zu rechnen, wenn die Verletzungen zu weit zurückreichen. Der Beginn eines Konfliktklärungsprozesses wirkt entlastend, ist aber immer eine Gratwanderung: Beginnt man zu früh damit, kann es sein, dass das Vertrauen in den Therapeuten noch nicht stark genug ist und sich die Eltern nicht einlassen – beginnt man zu spät damit, leiden die Kinder länger unter der Situation.

Testabklärung von Sammy: Es liegt nahe, dass sich Sammys Leistungsverhalten durch eine Konfliktklärung positiv verändern wird. Deshalb ist eine Verschiebung des anfänglichen Anliegens der Mutter nach Abklärung angezeigt. Eine Testabklärung von Sammys Leistungsfähigkeit ist dann sinnvoll, wenn er ohne Einfluss der elterlichen Spannung ist.

Würde mit einer Testabklärung begonnen, läge der Fokus zu sehr auf Sammys Leistungsverhalten und der elterliche Konflikt würde in den Hintergrund rücken und es könnte dann schwieriger werden, die Eltern für eine Klärung ihres Konfliktes zu gewinnen.

Der letzte Schritt – eine neue Sitzung mit der Exfamilie vorzuschlagen – bedingt, dass beide Elternteile emotional erreicht wurden und ehrlich an einer Verbesserung des Umgangs miteinander interessiert sind. Dies scheint der Fall zu sein und die therapeutische Beziehung ausreichend tragfähig.

2. Sitzung

Zwei Wochen später:

2. Sitzung: Gespräch mit der ehemaligen Familie

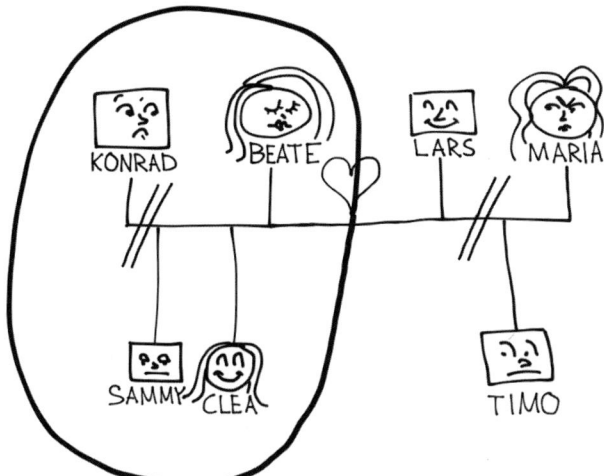

Genogramm: Subsystem ehemalige Kernfamilie

Gesprächsverlauf

	Resonanz und Überlegungen
	Sammy und Clea wirken scheu und ängstlich. In dieser Ausgangslage könnte es schwierig sein, sie zu offenen und klaren Aussagen zu bewegen. So erscheint der Einstieg mit den Tierfiguren besonders für das jüngere Kind angemessener. Aber zuerst die Routinefrage betreffend Offenheit.

Der Therapeut fragt die Eltern, ob die Kinder frei heraus sagen dürften, was sie wissen und ihnen durch den Kopf geht. Diese nicken es ab.

	Dies war natürlich eine Suggestivfrage. Aber so bekommen die Kinder bestätigt, dass hier Platz ist für ihre Bedürfnisse. Und die Erwachsenen werden auf Transparenz und Offenheit eingestimmt.

Therapeut: »*Trotzdem ist es schwierig für Kinder, einerseits loyal gegenüber den Eltern zu sein und andererseits auszusprechen, wie es ihnen geht und was sie für sich brauchen. Mit Figuren lässt es sich oft leichter reden als mit dem Mund.*«
Nach dieser Einleitung werden die Kinder gebeten, ihre Familiensituation mit Tierfiguren aufzustellen, jedes für sich.

Sammy hat Folgendes aufgestellt (s. Sammys Aufstellung mit Tierfiguren):
Für die Mutter steht der Schwan, für Clea das Küken, für Lars der Seelöwe, für den Vater der Bär und für sich selber der Hund, zwischen Schwan und Bär.
Clea hat Folgendes aufgestellt (s. Cleas Aufstellung mit Tierfiguren):
Für die Mutter die Katze, für Sammy den Fuchs, für Lars das Pferd und für sich selber die kleine Katze, ganz nah bei der Mutter.

Gesprächsverlauf

Resonanz und Überlegungen

Clea hat für den Vater zuerst keine Figur aufgestellt, erst als sie Sammys Bild sieht, holt sie noch schnell für den Vater den schwarzen Panther und stellt ihn in einigem Abstand in die Ecke des Tisches.

Sammys Aufstellung mit Tierfiguren

Cleas Aufstellung mit Tierfiguren

Gesprächsverlauf

> **Resonanz und Überlegungen**
>
> Offenbar ist Sammy genau zwischen seinen Eltern in einer »Go-between-Rolle« und Clea scheint sehr auf die Mutter bezogen zu sein.

Die beiden Aufstellungen werden gemeinsam mit den Eltern besprochen: Zuerst sollen die Kinder aufzählen, was jedes einzelne Tier gut kann. Z. B. sagt Sammy: *»Der Schwan ist stark und kann auch manchmal gefährlich werden, wenn er die Jungen verteidigen muss. Ein Bär ist sehr stark und groß und isst sehr gerne ...«*

> Es ist gut, wenn die Kinder zuerst die Stärken aufzählen, das stimmt die Eltern erst einmal positiv ein. Aber wesentlich ist, den Eltern das Erleben und das Leiden der Kinder verständlich zu machen.

Der Therapeut lässt dann Sammy erzählen, was der Hund so alles macht. Und was der Bär tut, wenn der Hund viel beim Schwan ist.
Sammy: *»Der Hund muss sehr oft an den Bär denken, wenn er weg ist. Der Bär ist immer so traurig, weil er allein ist.«*
Und auf die Frage, wie der Hund das wissen könne, wenn er weit weg sei, sagt Sammy, dass beide ein Handy hätten und sich oft schreiben.

Aus dem folgenden Gespräch mit Konrad wird deutlich, dass der Vater Sammy seine seelische Not anvertraut, oft per SMS. Und die Aussagen von Sammy lassen darauf schließen, dass er sich oft Sorgen um seinen Vater macht und sich für ihn verantwortlich fühlt.

> Da gibt es gleich etwas zu tun, um Sammy aus seiner Tröster-Rolle zu befreien. Aber erst einmal schauen, wie es Clea geht.

Zu Cleas Aufstellung meint die Mutter: *»Clea war immer schon eine Schmusekatze. Als der Platz neben mir im Bett frei wurde, begann sie immer wieder zu mir zu schlüpfen. Auch sonst hat sie viel Nähe gesucht, seit wir allein sind. Und als sie dann merkte, dass Lars sie mag, ist sie sofort sehr zutraulich zu ihm geworden. Lars ist halt unkompliziert und macht viel Spaß mit ihr, das mag sie. Zum Vater geht sie nicht so gerne, weil sie dort allein im Bett ist. Dann bekommt sie Angst.«*
»*Und die Mama weint und schreit nicht mehr so oft, seit Lars bei uns ist*«, wirft Clea ein.

> Offenbar diente Clea, solange bis Lars auftauchte, der Mutter als Gesprächspartnerin und vielleicht auch als Trösterin. Dem Vater gegenüber scheint sie eher skeptisch, während sie sich auf den Stiefvater sehr einlässt.
> Es könnte also sein, dass Beate die Beziehung von Clea zum Stiefvater in der unbewussten Hoffnung fördert, den unbequemen Vater damit etwas auf Abstand zu halten. Da muss ich bald eine Stieffamiliensitzung durchführen.

Im weiteren Gesprächsverlauf geht es um den Alltag der Eltern, um die Planung und Gestaltung der Kontakte von Konrad mit den Kindern. Die Hauptaussagen sind folgende:
Beate scheint es gut zu gehen. Sie arbeitet halbtags als Verkäuferin und ist meist zu Hause, wenn die Kinder von Schule oder Kindergarten kommen. Oder ihre Mutter oder Lars seien zuständig. Aber sie leide unter der Belastung durch den Konflikt mit Konrad.

Gesprächsverlauf

Resonanz und Überlegungen

Konrad gibt zu, dass es ihm nicht gut gehe. Die Arbeit lenke ihn zwar ab, aber das Fehlen der Kinder, wenn er abends in sein »Kellerloch« nach Hause komme, mache ihn traurig und wütend.

> Die Eltern scheinen etwas besser miteinander umzugehen als in der ersten Sitzung, aber es gibt immer noch Verletzungen beiderseits. Eine Fortsetzung der Klärung ist sicher indiziert.
> Vorrangig bleibt die Entlastung der Kinder. Besonders Sammy leidet darunter, dass es dem Vater schlecht geht.

Therapeut (an Konrad): »*Wer könnte was tun, damit es Ihnen wieder besser geht?*«

»*Dass dieser Lars wieder verschwindet!!*«, bricht es aus Konrad heraus. »*Dann käme Beate wieder zur Vernunft. Der hat unsere Familie zerstört.*«

> Es wird immer klarer, dass der Vater noch an seiner Exfrau hängt. Vermutlich war er in seinem Leiden ziemlich vereinsamt und hatte sich Hoffnungen auf eine Wiederannäherung gemacht, bis er erfuhr, dass Beate einen Neuen hat. Seither hängt er sich an Sammy.

Auf die Frage, wen Konrad außer Sammy noch habe, um sein Leid zu klagen, ist dessen Antwort: »*Niemanden. Nicht einmal meine Mutter, obwohl sie im selben Haus wohnt. Aber sie betet für mich!*«, meint er mit einem Hauch von Schalk.
Der Therapeut erkennt die große Einsamkeit und Trauer an. Verstohlen wischt sich Konrad eine Träne weg.

> Dem Vater ist sicher bewusst, dass er Sammy überfordert. Aber er muss vor seiner Exfrau nicht zusätzlich beschämt werden mit einem noch deutlicheren Fingerzeig als »*Wer kommt sonst noch in Frage, um Sie zu trösten?*« Seine Einsamkeit und Trauer muss ich weiter thematisieren.
> Ich werde ihn ein wenig provozieren mit dem Vorschlag einer Einzeltherapie. Dann wird ihm klar, dass er sich jemandem anderen als seinem Sohn anvertrauen muss.

Therapeut: »*Ich verstehe, dass das mit Lars für Sie ein großer Schlag war, wenn sie noch immer Hoffnung hatten, Beate wieder für sich zu gewinnen. Aber Sammy ist sicher nicht der geeignete Gesprächspartner für Ihr Leid. Graben Sie doch einen alten Freund aus, mit dem Sie Ihre Sorgen teilen können. Oder gönnen Sie sich eine Einzeltherapie.*«
Konrad ganz schnell: Er habe schon einen Freund, dem er mehr erzählen könne, bisher habe er nur niemandem etwas von der Trennung gesagt, weil er immer noch gehofft habe, diese sei nur vorübergehend. Er seufzt: »*Aber das muss ich mir nun wohl abschminken.*«

Therapeut: »*Ja, tun Sie das.*«

Beate bringt nun zur Sprache dass der Vater Sammy oft ausfrage, mit wem und wie lange sie ausgeht, wer ihr Freund sei, wo er arbeite usw.
Daraufhin wirft der Vater Beate vor: »*Und wie korrekt findest DU es eigentlich, dass du Sammy mal zu mir geschickt hast, um von mir mehr Unterhalt zu verlangen?*«

2. Sitzung

Gesprächsverlauf

	Resonanz und Überlegungen
	Oje! Sammy wird von beiden Eltern instrumentalisiert: Vom Vater, um das Leben der Mutter auszuspionieren. Von der Mutter, um beim Vater um mehr Unterhalt zu betteln. Diesen Köder, um mich sofort auf den Konflikt einzulassen, schlucke ich mal nicht. Es ist ja auch eine geschickte Ablenkung Konrads von seinen eigenen Themen. Offenbar ist ihm die Sequenz vorher sehr nahegegangen und er möchte im Moment nicht noch mehr zu seinen verletzten Gefühlen vordringen. Ich muss beiden klarmachen, dass wir diesen Konflikt erst zu einem späteren Zeitpunkt angehen können.

Therapeut: »*Das war aber ein schneller Schlagabtausch! Aber wie Sie trotz Spannungen am besten direkt miteinander kommunizieren können, wird später noch Thema sein.*«

	Die elterliche Kooperation muss dringend verbessert werden. Aber Kinder zu entlasten und aus dem Schussfeld zu bringen, hat nach wie vor Priorität. Zuerst möchte ich klären, wie Cleas Rolle und Beziehung zum Vater ist.

Therapeut an Clea: »*Deine Mama hat gesagt, du hättest im Bett Angst, wenn du beim Papa bist. Stimmt das oder habe ich das falsch gehört?*«
Clea windet sich und erzählt, dass es ein wenig stimme, weil sie immer früher ins Bett als Sammy muss, und dass ihr Papa keine Geschichten erzählt, auch die Oma nicht, weil die nur mit ihr bete. »*Das ist ja auch schön, aber ich hab Geschichten lieber.*«
Der Vater versucht sich zu verteidigen, wirkt aber betreten.

	Vermutlich ist der Vater unsicher, wie er mit der Kleinen umgehen soll. Ich muss nun versuchen, Konrad in seiner väterlichen Kompetenz zu stärken, damit sich die Beziehung zu Clea verbessert und stabilisiert. Clea hat es ja sehr deutlich gesagt, dass sie den Vater am Abend mehr brauche. Das ist wirksamer als jede beraterische Ermahnung.

Therapeut: »*Weshalb glauben Sie, dass Clea von Ihnen eine Geschichte hören will?*« Der Vater erkennt schnell, dass er bei Clea auf mehr Nähe achten muss«. Konrad verspricht Clea von nun an Gutenachtgeschichten zu erzählen. »*Wir können zusammen in die Buchhandlung gehen und dann kannst du dir ein Buch aussuchen.*« Clea nickt freudig.

	Wie gut, er nimmt es sich zu Herzen. Ich muss nun darauf achten, dass der Fokus nicht zu sehr auf den Defiziten des Vaters liegt, und Beate bald wieder einbeziehen.

Der Therapeut bestärkt Konrad in seinen Vorhaben, mehr gemeinsam mit den Kindern zu machen: »*Ich kann am Strahlen von Clea gut sehen, dass das eine ganz gute Idee für sie ist. Ich bin sicher, dass es noch mehr gibt, was Ihnen beiden Spaß machen könnte. Clea, was machst du denn sonst noch gern mit deinem Vater?*«

Clea: »*Ich will ihm das Kochen beibringen! Dann kann die Oma sich endlich mal ausruhen, die ist nämlich schon seeeehr alt.*«

Teil III Therapiebeispiel

Gesprächsverlauf

Resonanz und Überlegungen

Alle lachen, Konrad fügt sich und meint: »*Super Idee. Meinst du, ich müsste auch ein Kochbuch kaufen?*«
Die beiden einigen sich, dass sie mal zusammen ein Kochbuch kaufen gehen.

Therapeut: »*Und du Sammy? Was machst du am liebsten mit deinem Papa?*«
Es zeigt sich, dass es ganz viele technisch gefärbte Berührungspunkte gibt und die beiden es miteinander genießen.

> Nun muss ich dringend nochmals auf die elterliche Kommunikation und Kooperation kommen. Die Eltern müssen zu einem Minimalkonsens kommen. Wie kriege ich nur diese Kurve? Mal abtasten, wie die Besuchsübergaben funktionieren.

Therapeut: »*Nun habe ich noch ein anderes Thema: Wenn ihr beide von der Mama zum Papa geht und umgekehrt. Wie macht ihr das?*«

Sammy verzieht das Gesicht und meint: »*Seit Lars bei uns wohnt, müssen wir auf den Parkplatz ums Eck ins Auto von Papa. Früher kam er noch ins Treppenhaus oder in die Wohnung, um uns abzuholen.*«

Therapeut: »*Und das findet ihr gar nicht lustig?*«
Clea beginnt zu weinen, alle Leute würden sie dann blöd angaffen, weil die wüssten, dass die Eltern getrennt sind. Sammy meint, dass es ihm auch unangenehm sei.

> Da hätten wir ja noch ein Thema. In der jetzigen Stimmung sollte es gut möglich sein, rasch zu einer neuen Lösung zu kommen.

Therapeut zu den Kindern: »*Besprecht mal zusammen, wie eure Eltern das lösen könnten!*«

Sammy und Clea stecken die Köpfe zusammen und tuscheln.
Dann Sammy: »*Immer wenn wir zum Papa gehen, schickt Mama den Lars auf ein Bier in die Kneipe und dann kann der Papa wieder zu uns reinkommen.*«
Die Eltern staunen, aber Beate willigt rasch ein und meint, das könne sie Lars schon zumuten.

> Nun bleibt noch die Frage, ob die beiden dann stumm am Küchentisch sitzen oder miteinander über die Kids reden.

Therapeut: »*Sie haben ja super Kids, nicht wahr? Aber alles können die ja auch nicht tun für uns. Nämlich die Themen zu finden für Ihre Übergabegespräche. Könnten Sie mal beide* (zu den Eltern) *je einzeln notieren, was Sie bei der Übergabe je vom anderen erfahren wollen und was Sie dem anderen mitteilen möchten?*«
Nach wenigen Minuten haben beide eine Liste erstellt und lesen die Punkte vor, die sehr ähnlich sind: Gesundheitszustand, psychische Verfassung der Kinder, schulische Pflichten, Highlights der Woche bzw. des Besuchs.
Therapeut: »*Super. Und wenn Sie noch etwas Zusätzliches für Ihre Kinder tun wollen, so schreiben Sie sich einmal die Woche eine kurze Mail über alles, was gut läuft mit den Kindern, aber auch wenn es Sorgen gibt. Und: Ohne irgendwelche Kritik oder Vorwürfe. Denn die gehören in diesen Raum hier.*«

> Das reicht so. Sie sind auf guten Wegen.
> Beate und ihre mütterliche Rolle würde noch anstehen. Diese aber jetzt zu vertiefen, ist unzweckmäßig, da Beate ja die Alltagsverantwortung mit Lars zu teilen lernen muss. Die Rolle von Lars mit

Gesprächsverlauf

Resonanz und Überlegungen
dessen unterstützenden Ressourcen könnte auch wichtig sein, um etwas mutiger und direkter mit ihrem Exmann umzugehen. Deshalb ist wohl besser im Subsystem Stieffamilie weiterzumachen.

Therapeut: »*Sie haben viel gearbeitet heute, vor allem die Jungmannschaft. Ich schlage vor, an dieser Stelle mit der Sitzung Schluss zu machen.*«
Und an Beate gerichtet: »*Wie ich vermute, gibt es auch noch einige Themen zu klären, die den Umgang mit den Kindern in Ihrer heutigen Familienkonstellation betreffen. Insbesondere für Lars ist es vermutlich nicht einfach, seine Stiefvaterrolle zu finden ohne in Konkurrenz mit dem Vater zu geraten.*«
Beate signalisiert ihr Einverständnis.

Es wird eine nächste Sitzung in derselben Zusammensetzung in zwei Monaten vereinbart, in der Erfolge und evtl. Nachjustierungen diskutiert werden. Ein weiterer Termin mit der Mutter, dem Stiefvater und den Kindern in drei Wochen wird ebenfalls festgesetzt.

Kommentar zur 2. Sitzung

In dieser Sitzung ist wichtig, dass den Eltern das Erleben und das Leiden der Kinder verständlich gemacht wird, ohne dass sie sich am Ende gegenseitig die Schuld zuschieben können. Beide erkennen an, dass sie die Verantwortung für ihre Kinder weiterhin gemeinsam tragen und ihre eigenen Probleme nicht auf dem Rücken der Kinder austragen dürfen.

Für Kinder ist eine solche Sitzung am Anfang ein großer Stress, weil sie befürchten, einem oder beiden Eltern weh zu tun. Deshalb muss ihnen so rasch wie möglich klar werden, dass das Setting ein Freiraum ist, in dem sie alles sagen dürfen und die Eltern sie nicht sanktionieren.

Wesentlich in dieser Sitzung ist, dass sich die Beziehung zwischen den Kindern und ihrem Vater verbessert und beide Eltern den Kindern zuliebe Kompromisse eingehen können. Wenn Kinder bei der Lösungssuche einbezogen werden, haben diese meist kindgerechte Ideen, die auch für beide Eltern passen. Manchmal muss der Therapeut unterstützend eingreifen, wenn kindliche Vorschläge nicht umsetzbar sind – aber unserer Erfahrung nach sind die Eltern sehr oft erstaunt darüber, wie passend die Vorschläge der Kinder sind, und können sich auf diese einlassen.

Der Therapeut muss auf die Balance achten, dass beide Eltern sich angesprochen fühlen und keiner der beiden besonders gut oder schlecht wegkommt. Ebenso ist wichtig, dass er die wesentlichen Themen und Problembereiche nicht aus den Augen verliert und sie benennt, auch wenn sie in dieser Sitzung nicht alle bearbeitet werden können.

Die therapeutische Beziehung ist mittlerweile ausgeglichen und tragfähig. Die Aufträge sind ausgesprochen und im Zentrum.

Warum Symbole verwenden? Wenn man versucht, mit jüngeren Kindern über ihre Situation zu reden, kann es sehr stockend werden. Entweder sie können sich sprachlich (noch) nicht ausdrücken, oder sie trauen sich nichts zu sagen oder befürchten, etwas Falsches zu sagen. Analoge Methoden wie Zeichnungen, die Arbeit mit Bilderkarten und Symbolen oder wie hier mit Tierfiguren eignen sich, da sich Kinder damit oft besser und ungefiltert ausdrücken. Aufstellungen mit Figuren dienen als Anknüpfungspunkte für ein Gespräch, aber sollen nicht gedeutet oder bewertet werden. Mit einem Ratespiel durch die Eltern: »Wer ist wer, was ist was?«, kann meist eine entspannte, lockere Stimmung erreicht werden.

Drei Wochen später:

3. Sitzung: Erstgespräch mit der neuen Familie

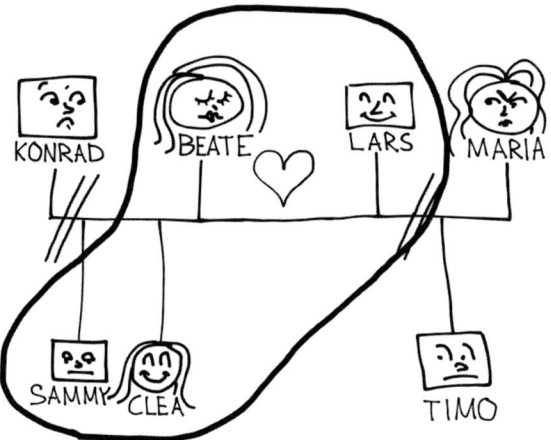

Genogramm: Subsystem Stiefvaterfamilie

Gesprächsverlauf

Resonanz und Überlegungen

Beate und die Kinder kommen angeregt und neugierig in den Beratungsraum. Lars schlendert hinter ihnen her und setzt sich auf den vom Therapeutenstuhl am weitesten entfernten Sessel. Leger lehnt er sich zurück und schaut sich im Raum um.
Der Therapeut fragt in die Runde, wie Lars dazu motiviert werden konnte, in die Sitzung zu kommen: »*Wozu ist es gut, dass er heute mit dabei ist?*«
Clea meint: »*Lars gehört auch zu uns.*«
Und Beate: »*So ganz eingesehen hat er es nicht. Und ich konnte es ihm auch nicht so genau erklären, das überlasse ich gerne Ihnen. Jetzt ist er ja da.*«
Lars zu den Kindern: »*Ich finde ihr seid super Kids und habt eine tolle Mama.*«
Und zum Therapeuten: »*Aber was Beate mit ihrem Ex macht, das geht mich eigentlich nichts an!*«

> Der Stiefvater Lars scheint nicht gern in die Sitzung gekommen zu sein, vielleicht fühlt er sich fehl am Platze oder nicht dazugehörig. Oder er sieht die Probleme ausschließlich beim Exmann von Beate.

3. Sitzung

Gesprächsverlauf

> **Resonanz und Überlegungen**
>
> Der Mann scheint nicht zu ahnen, wie wichtig seine Rolle ist. Vielleicht erschrickt er, wenn er merkt wie viel Verantwortung als Stiefvater auf ihn zukommen kann. Oder vielleicht freut er sich sogar auf solch eine erfüllende Rolle. Ich wage es mit einer provokativen Testfrage.

Therapeut zu Lars: »*Wie wäre es für Sie, wenn sich Konrad ganz aus seiner Rolle als Vater zurückzöge und die Erziehung und den Familienunterhalt ganz Ihnen überlassen würde?*«

Lars wird hellwach und ganz ernst: »*Ich finde nicht, dass Konrad nur das Recht auf seine Kinder hat, sondern dass dies auch eine Pflicht ist.*«
Beate lächelt den Therapeuten an.

> Beate scheint meine Aktion durchschaut zu haben, dass ich ihren Freund provozierte, um ihn fürs Mitmachen zu motivieren. Wie gut, dass Lars nun realisiert, dass er die Paar-Wochenenden mit Beate verteidigen muss, jetzt wird er sich sicher engagieren.

Der Therapeut entwarnt: »*Ich weiß ja, dass es nicht so enden wird, aber ich kenne andere Väter, die sich in solchen Situationen zurückziehen. Deshalb ist es wichtig, die Rollenunterschiede zu klären, die es zwischen Vater und Stiefvater gibt*«.

> Ich möchte vorerst die Stiefvater-Rolle zum Thema machen. Eine Kombination mit der Suche nach Ressourcen tut sicher allen gut:

Therapeut zu Sammy: »*Was sind die Vorteile davon, dass du nun sozusagen zwei Väter hast?*«
Sammy blickt erstaunt und fragend auf.

> Offenbar ist das Bewusstsein, dass zwei väterliche Personen Vorteile bringen, noch nicht vorhanden. Ich möchte aber das Positive der Situation akzentuieren.

Therapeut: »*Es gibt sicher Dinge, die dein Vater besser kann und die du mit ihm zusammen gerne tust. Andere machen mit Lars mehr Spaß. Erzähl doch bitte mal!*«

Mit Papa gehe er in den Europapark oder zu einer Flugschau. Oder er baue Modellflugzeuge mit ihm. Und dieser helfe ihm bei Mathe und Biologie. Mit Lars mache er gern Blödsinn, spiele Fußball oder klettere auf dem Abenteuerspielplatz herum.

Der Therapeut wendet sich Clea zu. Was sie mit Lars und was sie mit Papa am liebsten mache.
Clea zögert: »*Mit Lars ist es lustig, der macht ganz viel mit mir, wir haben im Wald ein Haus für Zwerge gebaut und da hat auch meine Puppe Platz.*«
Die Mutter fügt hinzu: »*Ihr ist immer noch oft langweilig beim Papa.*« Sie nickt in Richtung Lars: »*Nun hat sie eine richtige Vaterfigur. Lars macht ganz viel mit ihr.*«
Clea nickt.

> Die Mutter scheint die Beziehung von Clea zu ihrem Vater noch nicht zu fördern. Ich frage mich, ob die Mutter es lieber hat, wenn ihr neuer Partner mehr mit den Kindern macht als deren Vater. Wenn Lars zu sehr die Vaterrolle einnimmt, könnte das die Kinder

Gesprächsverlauf

> **Resonanz und Überlegungen**
>
> in Loyalitätskonflikte oder die beiden Männer in einen Konkurrenzkampf bringen. Es könnte auch Lars überfordern, besonders, falls er sich gar nicht so sehr engagieren will für die Kinder.
> Aber es könnte auch noch die »Honeymoon-Phase« sein, die zwischen den Kindern und Lars besteht.

Er fragt in die Runde, wie sie sich denn so verstehen – worauf Beate strahlend erklärt: »*Das war vom ersten Tag an kein Problem, alle haben sich sofort prima verstanden – wir haben uns gleich wie eine Familie gefühlt!*«
Das sei auch der Grund, warum es nie einen Zweifel gegeben habe, dass sie bald zusammenziehen.

Der Therapeut lässt sich erzählen, wie sie den Alltag und die Freizeit mit und ohne Kinder gestalten.
Lars: »*Da sind wir recht flexibel und lassen es auf uns zukommen: Manchmal passt es ganz gut, wenn die Kinder da sind, und manchmal klappt das nicht so, wenn die Kinder dann plötzlich doch nicht bei ihrem Ex sind. Aber meist versuchen wir alle was zusammen zu machen.*«
Beate fügt hinzu: »*Ja stimmt, Clea will manchmal nicht zum Papa an seinen Wochenenden*«.

> Da scheint ja noch vieles ungeklärt zu sein und es gibt einiges an potenziellem Konfliktstoff: Das Paar ist auf dem Weg, sich in schwierige Konkurrenz zum Vater zu begeben.
> Hypothesen: Lars und Beate sind wohl unüberlegt und rasch zusammengezogen. Und sie sind gefährdet, Kernfamilie zu spielen, indem sie wenig auf die Unterschiedlichkeit der Beziehungen achten. Sie scheinen die Beziehungen zwischen den Kindern und den einzelnen Eltern eher dem Zufall zu überlassen.
> Da gibt es noch einiges zu tun, damit sie ihre Rollen differenzieren und mehr Struktur und Klarheit in ihr Familienleben bekommen. Wenn sie Aktivitäten in Zweierformationen einführen, werden die Unterschiede zwischen Eltern-Kind-Beziehung und Stiefeltern-Kind-Beziehung von allen bewusst erlebt.

Der Therapeut erklärt, wie wichtig es sei, dass die Beziehungen Clea/Vater und Clea/Stiefvater nicht in Konkurrenz zueinander geraten. Sie sollten sich besser so organisieren, dass Mutter und Lars an den Papa-Wochenenden für Clea nicht zur Verfügung stehen, sondern dass ganz klar ist, dass sie zu ihrem Vater geht. Was natürlich auch für Sammy gelte.
Therapeut: »*Und für alle ist es wichtig zu wissen, wann es Zeiten gibt, die die Kinder ganz allein mit der Mama verbringen, und wann alle zusammen sind.*«
Und an Beate gewandt: »*Dass Sie als Familie zusammenwachsen, hat noch Zeit, das dauert in der Regel so zwei Jahre. In den nächsten Monaten ist wichtiger, dass Sie die Beziehung jeweils allein mit Sammy und auch mit Clea ganz gut pflegen, weil eine Trennung und der Beginn einer neuen Familie ganz große Veränderungen für die Kinder sind. Die brauchen viel Unterstützung und Gespräche mit Ihnen ganz allein, um das gut zu bewältigen.*«

Der Therapeut zu den Kindern: »*Habt Ihr denn auch jeder mal ganz allein was mit Lars gemacht?*« Alle verneinen.
Zu Lars: »*Könnten Sie sich vorstellen, mal nur in Zweierformation etwas mit Sammy oder Clea zu machen – etwas, was Sie dann gemeinsam genießen?*«
Lars: »*Ja klar, das sind doch tolle Kids, gell, da fällt uns schon was ein?*« Er

Gesprächsverlauf

Resonanz und Überlegungen

zwinkert den Kindern zu. »*Aber Beate, erlaubst du uns denn das?*«
Sie lacht – »*Ja klar.*«

Der Therapeut zu Beate: »*Meinen Sie, dass eine längerfristige Planung, wie die Wochenenden ablaufen sollen, möglich wäre? Schaffen Sie es auch, mal allein was mit den Kindern zu machen? Und die Bedürfnisse der Kinder und die Ideen des Vaters auch noch mit einzubeziehen?*«
Beate antwortet zögerlich mit »*Ja*«.
Sie meint, Lars könne sich ja etwas mehr um Timo kümmern. Sie sei fast die einzige, die sich um Lars' Sohn kümmere.

> Ein jugendlicher Sohn von Lars? Jetzt bin ich aber überrascht! Und davon nichts gesagt bei der Anmeldung? Oder habe ich nicht genügend nachgefragt? Vielleicht hat Beate die Frage nach weiteren Kindern missverstanden, vielleicht war Timo zu jenem Zeitpunkt auch so im Hintergrund, dass sie ihn vergaß?
> Auf jeden Fall sollte ich ihn in die Gespräche einbeziehen.

Die Stiefeltern geraten zwischenzeitlich in einen kurzen Disput, wer wie viel macht für und mit den Kindern und ob eine Planung nicht vermieden werden könnte.

Therapeut: »*Von Timo höre ich heute zum ersten Mal. Wie kommt das?*«
Beate und Lars erzählen, dass der Sohn seit der Trennung bei der Mutter lebe, aber nun immer häufiger bei ihnen sei. Beates Kinder hätten ihn sehr gern und er würde sich besonders um Sammy rührend kümmern.

Therapeut: »*Dann wäre es doch sicher gut, wenn Timo das nächste Mal mit hierher kommen würde?*«
Beate und Lars stimmen zögerlich zu.

> Vermutlich gibt es noch andere Baustellen. Vor allem ist nicht klar, ob alle Beteiligten in der Familie einen guten Platz haben.
> Timo darf nicht weiter vergessen werden und das Thema Verbindlichkeit bezüglich Planung nicht unter den Tisch fallen. Beate hat zwar halbherzig zugestimmt, dass sie auf die Planung mehr achten will, aber ob alle das auch tun werden, ist fraglich. Und zusätzlich muss die Eigenverantwortung der Stiefeltern gestärkt werden.

Therapeut: »*Kehren wir nochmals zum Thema der Beziehungspflege zurück. Für die Kinder ist es sehr wichtig, dass sie sich auf die Besuche beim Vater innerlich vorbereiten können. Und Konrad muss sich auch an eine neue Routine gewöhnen. Außerdem wollen Sammy und Clea ihre Mutter von Zeit zu Zeit alleine für sich haben und vermutlich Timo auch seinen Vater. Das braucht Planung und dann eine für die Kinder verständliche Visualisierung. Am besten legen Sie die Vaterwochenenden mit Konrad fest und gestalten dann gemeinsam mit den Kindern einen Familienkalender, der für alle sichtbar ist.*«

Beate und Lars stimmen zu und fragen die Kinder, ob sie das auch so wollen. Sie vereinbaren dann, am folgenden Wochenende einen Kalender zu gestalten.

> Es wird vermutlich nicht so einfach, Timo zu motivieren mitzukommen, aber das wird wohl später noch Thema.

Gesprächsverlauf

	Resonanz und Überlegungen
Therapeut: »*Nun möchte ich aber, bevor Sie gehen, dass Sie sich 5 Minuten Zeit nehmen und einen gemeinsam Beschluss fassen, was Sie aus der Sitzung hier umsetzen möchten. Hier ist ein Flipchart*«. Beschlüsse von Beate und Lars auf dem Flipchart: • Mit Konrad die Besuchswochenenden und Ferien für den Rest des Jahres festlegen. • Mit den Kindern und Timo planen, wer wann mit wem wie lange etwas allein unternimmt. • Einen großen Familienkalender kaufen. • Den Kalender mit selber erfundenen Symbolen und Figuren gemeinsam so gestalten, dass auch Clea versteht, wann was geplant ist.	
	Aus der raschen Zustimmung ist zu entnehmen, dass Beate und Lars auch Vorteile darin sehen, mehr aktive Beziehungsplanung zu betreiben. Nun noch Verbindlichkeit schaffen, damit es nicht versandet.
Der Therapeut erkennt ihre tolle Arbeit an und ergänzt: »*Damit Sie sicher sind, dass nichts vergessen geht von Ihren Beschlüssen, schlage ich vor, dass Sie wöchentlich überprüfen, wie Sie unterwegs sind. Was läuft gut? Gibt es Dinge die nicht umsetzbar sind, wo Sie den Beschluss anpassen müssen? Kommen neue Punkte dazu?*« Er lässt sie noch im Raum wöchentliche Termine abmachen und sie vereinbaren eine weitere Sitzung in zweieinhalb Monaten in derselben Zusammensetzung, zusätzlich mit Timo.	

Kommentar zur 3. Sitzung

In diesem Teilsystem geht es wiederum zuerst um den Aufbau oder die Neukalibrierung der therapeutischen Beziehung und dann um die Auftragsklärung. Der Beziehungsaufbau zu Lars scheint ausreichend zu sein – seine Begeisterung hält sich noch in Grenzen.

Zu Beginn muss Lars erkennen, dass er als Beteiligter und Unterstützer im Prozess benötigt wird, damit die neue Familie zusammenwachsen kann. Zudem scheint das Patchwork-System größer zu sein als bisher vermutet – es gibt noch Timo, der berücksichtigt werden muss.

Im Raum stehen folgende mehrheitlich implizite Anliegen:

- Beziehungen zwischen den Kindern und den vier Elternfiguren, also beiden leiblichen Eltern und beiden Stiefeltern, differenzieren.
- Rollenklärung der Eltern bzw. Stiefeltern: Wann erfüllen sie eine elterliche, wann eine stiefelterliche Funktion?
- Zeitliche Planung der Beziehungsaktivitäten von Mutter, Vater und Stiefvater mit den Kindern.
- Klären, wie die Kooperation und Aufgabenteilung unter allen Erwachsenen stattfindet.

Die Auftragsklärung in Patchwork-Systemen verläuft anders als in Kernfamilien. Die Patchwork-Familie vergleicht ihr Zusammenleben in der Regel mit dem einer Kernfamilie und kommt kaum selber auf die Idee, Rollen zu differenzieren und Beziehungen zu den Kindern individuell zu pflegen. Dies bedeutet, dass der Therapeut die Aufgabe hat, solche Themen zu benennen und als Aufträge bestätigen zu lassen.

Sechs Wochen später:

4. Sitzung: Zweites Gespräch mit der ehemaligen Familie

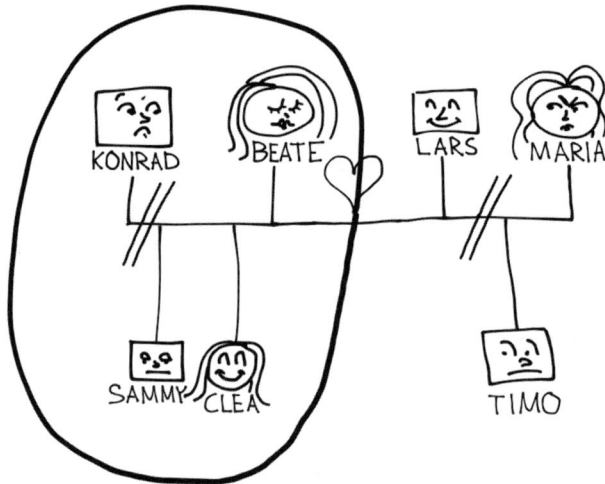

Genogramm: Subsystem ehemalige Kernfamilie

Gesprächsverlauf

Resonanz und Überlegungen

Kaum hat der Therapeut die Sitzung eröffnet, fragt Clea: »*Dürfen wir wieder mit den Tieren spielen?*«

> Die Idee kann ich nutzen zur Information, wie heute die Situation aus Sicht der Kinder ist.

»*Gute Idee! Stellt mal Tiere auf, wie es heute ist mit euren beiden Familien. Sammy, würdest du auch mitmachen?*« Sammy nickt.

> Ich möchte überprüfen, ob der Vater weiß, dass Beate mit Lars hier war und wie er damit umgeht – vielleicht will er ihn ja auch lieber nicht im Prozess mit drin haben.

Der Therapeut wendet sich dem Vater zu und erklärt, dass er Beate in anderer Zusammensetzung und zu anderen Themen kürzlich gesehen habe. Konrad bestätigt, dass er davon weiß.

Gesprächsverlauf

> **Resonanz und Überlegungen**
>
> Es ist ein gutes Zeichen, dass keine negative Reaktion von Konrad auf die Erwähnung von Lars kommt. Die Stimmung ist deutlich besser als das letzte Mal. Vielleicht weil die Vereinbarungen eingehalten wurden?

Therapeut: »*Wie gut gelang es Ihnen, die Beschlüsse betreffend Besuche umzusetzen?*«

Konrad: »*Nicht schlecht, zumindest in letzter Zeit. Beate und ich schrieben uns wöchentlich und tauschten uns strikt nur über die Kinder aus. Ich fand das hilfreich, weil ich nun besser weiß, was die Kinder machen, wenn sie nicht bei mir sind. Ich sehe sie ja so selten, da passiert das meiste ja ohne mich. Und ich gehe wieder in die Wohnung bei den Übergaben, habe sogar mal einen Kaffee bekommen. Aber die Übergaben waren nicht alle lupenrein, weil mich Beate einmal wieder mit dem leidigen Geldthema provozierte.*«

> Offenbar macht Konrad tapfer mit, obwohl es für ihn schwirig ist, die neue Situation und den Alltag ohne die Kinder zu akzeptieren.
> Deshalb ist es wichtig, nur auf die positiven Veränderungen zu fokussieren und diese zu stabilisieren.

Therapeut: (zu Beate) »*Und wie ist Ihre Einschätzung?*«
Beate: »*Stimmt; wir können die heißen Themen etwas besser raushalten. Aber das mit dem Geld – soll das ewig ungeklärt bleiben?*«

> Wenn nun das heiße Thema Geld ins Zentrum rückt, sind die Kinder fehl am Platz. Die Entscheidung, ob die Bearbeitung dieses Konfliktes innerhalb der Therapie Sinn macht oder zu einem Mediator gehört, sollte also bald gefällt werden.
> Das Thema könnte ein Riesenfass aufmachen. Die Gefahr ist, dass es den frisch gewonnenen Frieden wieder zunichte machen könnte. Und zuerst müssen auf jeden Fall die in der letzten Sitzung angesprochenen Themen bearbeitet sein – am besten mithilfe der Tierfiguren der Kinder.

Therapeut: »*Das ist ein dringendes und wichtiges Thema, das aber nur unter Erwachsenen besprochen gehört. Heute stehen nochmals die Kinder im Vordergrund und da ist offen, ob es hineinpasst.*«
Beate zeigt ihre Unzufriedenheit, nickt aber.

Inzwischen haben die Kinder ihre Aufstellungen mit den Tieren gemacht.
Sammy und Clea haben je zwei Tiergruppen aufgestellt, die ihre beiden Familien darstellen.
Die drei Erwachsenen betrachten die Werke und vergleichen sie mit den Fotos der letztmaligen Aufstellung. Sie lassen sich von den Kindern die Aufstellungen erklären.
Sammy hat sich selber in Richtung Vater und mit dem Rücken zur Mutter aufgestellt. Clea stellt diesmal den Vater von Anfang an mit auf. Ebenfalls dessen Mutter, sich selber aber noch nahe bei der Mutter.

> Es fällt auf, dass beide Kinder mehr Nähe zum Vatersymbol darstellen. Ich möchte hier aber keine Deutungen anbringen, sondern im Gespräch mit den Eltern herausfinden, ob sich etwas in den Beziehungen geändert hat.

Gesprächsverlauf

Resonanz und Überlegungen

»Welche Unterschiede sehen Sie gegenüber dem Bild vom letzten Mal?«, fragt der Therapeut.
Die Mutter, triumphierend, aber auch schalkhaft zu Konrad blickend: *»Clea hat ihren Vater entdeckt!«*

Der Vater erzählt stolz, dass er noch am Abend der letzten Sitzung ein Buch gekauft habe, aus dem er Clea abends vorlese. Die Kleine habe großen Spaß daran. *»Sammy muss sich dann eben gedulden, aber er nutzt die Zeit gern für ein Computerspiel. Und kürzlich haben wir zu dritt gekocht, war ganz lustig und einigermaßen essbar.«*
»Und deine Mutter?«, fragt Beate dazwischen, *»War die nicht total beleidigt?«*
»Die Oma und den Opa haben wir ins Restaurant geschickt. Clea war ganz mutig und sagte ihnen, wir müssten etwas ausprobieren – stimmte ja sogar!«

> Staunend nimmt der Therapeut die Schilderungen entgegen. Sind noch Maßnahmen zur Sicherung von Nachhaltigkeit notwendig? Er entscheidet sich dagegen, weil er vermutet, dass die Kinder das schon tun werden. Und weil Beate auf die Einhaltung der regelmäßigen Vater-Wochenenden achten wird, da sie ihren Freiraum braucht.
> Vor allem Konrad hat offenbar eine große Entwicklung gemacht und sich mit der neuen Situation arrangiert. Er scheint aus der Opferrolle herausgetreten zu sein und einen Weg gefunden zu haben, sich mit den Kindern auf einer emotionalen Ebene einzulassen. Beate freut sich wohl auch darüber, auch das ist ein wichtiger Schritt.
> Wichtig ist, Konrad weiterhin in seiner väterlichen Kompetenz zu bestärken und ihn aus seinen Verletzungen und Versagensgefühlen herauszuholen.

Der Therapeut lobt Konrad und die Kinder für diese Schritte.
Dann zu Beate: *»Und wie ist es Ihnen gelungen, die Beziehung zu Ihren beiden Kindern individuell zu pflegen?«*

Beate gerät ins Stottern und gesteht dann, dass sie es weniger gut gemacht habe als Konrad. Immerhin sei sie mit der Tochter zwei Mal auf »Mädels-Shopping-Tour« gegangen. Aber zu Sammy habe sie keinen guten Draht gefunden. *»Die Zeit reicht einfach nicht: Es läuft momentan so viel, auch mit Timo. Und ich muss auch noch arbeiten, denn Lars kann ja nicht die ganze Kohle reinschaufeln.«* (mit einem Seitenblick zu Konrad).

> Beate hat wohl die Notwendigkeit erkannt, mit ihren beiden Kindern je Einzelaktionen zu unternehmen, aber zeitlich ist sie damit überfordert. Auch ist die Beziehung zu Sammy in letzter Zeit nicht besser geworden. Und sie bringt nun zum dritten Mal das Thema »Geld« an.

Therapeut: *»Sammy, was würdest du am liebsten mit deiner Mama ganz allein unternehmen, wenn sie einen Nachmittag lang Zeit für dich hätte?«*
Sammy strahlt und wirbt bei Beate für eine Schwimmhalle mit Rutschbahn und anderen Spielgeräten. Beate willigt ein und verspricht mit Sammy hinzugehen – sobald Zeit dafür sei.

> Für das Thema Geld muss nun ein kleines Fenster geöffnet werden. Ich muss aufpassen dass es für die Kinder erträglich und hof-

Gesprächsverlauf

> **Resonanz und Überlegungen**
>
> fentlich entlastend ist. Ich werde abtasten, inwieweit das Thema auf der emotionalen Ebene liegt oder ob güterrechtlich komplexe Verhältnisse zu klären sind.

Therapeut: »*Sie wollen also auf jeden Fall das Thema Geld aufbringen? Liege ich da richtig?*«
Beate errötet leicht und nickt. »*Heißes Thema*«, ergänzt sie.

Therapeut zu den Kindern: »*Jetzt gibt es ein Thema nur für Erwachsene. Ihr wisst ja, dass Eure Eltern es manchmal miteinander schwer haben. Und da versuch ich ihnen jetzt zu helfen. Ihr könnt jetzt in der Spielecke spielen und Euch allein beschäftigen.*«

Therapeut blickt Konrad und Beate abwechselnd an: »*Ich bin weder Finanzfachmann noch Mediator, aber ich habe eine grobe Ahnung davon, wie die Finanzen bei Trennungen und Scheidungen üblicherweise geregelt werden. Wollen Sie mir erzählen, worum es geht, mit dem Risiko, dass ich auch nicht viel beitragen kann?*«
Beide nicken.

Der Therapeut lässt zuerst Konrad darstellen, wie sie zur heutigen Regelung der Unterhaltszahlungen gekommen sind:
Konrad: »*Ich habe mich kundig gemacht, was die üblichen Ansätze sind, und noch etwas draufgeschlagen, damit Beate die Wohnung nicht aufgeben muss.*«

Dann Beate: »*Direkt nach der Trennung waren die Zahlungen noch o. k. Aber seit ich mit Lars zusammengezogen bin, hat er mir die Zahlung zuerst ganz gestoppt und dann um die Hälfte gekürzt!*«

Konrad: »*Ja was sollte ich denn tun? Ich stand wie ein Depp vor den Kindern da, als sie mir das von dem Zusammenzug erzählten. Du hast es ja nicht für nötig befunden, es mir selber zu sagen! Außerdem wollte ich nicht auch noch den Freund meiner Frau ernähren.*«

> Alles klar, sehr verständlich, aber natürlich nicht ganz korrekt – obwohl bei Konkubinat eine Kürzung legal wäre.

Therapeut: »*Und so haben Sie aus Enttäuschung und Wut auf Beate auch den Unterhalt für die Kinder gekürzt?*«
Konrad bejaht etwas beschämt.

Der Therapeut beruhigt die aufgeregte Beate und bekundet sein Verständnis für beide Expartner. Dann fragt er Konrad, ob er sich mit Scheidungsregelungen auskenne. Dieser verneint und räumt entschuldigend ein: »*Ich war eben furchtbar wütend auf Beate.*«

Beate: »*Aber Du musst doch einsehen, dass es krass zu wenig ist!*« Sie nennt den Betrag.

Konrad verzieht das Gesicht und macht eine wegwischende Handbewegung.

> Nun wird es für mich schwieriger, ich finde nämlich auch, dass es viel zu wenig ist: Davon kann eine Frau mit Kindern doch nicht leben.
> Jetzt muss ich unbedingt darauf achten, dass Konrad sein Gesicht wahren kann. Er hat ja gerade eingeräumt, dass er aus Wut ge-

Gesprächsverlauf

> **Resonanz und Überlegungen**
>
> handelt hat. Vielleicht wäre er ja froh, wenn er jetzt eine Möglichkeit sieht, seiner Exfrau ein Angebot zu machen.

Therapeut: »*Verstehe ich Ihre Geste richtig, dass Sie es jetzt auch zu wenig finden? Sie haben damals aus starken Gefühlen heraus so gehandelt, und nicht aufgrund von Berechnungen, stimmt das?*«

Konrad: »*Ich weiß, das war überstürzt und überreagiert. Eigentlich wollte ich das schon lange korrigieren.*«

> Das ist natürlich gut, dass er selbstkritisch reagiert. Ich seh gerade, wie die Kinder ganz aufmerksam zuschauen. Jetzt wäre es natürlich wunderbar, wenn die beiden zu einer guten Lösung kämen. Ich kann ja mal versuchen, aufs Ganze zu gehen – vielleicht glückt es, dass er den Vorteil sieht, ein gutes Angebot zu machen.

Therapeut: »*Können Sie vielleicht gleich jetzt eine Zahl nennen? Und wenn Ihre Frau einverstanden ist, hätten Sie das Thema vom Tisch und sparen sich den zusätzlichen Gang zu einer Scheidungsberatungsstelle oder vors Gericht und all die mühseligen Streitereien, die sich dann entwickeln …*«

Nach kurzer Diskussion einigen sich die beiden über die Höhe des Unterhalts. Die Differenz seit dem Zusammenzug wird Konrad nicht nachzahlen. Er wisse, dass er nicht verpflichtet werden könne, so viel zu zahlen, wenn Beate im Konkubinat mit »dem Anderen« lebe.

> Das war auch Glück – und ganz ausgestanden ist es noch nicht: Konrad könnte am nächsten Tag alles wieder rückgängig machen. Aber trotzdem habe ich ein positives Gefühl.

Therapeut: »*Das ist großzügig von Ihnen. Ich hätte Sie auch nicht gefragt, wenn ich nicht geahnt hätte, dass Sie im Grunde ein großherziger Mensch sind.*«

> Das war eine wirklich gewagte Äußerung. Aber er scheint es von mir nehmen zu können. Nun eine möglichst bestärkende Schlussintervention, verknüpft mit einem Angebot für weitere therapeutische Unterstützung.

Der Therapeut lässt die Kinder nochmals in die Runde holen, sie haben ja sowieso mitgehört und konnten Zeuge werden, wie ein Problem von den Erwachsenen gelöst wurde.
»*Sie haben in der Tat in sehr kurzer Zeit riesige Schritte in Richtung neue Normalität gemacht. Ich muss gestehen, dass ich in der ersten Sitzung nicht glaubte, dass Sie so rasch dahin kommen, wo Sie heute stehen.
Trotzdem: Erfahrungsgemäß braucht es für einen Rückfall in die alten Muster wenig. Selten geht es so weit zurück, dass Sie sich wieder am Ausgangspunkt finden. Es kann aber sein, dass Sie bei den gemeinsamen Übergabegesprächen oder dazwischen immer wieder spüren, dass es bei denselben Themen zu Stress kommt. Wenn Sie das merken und Sie das stört, können Sie wieder vorbeikommen. Dann suchen wir nach den dahinter liegenden Verletzungen, um diese abheilen zu lassen.
Oder wenn sonst etwas Unvorhergesehenes eintritt, melden Sie sich natürlich auch wieder.*«

Kommentar zur 4. Sitzung

Ende gut, alles gut? Es ist in der Tat so, dass bei Patchwork-Familien oft schnelle Verbesserungen zur Überraschung therapeutischer oder anderer Begleiter auftreten. Rückfälle in alte Muster geschehen aber ebenso schnell wieder. Um Nachhaltigkeit zu erreichen, muss es wiederholte Erfolgserlebnisse geben.

Der Therapeut bestärkt einerseits Beate und Konrad in ihrer Kompetenz, gute Fortschritte zu machen. Andererseits normalisiert er Rückschläge, indem er sie als fast unabdingbar für einen positiven Veränderungsprozess darstellt. Er entscheidet sich hier, einen vorläufigen Abschluss zu finden – und im gegebenen Falle nochmals eine Auftragsklärung durchzuführen.

Er überlässt es dem Elternpaar, sich wieder zu melden, und konnotiert dies als ein Zeichen ihrer Verantwortungsübernahme und nicht als Ausdruck von Unfähigkeit. Ganz nebenbei führt er den Gedanken einer Nachscheidungsberatung ein, wozu die Eltern seiner Einschätzung nach noch nicht bereit sind.

Die Anfangsaufträge, die Kinder zu entlasten und die elterliche Kommunikation zu verbessern, sind erfüllt oder zumindest auf den Weg gebracht. Die therapeutische Beziehung ist mittlerweile so gut, dass dieses Teilsystem sich bei Bedarf wieder melden würde. Ein Teilabschluss ist also gut möglich.

Weitere zwei Monate später:

Telefonat von Beate

Gesprächsverlauf	
	Resonanz und Überlegungen
Der verabredete Termin für die gesamte Stieffamilie (Beate, Lars und deren Kinder Timo, Sammy und Clea) zweieinhalb Monate später wird von Beate abgesagt: Es ginge ihnen allen sehr gut, außerdem sei sie in froher Erwartung. Aber sie würden sich melden, sobald es etwas zu besprechen gebe. Die bisherige Beratung habe sich auf jeden Fall gelohnt.	
	Oje, auch das noch: schwanger. Gerne würde ich die Mutter vor weiteren überstürzten Entscheidungen und Fallen warnen. Aber momentan würde ich wohl nicht auf offene Ohren stoßen. Und was ist mit Sammy und der Schule? Wäre das vielleicht ein Aufhänger, um doch noch eine Sitzung zu machen?
Therapeut: »O. k., dann sehen wir uns zur Standortsitzung in der Schule. Das hatten wir ja so mit der Lehrerin vereinbart, um zu entscheiden, ob für Sammy noch Maßnahmen oder eine Abklärung nötig sind.«	
Beate (lachend): »Oh, das habe ich ganz vergessen. Aber ich glaube, es ist nicht mehr nötig. Sammy hat eine deutliche Tendenz nach oben gemacht, seine	

Gesprächsverlauf

	Resonanz und Überlegungen

Lehrerin hat nichts mehr gesagt und die Noten sind besser geworden. Ich glaube, ich sage die Sitzung ab.«

	Moment – so rasch geht das nicht, zumindest nicht ohne Rücksprache mit der Lehrerin und dem Vater!

Therapeut: »*Dann müssten wir noch die Meinungen von Ihrem Exmann und von Sammys Lehrerin einholen, ob das Sinn macht, meinen Sie nicht?*«

Beate (nachdenklich): »*Na gut. Ich frage Konrad und Sie können gerne mit der Lehrerin telefonieren.*«

	Da kann ich schlecht widersprechen – soll ich nun hoffen, Sammy gehe es noch schlecht oder wieder gut in der Schule?

Es wird vereinbart, innerhalb der nächsten zwei Wochen sich nochmals auszutauschen und zu entscheiden, ob die Schulsitzung stattfinden solle oder nicht. Der Therapeut wünscht Beate alles Gute und betont, dass jedes Mitglied ihrer Gesamtfamilie sich jederzeit melden könne. »*Manchmal sind auch prophylaktische Termine nicht schlecht*«.

Telefonat mit Sammys Lehrerin

Gesprächsverlauf

	Resonanz und Überlegungen

Die Lehrerin bestätigt, dass Sammy wieder sei wie früher, konzentrierter, offener, aktiver und wieder meist gute Noten schreibe. Sie finde auch, die Sitzung sei nicht nötig.

	Gut für Sammy, nicht so gut für den Prozess. Denn Sammys Leistungen wären der einzige Aufhänger gewesen, die Familie bzw. Teile davon nochmals zu sehen. Aber da kann ich jetzt nichts machen.

Wiederanmeldung nach einem Jahr

Telefonat von Beate

Gesprächsverlauf

	Resonanz und Überlegungen

Beate entschuldigt sich, sich so lange nicht gemeldet zu haben; es sei einfach Schlag auf Schlag gegangen. Lars und sie hätten jetzt einen süßen kleinen Noah, an dem sich alle freuen. Timo sei zwischenzeitlich wegen eines Schulwechsels ganz zu ihnen gezogen: »*Alles hat sich eigentlich wie eine richtig gute Familie angefühlt*«.

Gesprächsverlauf

Resonanz und Überlegungen

Aber nun seien sie aus allen Wolken gefallen, als Timo von der Polizei geschnappt wurde. Er sei in einen Verkehrsunfall verwickelt gewesen und musste eine Nacht im Knast verbringen. Jetzt liege er ziemlich mitgenommen zu Hause.
Beate: »*Nun haben wir doch echte Probleme. Kann ich mit ihm in Ihre Sprechstunde kommen?*«

Ich erinnere mich gut – auch an das nicht allzu optimistische Gefühl in Bezug auf die sich rasch gebildete Patchwork-Familie. Die Tatsache, dass Beate um einen Termin bittet und nicht Timos Vater Lars anruft, lässt vermuten, dass noch immer das Selbstverständnis in der Familie vorherrscht, die Mutter bzw. Stiefmutter sei für alles zuständig.

Therapeut: »*Und weshalb wollen **SIE** mit ihm kommen?*«

Beate: »*Ja, stimmt, ist ja nicht mein Sohn. Soll ich Ihnen die Handynummer von Lars geben?*«
Therapeut: »*Er soll mich doch selber anrufen!*«

Immerhin genügt eine Frage, um Beate darauf aufmerksam zu machen, dass sie nicht die Hauptverantwortliche für den Stiefsohn ist.

Telefonat von Lars

Als wenig später Timos Vater Lars anruft, erzählt dieser etwas weniger dramatisch, was geschehen ist: Timo hatte sich ohne elterliche Erlaubnis ein Wochenende im Ferienhaus eines Freundes gegönnt. Dummerweise hätten sie mit dem von dessen Vater »ausgeliehenen« Wagen einen Unfall gebaut, seien dann von der Polizei mit einem mittelgroßen Haschischvorrat zusammen auf die Wache gebracht und dort behalten worden, bis alle Eltern informiert waren. Ob es ein Verfahren gebe oder nicht, sei noch offen.
Lars: »*Das Schlimmste ist, dass Timos Mutter nun Sturm läuft. Beate hatte nämlich Timo so halbwegs die Erlaubnis gegeben für das Wochenende. Wann könnte ich Timo vorbeibringen, damit Sie mit ihm mal reden?*«

Vermutlich ist Timos Mutter derzeit nicht in die Erziehung eingebunden, sonst würde Lars nicht von einem »Sturmlauf« sprechen. Somit ist klar, dass sie zum Familiengespräch dazugehört. Sammy und Clea müssen nicht dabei sein: Es handelt sich um eine Notsituation, in der es vor allem um die Kooperation der drei Stiefeltern- bzw. Elternfiguren geht.

Therapeut: »*Wenn Timo explizit wünscht, mit mir allein zu reden, kann ich das gerne tun. Aber als ersten Schritt würde ich gerne die Sachlage und die ganze Vorgeschichte des Jungen aus der Sicht von Ihnen allen hören. Auch von der Mutter. Am besten Sie kommen zu viert: Timo, seine Mutter, Ihre Partnerin Beate und Sie selber. Einverstanden?*«

Kommentar zur Wiederanmeldung

Diese Vorgehensweise führt wohl am ehesten zum Ziel. Den Jugendlichen allein zu sehen wäre denkbar, wenn dieser es selber wünschte. Aber da die Eltern auch sehr unter Druck sind, brauchen diese ebenfalls rasche Unterstützung. Die Gefahr in solchen Situationen ist, dass die Erwachsenen den Jugendlichen sanktionieren und ihre eigenen Anteile ausblenden.

Wichtig ist, Klarheit darüber zu haben, wie die Lebenssituation von Timo ist: Welche Rolle spielt seine Mutter und wie kooperiert das Trio aus Eltern und Stiefmutter miteinander? Deshalb ist eine rasche Teilfamiliensitzung angezeigt.

Eine Woche später:

5. Sitzung: Erstgespräch mit Timo, seinen Eltern und seiner Stiefmutter

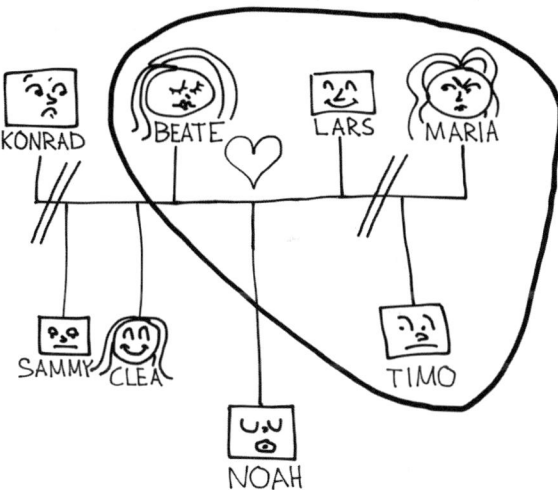

Genogramm: Subsystem leibliche Eltern von Timo, Stiefmutter Beate und Timo

Gesprächsverlauf

Resonanz und Überlegungen

Der etwas älter wirkende, knapp 16-jährige Timo sitzt mit seinem Handy und den Kopfhörern über der Schulter zwischen seinen Eltern. Er blickt gelangweilt in die Ferne.
Timos Mutter Maria schickt zornige Blicke zu Lars und Beate.

Gesprächsverlauf

> **Resonanz und Überlegungen**
>
> Die Spannung unter den Erwachsenen ist wohl für alle spürbar. Beate sitzt starr und streng aufrecht in Richtung Maria gewandt, als ob sie Maria zeigen müsste »*Ich bin auch wer!*«. Da könnte einiges an Konkurrenz zwischen Beate und Maria drin sein. Die Eltern erwarten wahrscheinlich, als erste angesprochen zu werden. Aber erstes Ziel muss sein, Timo zur Mitarbeit zu bewegen. Deshalb ist das Einholen des Einverständnisses der Eltern, mit Timo zu beginnen, wichtig. Wahrscheinlich wird Timo mir eine verharmloste Geschichte präsentieren, aber es ist besser, ihm das Wort zuerst zu geben, damit er nicht von Anfang an in die Defensive gerät. Ich muss ihm rasch deutlich machen, dass ich ihn nicht maßregeln, sondern verstehen möchte, wie es zu diesem Vorfall gekommen ist. Mal sehen, ob die Eltern das aushalten, wenn ich Timo zuerst frage …

Der Therapeut fragt Maria: »*Darf ich mit Ihrem Sohn beginnen? Er kann mir das Vorgefallene aus erster Hand erzählen. Zu Ihrer Einschätzung und Ihrer Version der ganzen Geschichte werde ich gleich anschließend kommen.*«
Die Frau nickt. Ein Blick zu Lars und Beate genügt, um zu sehen, dass auch diese einverstanden sind.
Der Therapeut wendet sich Timo zu und bittet ihn, seine Version der Geschichte zu erzählen.

Timo: »*Wir sind halt zur Hütte von Sven gefahren und da hat einer scharf gebremst vor uns und dann hat's geknallt.*«
»*Das war ja wohl nicht alles!*«, schnaubt seine Mutter.
Timo: »*Na ja, die Bullen haben Stoff bei uns gefunden, dann haben sie uns auf die Wache genommen – aber es war gar nicht mein Zeug!*«

> So lange die Situation nicht eskaliert, kann ich den Streit-Dialog zwischen Mutter und Sohn laufen lassen. Aber Timo muss weiterhin zu Wort kommen. Das Ziel ist, die drei unterschiedlichen Darstellungen von Timo, der Mutter und dem Vater zu Ende zu hören.

Therapeut zu Timo: »*Und weshalb regen sich die Erwachsenen hier so auf? Kannst du dir das erklären?*«
Timo: »*Es geht halt darum, dass mich Beate gehen ließ und meine Mutter nichts davon … äh … nicht alles wusste*« (er schaut entschuldigend zu Beate).

> Nun geht es darum, die elterlichen Verantwortlichkeiten abzutasten. Zuerst Timos Sichtweise, damit die anwesenden Erwachsenen erfahren, wie er ihr Verantwortungsgefüge erlebt.

Therapeut zu Timo: »*Wie muss ich das verstehen ›Beate hat es erlaubt aber deine Mutter hat nicht alles gewusst?‹ Wer ist verantwortlich dafür, dir die Erlaubnis zu geben für solche Ausflüge?*«

Timo stottert vor sich hin und schaut hilfesuchend zu Beate.

Beate: »*Aber ich ließ dich doch nur gehen, nachdem du deine Mutter angerufen hattest. Und sie hat es dir erlaubt – hast du mir jedenfalls gesagt. Oder etwa nicht!?*«
Maria regt sich auf: »*Nichts hast du gesagt von alledem was ihr vorhattet! Du hast nur gefragt, ob du zu Sven dürfest, und ich sagte: ›Das ist ein Wochenende, an dem du beim Vater bist, und der muss entscheiden‹…*«

Gesprächsverlauf

> **Resonanz und Überlegungen**
>
> Nun ist klar, dass Timo sich im Vakuum zwischen den offenbar kaum kommunizierenden Eltern einen Freiraum erschlichen hatte. Es besteht die Gefahr, Timo als Sündenbock abzustempeln und die Verantwortung der Erwachsenen ungeklärt zu lassen.
> Deshalb ist Klartext über die Rollenverteilung der Eltern erforderlich.

Therapeut zu Timo: »*Dann ist ja alles klar: Du hast die mangelnde Kommunikation zwischen deinen Eltern ausgenutzt und bist ausgebüxt. Stimmt's?*«
Timo nickt betreten und ergänzt dann leise: »*Wenn man schon alle Nachteile der Patchwork-Familie hat, muss man sich auch mal einen Vorteil holen.*«

> So, nun ist die Last der Verantwortung auf alle vier Anwesenden verteilt: Es geht um etwas Gemeinsames, nicht um Timo allein. Es könnte sein, dass Timo nun weitere Defizite in seiner Betreuung aufzählt.

Therapeut: »*Welche Nachteile meinst du denn?*«

Timo beginnt zu erzählen, wie er vor einem Jahr zu seinem Vater gezogen sei, weil die Schule näher war und er sich wieder etwas Familie und einen engeren Kontakt zum Vater erhofft hatte, aber das sei nicht eingetroffen. Am Anfang habe Beate noch viel mit ihm gemacht, all das mit dem Fotozeugs, richtig geworben habe sie um ihn, das sei noch ganz gut gewesen. Aber immer mehr sei er sich überflüssig vorgekommen.
»*Ich bin offenbar gut genug, um die Kleinen zu hüten oder schweres Zeug herumzuhieven. Ich versteh ja, dass Sammy und Clea die Eltern noch mehr brauchen als ich. Aber seit Noah da ist, sind alle nur noch mit diesem Schreihals beschäftigt. Klar, dass niemand mehr Zeit für mich hat. Brauch ich ja auch nicht mehr, bin alt genug, kann mein Leben allein schaffen. Und das mit dem Unfall ist halt blöd gelaufen, passiert auch nicht wieder.*«

> Nun kommt die volle Ladung Frust über die Patchwork-Problematik aus der Sicht des Jugendlichen: Die Eltern kooperieren nicht, die Stiefeltern lassen die Zügel schleifen, weil sie bereits mit den kleineren Kindern ausgelastet sind. Die Folge: Der Jugendliche ist auf dem besten Weg, sich von der Familie abzuwenden und sich mit seinen Peers ein alternatives Zuhause aufzubauen.
> Wie könnten die Aufträge an mich lauten?
> 1. Die Mutter wieder mehr in ihre Verantwortung einbinden.
> 2. Regelmäßigen Austausch zwischen den leiblichen Eltern anregen mit wasserdichten Freizeitregeln für Timo.
> 3. Beziehung zwischen Timo und allen drei Elternfiguren einzeln unterstützen.
> 4. Und bei alledem die jüngeren Halb- und Stiefgeschwister und deren Beziehungen untereinander nicht vernachlässigen.
> Die Anspannung von Timos Mutter steigert sich. Vermutlich befürchtet sie, dass ihr ein zu großer Anteil der Verantwortung für das Desaster zugeschoben wird. Ich muss sie rasch und empathisch einbeziehen.

Therapeut: »*Ich verstehe deinen Frust. Ob deine Reaktion, deine Zukunft aufs Spiel zu setzen, nun die richtige war, frage ich mich allerdings. Aber ich habe deiner Mutter versprochen, dass sie gleich auch was sagen darf. Und deinen Vater will ich auch noch hören.*«

Gesprächsverlauf

Resonanz und Überlegungen

Der Therapeut wendet sich der Mutter zu: »*Entschuldigen Sie, ich versprach Ihnen, sogleich zu Ihnen zu kommen. Jetzt ist Timos Frust dazwischengekommen. Wie geht es Ihnen mit Ihrem Sohn im Moment?*«

Maria holt weit aus und erzählt, wie Lars und Timo sie überredet hatten, Timo ausziehen zu lassen. »*Es hat sehr weh getan, ihn ziehen zu lassen. Und nun bereue ich es, denn mein Einfluss ist unter Null gesunken.*« Aber sie wisse nicht, ob es gut wäre, diese Entscheidung wieder rückgängig zu machen. Auf jeden Fall wolle sie, dass so etwas nicht wieder passiere. Sie müsse von Lars und Beate einfach mehr einbezogen werden.

> Maria ist die einzige Erwachsene, die noch nie zuvor hier war. Deshalb muss ich sie ausführlich zu Wort kommen lassen und sie entsprechend würdigen und joinen[10].

Therapeut: »*Genau, Ihre Rolle als Mutter bzw. die Zusammenarbeit von Ihnen drei Elternfiguren ist der erste Punkt, den es hier zu optimieren gibt. Ihre Leistung, den Sohn ziehen zu lassen, verdient größte Anerkennung. Das tun die wenigsten Mütter. Und nun ist Ihre Enttäuschung darüber groß, dass es nicht so läuft, wie sie hofften.*
Und Sie alle machen sich Sorgen um Timo.«

Die Frage, ob Lars und Beate damit einverstanden sind, das Thema »bessere Kooperation« anzugehen, wird sofort bejaht.

> Damit ist der erste Teil der Auftragsklärung erfolgt: die Zusammenarbeit von Maria mit Lars und Beate zu optimieren.
> Die impliziten Anliegen von Timo müssen aber auch noch thematisiert werden.

Therapeut: »*Wir beginnen am besten damit, auf Timo zu hören, was seine Bedürfnisse sind. Er hat vorhin gesagt: wieder bessere, also mehr Beziehung zu den Eltern und der Stiefmutter, mehr Anerkennung für das, was er für die Geschwister tut. Und aus der aktuellen Erfahrung geht hervor: Es braucht eine klare Aufteilung der Erziehungsverantwortung für Timo. Einverstanden?*«
Alle bejahen.

> Damit ist der Auftrag abgesegnet. Nun geht es um konkrete Vereinbarungen.
> Da es nun um die elterliche Kooperation geht, soll Timo nicht dabei sein. Die Eltern-Kind-Hierarchie auch bei Jugendlichen zu betonen ist hier wichtig. Positive Erinnerungen an Aktivitäten mit den Elternteilen zu Papier bringen führt bei Timo hoffentlich zu emotionalen Anteilen.

Therapeut bittet Timo, in einen anderen Raum zu gehen und sich die besten und intensivsten Erlebnisse, die er jeweils allein mit Mutter oder Vater hatte, als kleine Skizzen zu vergegenwärtigen.

> Jetzt werde ich die drei Erwachsenen mit einer Aufgabe einige Minuten allein lassen, um zu testen, ob sie ohne Moderation kooperieren können.

---

[10] s. Glossar

Gesprächsverlauf

Resonanz und Überlegungen

Der Therapeut (wendet sich an den Vater): »*Wann und wie können Sie sich freischaufeln, um mit Ihrem Sohn wieder gute Erlebnisse zu teilen?*
Und (an Beate) *welchen Teil an mütterlicher Verantwortung können Sie Maria zurückgeben?*
Und (an Maria) *welchen Teil wünschen Sie sich zurück?*
Diskutieren Sie das mal, ich gehe rasch zu Timo.«

Es beginnt sich sogleich ein Gespräch zwischen den Erwachsenen zu entwickeln.

> Währenddessen kann ich mit Timo kurz alleine reden, ob für ihn alles in eine gute Richtung läuft und die Stimmung von Timo ergründen, inwieweit er kooperieren wird. Falls er sich bereits verstärkt an einer Alternativfamilie orientiert (ältere Freunde, Jugendhaus), wird er sich nicht so leicht wieder intensiver in die eigene Familie einbinden lassen.

Therapeut zu Timo (im anderen Raum): »*Wie fühlt sich das an, wenn die drei miteinander kooperieren?*«

Timo: »*Schon komisch. Ich befürchte, dass sie mir nun alles verbieten und ich nur noch zu Hause hocken muss, ich brauch meinen Freiraum. Aber gut ist, wenn die miteinander reden. Die Stimmung zwischen Papa und Mama war ätzend.*«
Er äußert noch, dass er durchaus froh wäre, wenn er mehr zur Familie gehören würde und man ihn mehr wahrnehme.

> Timo scheint motiviert zu sein, dass sich an seiner Familiensituation etwas ändert – das ist eine gute Voraussetzung für weitere Gespräche. Ich wende mich jetzt wieder den Eltern zu.
>
> Das Thema bei den Erwachsenen muss sein, wie sie sicherstellen können, dass Timo sie nicht mehr austrickst, obwohl die Zeiten von regelmäßigen Besuchen bei der Mutter vorüber sind.
> Die Stimmung bei den Erwachsenen scheint relativ locker zu sein. Maria und Beate tauschen fast freundliche Blicke aus.

Auf dem Flipchart hat Maria schon drei Punkte notiert.
Therapeut: »*Sie sind offenbar gut unterwegs? Machen Sie allein weiter oder brauchen Sie Unterstützung?*«

Maria: »*Es geht ganz gut, noch ca. fünf Minuten, dann sind wir fertig*«

> Offenbar besteht hier ein konstruktives Klima. Also kein Klärungsbedarf.
> Zuerst sollte wieder Timo zu Wort kommen, damit er mit seinen Anliegen sicher nicht untergeht – eventuell muss davon noch etwas in die Vereinbarung der Eltern mit eingebaut werden.

Nun sind wieder alle im selben Raum und der Therapeut fragt die Erwachsenen, ob sie ihre Ergebnisse nach dem Anschauen von Timos Skizze präsentieren könnten. Dann bittet er Timo, seine Skizzen zu zeigen und zu erläutern.

Timo hat auf der einen Skizze eine bergige Landschaft mit zwei Rädern und vornübergebeugten Fahrern, die steil runterfahren, gezeichnet. Im Hintergrund ein Zelt:
»*Das war im vorletzten Sommer, als ich mit Lars auf einer Bike-Tour in den*

Gesprächsverlauf

	Resonanz und Überlegungen

Bergen war.«
Auf der anderen Skizze ist ein Zuschauerraum eines Theatersaals angedeutet mit zwei lachenden Köpfen – offenbar Maria und er.
»Maria hat mich vor ca. einem Jahr mal überrascht mit Tickets für ein Musical. Aber es war richtig gut, sowas mit Straßenjungs, Bandenkrieg und so.«

> Dann wäre es doch gut, wenn sie davon eine Neuauflage planen würden.

Therapeut: *»Hoffentlich gibt es bald wieder Raum für solche Erlebnisse! Wir wollen aber vorerst die Ergebnisse deiner drei Eltern anhören, um zu sehen, wie und wo das reinpasst.«*
Er bittet die Erwachsenen, ihren Flipchart zu erläutern.

Die Vereinbarungen der Dreierrunde sind:
- Maria und Lars rufen sich vor jedem Wochenende an, um zu klären, wie lange Timo bei wem ist.
- Maria und Lars werden einmal im Monat gemeinsam mit Timo zu Abend essen, um zu erfahren, wie es ihm geht.
- Lars und Timo unternehmen an Wochenenden und in den Ferien wieder Radtouren zusammen. Außerdem essen nur Vater und Sohn alle zwei Wochen miteinander – ohne die anderen.
- Maria kümmert sich wieder vermehrt um die Schulleistungen ihres Sohnes, indem sie einmal pro Woche mit ihm lernt oder ihn abfragt. Bei Schulsitzungen wird in Zukunft sie und nicht Beate anwesend sein.
- Wenn Timo seine Stief- und sein Halbgeschwister hütet, bekommt er eine vorher vereinbarte Belohnung.

> Vermutlich sind dank der strukturierenden Maria gute Ergebnisse zusammengekommen. Mal sehen, ob dieser Euphorie wirklich Taten folgen.
> Was fehlt: Es ist nichts vereinbart, um Beate vor allfälligen erneuten Entscheidungsverantwortungen zu schützen. Das muss noch mit hinein – ohne das erarbeitete Ergebnis abzuwerten.

Therapeut: *»Wunderbar. Sie haben in sehr kurzer Zeit super Beschlüsse ausgearbeitet. Denken Sie, das ist alles zu schaffen, ohne dass zu viel an Beate hängenbleibt? Wenn Lars mit Timo Pizza isst oder wenn Sie drei Ex-Familienessen abhalten, dann sind Sie* (wendet sich an Beate) *jeweils für alle und alles andere verantwortlich.«*

Betretenes Schweigen folgt. Dann aber meint Beate locker: *»Dafür sorge ich schon, ich habe nun einiges gelernt und werde ganz schön darauf achten, dass Lars seinen Teil übernimmt an Haushalt und Noah-Betreuung.«*

> Das klingt vielversprechend, aber ein bisschen schnell.

Therapeut: *»Das hoffe ich, dass Sie das schaffen. Aber Sie wissen ja auch, wie schnell es geht, dass Sie plötzlich alleine mit einer Entscheidung dastehen.«*

> Das ist der Aufhänger für eine Sitzung im Subsystem Stiefelternpaar. Die bisherigen Interventionen zur Differenzierung der unterschiedlichen Rollen in der Patchwork-Familie waren ja nur marginal. Entlastung von Beate ist ein passendes Motto dafür.

5. Sitzung

Gesprächsverlauf

Resonanz und Überlegungen

Therapeut: »*In Anbetracht Ihrer Familiensituation wäre etwas Entlastung für Sie beide* (spricht Beate und Lars an) *ohnehin ein Thema.*
Aber die Zeit ist fast um, deshalb schlage ich vor, dass Sie einmal eine Sitzung zum Thema Ressourcensuche beanspruchen.«
Erleichtert atmet Beate auf und Lars nickt zustimmend.

> Das weitere Vorgehen muss flexibel sein, sodass sich alle gut begleitet fühlen und damit nicht nach kurzer Zeit alles wieder in sich zusammenfällt. Sie müssen aber dafür genügend Zeit haben und selbst die Verantwortung für Veränderungen übernehmen.

Folgendes Vorgehen wird vereinbart:
- In der heutigen Zusammensetzung findet eine optionale Sitzung in fünf Wochen statt. Sie darf bis fünf Tage vorher abgesagt werden, wenn sich alle der Anwesenden einig sind, dass es gut laufe und keine Sitzung mehr notwendig ist. Eine fixe Kontrollsitzung mit allen wird in fünf Monaten festgelegt. Bei Problemen mit der Umsetzung kann sie selbstverständlich auch früher stattfinden.
- Für das Stiefelternpaar wird eine Sitzung in drei Wochen anberaumt.

Kommentar zur 5. Sitzung

Männliche Jugendliche, die von Anfang an motiviert und engagiert an einer Familiensitzung teilnehmen, gibt es kaum. So muss der Therapeut Timo zuerst klarmachen, dass es nicht darum geht, ihn zu verändern, sondern sein Verhalten im Gesamtkontext seiner Lebenssituation zu verstehen.

Timo hat auf sein Betreuungsvakuum hingewiesen. Ein Problem, das bei Jugendlichen in Trennungs- und Patchwork-Situationen häufig vorkommt: Den Jugendlichen wird mehr Eigenständigkeit zugetraut, als sie leisten können, und sie gehen unter, während die Kleineren lautstark Zuwendung einfordern.

Hier ist es wichtig, alle Beteiligten in die Verantwortung zu nehmen. Zu klären, wer wofür zuständig ist, bildet die Voraussetzung dafür, dass Timo lernt, mehr Selbstverantwortung zu übernehmen.

Die expliziten Aufträge sind alle bearbeitet worden und in die Vereinbarungen der Betroffenen integriert:

- Die Mutter hat wieder mehr Verantwortung.
- Regelmäßiger Austausch zwischen den leiblichen Eltern mit wasserdichten Regeln im Umgang mit Freizeit für Timo.
- Die Beziehung zwischen Timo und allen drei Elternfiguren wird unterstützt.
- Timo wird wieder mehr Zugehörigkeit zu den beiden Familien ermöglicht.

In der nächsten Stiefelternsitzung soll auf die weiteren impliziten Aufträge fokussiert werden: Timos Selbständigkeitsentwicklung fördern, zeitliche Entlastung und Ressourcen suchen sowie die unterschiedlichen Beziehungen zwischen den Geschwistern, Stiefgeschwistern und Halbgeschwistern differenzieren.

Timo hat klar gezeigt, dass er interessiert ist, wieder mehr in der Familie wahrgenommen und integriert zu werden. Dies ist bei Jugendlichen nicht selbstverständlich. Falls deutlich geworden wäre, dass Timo bereits auf dem Weg zu asozialem Verhalten oder Missbrauch von harten Drogen ist, könnten zusätzlich zur Familientherapie weitere therapeutische Maßnahmen wie z. B. eine Einzeltherapie, im Extremfall auch eine stationäre Maßnahme notwendig werden.

Wenn die Beteiligten wirklich alle getroffenen Vereinbarungen umsetzen können, reicht eine Sitzung in drei Monaten.

Die therapeutische Beziehung ist tragfähig genug, um sicherzugehen, dass sich die Familie bei unerwarteten neuen Problemen wieder melden würde.

Drei Wochen später:

6. Sitzung: Erstes Gespräch mit den Patchwork-Eltern

Genogramm: Subsystem Patchwork-Eltern

6. Sitzung

Gesprächsverlauf

	Resonanz und Überlegungen

Das Paar wirkt vergnügt. Lars beginnt damit, sie hätten das Ergebnis der Sitzung bereits vorweggenommen: Seine Mutter betreue einen ganzen Tag die Kinder, inklusive Noah. Beate doppelt nach und erzählt, dass sie nach der letzten Sitzung die Eltern von Lars gefragt hätten, ob sie Lust und Zeit hätten, etwas Kinderbetreuung zu übernehmen. Jetzt gerade seien sie bei ihnen zuhause.
»*Heute ist Testtag. Wenn es allen gut geht, wird Lars' Mutter mindestens alle zwei Wochen kommen*«, berichtet Beate.

> Dann haben sie das Thema Entlastung ja wirklich ernstgenommen. Dafür möchte ich sie loben und ermuntern dranzubleiben, auch ihrer Beziehung zuliebe.

Therapeut: »*Super haben Sie das gemacht. Ich hoffe, dass Sie sich auch immer wieder die Zeit nehmen, um Ihre Liebe zu pflegen. Ohne Beziehungsinseln überstehen Sie die Belastungen kaum.*«
Beate und Lars lachen sich verschmitzt an und sagen fast gleichzeitig: »*Da brauchen Sie sich keine Sorgen machen – das ist fast das einzige was wir immer gut hinbekommen!*«

> Das ist ihnen zu gönnen.
> Aber wie gehen sie mit den Beziehungsbedürfnissen aller Kinder, auch der größeren um? Und das Thema Rollendifferenzierung darf auch nicht untergehen.

Therapeut: »*Ich nehme an, dass jetzt auch für die Einzelaktivitäten Mutter-Sohn, Mutter-Tochter, Vater-Sohn und auch für die Beziehung Stiefvater-Stiefkinder etwas mehr regelmäßige Zeiten möglich sind. Haben Sie schon was geplant?*«
Lars: »*Da haben wir schon was vor. Der Sammy ist ganz scharf drauf, mit mir an eine Kletterwand zu gehen. Das machen wir bestimmt mal. Aber das mit der Radtour mit Timo hat wegen dem Wetter nicht geklappt. Es ist auch immer so viel anderes los.*«
Beate: »*Ja es ist eben so schwierig mit den Vorausplanungen: Immer kommt was dazwischen.*«

> Sie scheinen Schwierigkeiten mit der Strukturierung zu haben, die zugunsten der Kinder unterstützt werden soll.

Therapeut: »*Haben Sie eigentlich noch Ihren Familienkalender? Da waren doch damals Ihre Kinder ganz begeistert davon, vor allem weil sie sich dann darauf verlassen und auf so schöne Momente einstellen konnten.*«
Beate: »*Ja stimmt, das war ganz gut, sollten wir wieder machen. Aber wir müssten uns noch einigen, wie wir die Zeiten einteilen.*«

> Hier muss ich dranbleiben, sonst bleiben nur die Vorsätze und alles geht verloren.

Therapeut: »*Dann klären Sie das doch gleich hier und notieren sich das.*«
Beate und Lars besprechen, wie sie die Zeiten regelmäßig und gerecht aufteilen können.
Der Therapeut lässt die beiden arbeiten, fordert aber immer wieder, dass verbindliche Zeiten vereinbart und diese in ihren neuen Familienplaner dann gut sichtbar eingetragen werden.
Therapeut: »*Das verstärkt ja auch die Vorfreude der Kinder!*«

Gesprächsverlauf

	Resonanz und Überlegungen
	Ich sehe da genügend Zeiten, die Beate mit ihren Kindern je einzeln mit Clea und Sammy verbringt. So ist das Thema die Pflege der Beziehungen Beates zu ihren Kindern offenbar auch gut auf den Weg gebracht. Aber die extern lebenden Eltern dürfen bei all den Planungen nicht außer Acht gelassen werden.

Therapeut: »*Wie sind denn Maria und Konrad in die Planungen mit einbezogen? – Und wie kommunizieren Sie Ihre Planungen?*«

Beate: »*Mit Maria setzen wir uns immer gemeinsam an einen Tisch, wenn sie ihren Dienstplan hat und besprechen den nächsten Monat. Mit dem Vater von Sammy und Clea ist es noch schwieriger, am besten geht es per Mail. Manchmal rufe ich auch an, wenn es Terminverschiebungen gibt.*«

	Das mit Maria scheint ja gut zu laufen. Aber Konrad? Besteht immer noch Rivalität zu Lars?

Therapeut: »*Muss sich Lars eigentlich immer noch verkriechen, wenn Konrad die Kinder abholt, oder sind die beiden sich schon mal begegnet?*«

Beate erzählt, dass Konrad mittlerweile in die Wohnung reinkommt, Lars aber in sein Zimmer geht und sich die beiden Männer so nicht begegnen müssen. Sie sei da vorsichtig.

	Okay, das scheint noch schwirig zu sein. Ich versuche das Arrangement mal zu hinterfragen.

Therapeut (zu Lars): »*Würden Sie Konrad eigentlich gerne mal kennen lernen oder haben auch Sie Respekt vor einer Begegnung?*«

Lars gibt sich locker und sagt, dass Beate das nicht wolle, sie habe richtig Schiss davor, er könnte mal versehentlich rauskommen, wenn Konrad in der Küche sitzt.
»*Aber ich könnte mir durchaus vorstellen, mit ihm mal auf ein Bier zu gehen.*«

Der Therapeut bespricht dann mit Beate, ob es besser wäre, wenn die beiden Männer sich ohne ihre Hilfe kennen lernen könnten, oder ob sie dabei sein wolle.
Beate: »*Oje, da muss ich bestimmt nicht dabei sein!*«

	Ich treibe das noch mal voran: Bei Lars könnte ja die »Drohung« einer Sitzung bei mir wirksam sein. Lieber tut er alles für ein Gelingen eines Treffens.

Therapeut: »*Dann machen Sie doch den ersten Schritt und laden Konrad einmal auf ein Bier ein – irgendwo in der Stadt. Und wenn Sie beide nicht klarkommen, brechen Sie ab und kommen zu dritt in eine Sitzung: Sie, Beate und Konrad.*«
Lars lacht: »*Na, das glauben auch nur Sie!*« und stimmt zu.

Der Therapeut zu Beate: »*Und Sie müssen dann wohl Lars daran erinnern, dass er sich bei Konrad mal meldet.*«
Beate: »*Da verlangen Sie aber was von mir!*«

	Das wäre aber ein wunderbarer Link zum Thema »Entlastung«. Mal antippen.

Gesprächsverlauf

> **Resonanz und Überlegungen**

Therapeut: »*Da wir gerade dabei sind und ich noch einmal kurz auf das Thema Entlastung zurückkommen möchte. Haben Sie eigentlich schon daran gedacht, dass Konrad auch eine Entlastungsmöglichkeit wäre? Seine Urlaubszeit verlängern oder Sammy und Clea einmal nach der Schule bis zum nächsten Morgen nehmen? Evtl. abwechselnd, dann kann er die Beziehung zu den beiden individuell pflegen und Sie, wenn Sie wollen, auch.*«

Beate und Lars gestehen, dass sie noch nicht auf diese Idee gekommen sind.
Beate: »*Tja, da muss ich wohl Konrad mal nett anfragen oder bitten, wann er mit den Kindern zusätzlich was machen möchte!*«

Therapeut: »*NEIN: nicht nett anfragen. Ein Angebot machen heißt das.*«
Beate und Lars grinsen.

> Bevor ich die Sitzung abschließe, möchte ich mir nochmals vergegenwärtigen, wo alle anderen Subsysteme stehen: Es sind oder waren vier Teilsysteme beteiligt: Exfamilie von Beate, Exfamilie von Lars, neue Patchwork-Familie und nun Stiefelternpaar. Und dass es noch eine Männerrunde gibt, ist wohl unwahrscheinlich …

Zum Abschluss der Sitzung wird vereinbart, dass Beate und Lars in den nächsten zwei Wochen entscheiden, ob sie nochmal zu zweit kommen wollen. Ansonsten würden sich alle erst in der Standortsitzung mit der Exfamilie von Lars wiedersehen und dann die weitere Planung machen.

Kommentar zur 6. Sitzung

Der Beratungsprozess läuft offensichtlich gut. Die aus der letzten Sitzung stammenden Aufträge sind in Arbeit: Entlastung von Beate, Suche nach Kinderbetreuungsangeboten, Differenzierung und Intensivierung der Beziehungen zu den Kindern.

Dass es Beate und Lars als Liebespaar gut geht, ist erfreulich. Diese Liebe ermöglicht durchzustehen, was an Belastungen und Herausforderungen auf das ganze System zukommt. Paarsitzungen sind wichtig, denn eine starke Achse im Zentrum der Patchwork-Familie ist ganz wesentlich für die neue Familie. Eine zentrale Aufgabe für den Therapeuten ist, dem Paar deutlich zu machen, dass beide Partner Kinder mit ganz unterschiedlichen Beziehungsrealitäten und Bedürfnissen haben, aber sie selber auch das Recht auf ein Leben als Paar haben.

Im Gegensatz zu einer Paartherapie, in der man fast ausschließlich auf die vom Paar genannten Themen fokussieren kann, muss der Therapeut hier von sich aus patchworkspezifische Aspekte einbringen wie z. B. Strukturierung, Verbindlichkeiten schaffen, Rollendifferenzierung, Pflege der unterschiedlichen Beziehungen.

Zwei Monate später:

7. Sitzung: Erstes Gespräch mit der ehemaligen Familie von Timo

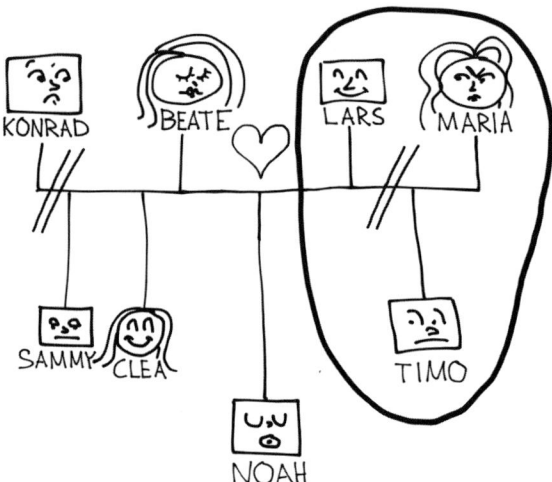

Genogramm: Subsystem: Timo mit leiblichen Eltern

Gesprächsverlauf

Resonanz und Überlegungen

Es kommen Maria, Lars und Timo. Beate hat ihre Teilnahme im Vorfeld abgesagt, da sie zum Glück nicht mehr nötig sei.
Der Therapeut fragt die Eltern, ob er wieder mit Timo beginnen könne; sie stimmen zu.

> Der Therapeut konnotiert Beates Abwesenheit positiv: Die Eltern haben ihre Aufgabe wieder selber übernommen.
> Und Timo braucht keine Kopfhörer mehr, um sich zu verkriechen. Da kann ich direkt einsteigen und Timo die Rolle der Kontrollinstanz geben: Er soll den Fortschritt seiner Eltern bewerten.

Therapeut: »*Dir scheint es gut zu gehen, so wie du aussiehst. Was ist für dich anders geworden? Haben deine Eltern ihre Hausaufgaben gemacht?*«

Timo seufzt: »*Ich glaube, ziemlich gut. Ich konnte nie mehr ausbüxen, sie wollten immer wissen, wo ich hingehe, und überprüften es. Wenn ich Papa sagte, ›Ich gehe zu meiner Mutter‹, rief er sie an und umgekehrt. Trotzdem halb so schlimm: Dafür ist es jetzt viel besser bei Papa und Beate. Und Mama hat sich auch gebessert ...*« (grinst ihr zu).

> Offenbar konnte Timo seinen Platz in der Familie finden. Und der Reiz, den Lebensschwerpunkt in die Gruppe der Peers zu verlegen, ist geringer geworden.
> Ich frage weiter Timo, wer was verändert habe. So können die

Gesprächsverlauf

> **Resonanz und Überlegungen**
> anderen Anwesenden sich in Ruhe über die Verbesserung der Beziehung zu Timo Gedanken machen.

Therapeut: »*Und woran liegt das? Vor einem Vierteljahr fühltest du dich weder bei deiner Mutter noch bei deinem Vater und Beate zu Hause. Wer hat was verändert?*«

Timo erklärt, sie würden mehr erkennen, wer er wirklich sei: »*Ganz einfach, die Mama will nicht mehr nur, dass ich besser in der Schule sein könnte, sondern interessiert sich einfach mehr für mich als Mensch. Ich weiß auch nicht, wie das kam. Und für den Papa bin ich nicht mehr nur Luft. Wir machen auch mal was alleine zusammen ohne den ganzen Kindergarten*« (grinst).
Er habe jetzt zwar mehr Pflichten im Haushalt: »*Altglas und Müll und so Scheiß halt*«. Und wenn es mal was Größeres zu helfen gebe, könne er sich damit einen längeren Abend mit Freunden erkaufen. Beate sei auch wieder ganz o. k. zu ihm und bedanke sich, wenn er im Haushalt helfe. Und es drehe sich nicht mehr nur alles um die Kleinen. »*Aber mit den Kids geht's eigentlich auch besser – ist nämlich gar nicht so schlecht, dass ich mir durch Babysitten mein Taschengeld aufbessern kann!*«

Nachdem er die Veränderungen lobend hervorgestrichen hat, wendet sich der Therapeut fragend den Eltern zu: »*Und was haben Sie verändert, dass Timo nun so aufgestellt ist?*«

Maria: »*Ich bin in eine Einzeltherapie gegangen. Es waren bisher nur wenige Sitzungen, aber ich war so deprimiert, nachdem ich hier gehört hatte, wie Timo mich erlebt, dass ich nicht anders konnte. Und dabei habe ich entdeckt, wie einseitig ich meinen Sohn sah.*«

> Diese Frau packt die Dinge wirklich an. Zum Glück hat sie eine Therapeutin gefunden, die ihre Situation erfasst und zu der sie Vertrauen hat.

Therapeut zu Lars: »*Und wie haben Sie den Wandel vollzogen?*«

Lars (lachend): »*Ich hatte Beate im Genick, da brauchte ich keine Therapie. Sie erinnert mich oft genug an meine Hausaufgaben!*«
Aber es habe Spaß gemacht, mit dem Sohn wieder vermehrt unterwegs zu sein: »*Bald ist mir der Sohnemann körperlich überlegen, wenn ich nicht mehr trainiere! Mit einem Zelt und den Bikes über die Alpen, das steht bald an!*«

> Das geht in die richtige Richtung: Beate hat erkannt, dass Lars die Tendenz hat, ihr alles zu überlassen, grenzt sich ab und aktiviert Lars.

Therapeut: »*Nach meiner Einschätzung hätten Sie es nicht besser machen können, Sie alle drei. Und was ich das Beste finde: Die Schulleistungen von Timo und sein Einhalten der Spielregeln zu Hause haben Sie bisher nicht einmal erwähnt. Sie sehen wirklich einen anderen Timo als zuvor.*«

> Ich werde die Verantwortung für die etwaige Fortsetzung der Therapie Timo geben. Er ist der Hauptnutznießer davon und merkt als erstes, wenn die guten Ansätze wieder versanden.

Der Therapeut wendet sich an die Eltern: »*Sind Sie einverstanden damit, dass wir die Verantwortung, ob eine weitere Sitzung stattfinden soll, an Ihren Sohn übergeben?*«

Gesprächsverlauf	Resonanz und Überlegungen
Beide nicken: »*Wenn Sie meinen.*«	
»*Dann schlage ich vor, dass du, Timo, in spätestens einem halben Jahr entscheidest, ob ihr noch eine Sitzung braucht oder nicht. Schreib mir eine Mail oder melde dich per Telefon. Und zwar in jedem Fall, also sowohl wenn alles gut geht als auch wenn es nicht mehr funktioniert und ihr noch eine Sitzung braucht. Einverstanden?*«	
Timo ist einverstanden, speichert das Datum im Handy.	
	Eine kleine Sicherung mit den Eltern ist nicht schlecht, um auch ihren Teil der Verantwortung zu bestärken.
Therapeut: »*Und wenn Timo wieder ausbüxen würde oder – was ich nicht glaube – mit der Polizei zu tun haben sollte, dann melden Sie sich.*«	

Kommentar zur 7. Sitzung

Hier ist bald klar, wie wichtig die Rolle von Maria ist, die schnell die Verantwortung für den Prozess übernommen hat und Lars mitziehen kann. Und dieser leistet keinen Widerstand mehr gegen ihr »Kontrollbedürfnis«, sondern sieht ein, wie wichtig Struktur für seinen Sohn ist. Bei Beate ist das Bewusstsein erwacht, sich abgrenzen zu dürfen, und Lars macht wohlwollend mit. Und Timo beginnt jetzt dank des verbesserten familiären Rückhalts mehr Eigenverantwortung für sein Leben zu übernehmen.

Die Aufträge, Maria und Lars besser kooperieren zu lassen und Timo wieder mehr Zugehörigkeit zu den beiden Familien zu ermöglichen, sind zu einem guten Stück erledigt.

Kritischer Rückblick auf den Therapie-Verlauf

Nicht immer läuft eine Therapie so gut, es kann in ähnlichen Situationen auch schiefgehen. Wir erleben oft lange und zähe Kämpfe zwischen den Erwachsenen und viel Leiden der Kinder.

Idealtypisch für Patchwork-Familien ist in diesem Fall das Auf und Ab zwischen Hochgefühl und großer Krise des Patchwork-Paares. Ebenfalls typisch ist der rege Fokus-Wechsel von einem Krisenherd zum anderen sowie von einem Teilsystem zum anderen. Aber das hohe Tempo, mit dem der Konflikt zwischen Beate und Konrad beigelegt werden konnte, ist nicht gerade typisch für Patchwork-Familien.

Zu diesem positiven Verlauf kam es dank folgender hilfreichen Ressourcen und Faktoren:

- Eine gewisse Autoritätsgläubigkeit von Beate: Denn dank ihrer Bereitschaft, Ratschläge und Ideen des Therapeuten anzunehmen, war es möglich einiges für sie und ihre Kinder in Bewegung zu bringen.
- Die Gutmütigkeit und Anpassungsfähigkeit von Lars waren auch sehr nützlich: denn auch wenn er selber keine große Lust auf persönliche Veränderung zeigte, machte er einfach bei allem mit, um seine geliebte Beate nicht zu verlieren.
- Marias Strukturiertheit und Verantwortungsbewusstsein für ihren Sohn.
- Ohne Konrads Beteiligung am gegenseitigen Annäherungsprozess und seine Kooperation trotz seiner großen Verletztheit wäre der Beratungserfolg sehr unsicher gewesen. Er hat wohl den größten Sprung über seinen eigenen Schatten gemacht.
- Und zuallerletzt: Hätte Timo keinen Blödsinn gemacht mit seinen Freunden, wäre möglicherweise alles anders gekommen. Denn erst dadurch konnte das gesamte System in die Beratung einbezogen werden. Er hat sozusagen den Fehler des Therapeuten, bei der Anmeldung nicht exakt genug nachzufragen, wer noch alles dazu gehören könnte, wiedergutgemacht.

Was den Verlauf wohl auch positiv beeinflusst hat: Bei allen war eine große Bereitschaft vorhanden, sich auf die vielen psychoedukativen Elemente einzulassen, die der Therapeut einbrachte. Diese erschienen notwendig, aber wir sehen es als nicht selbstverständlich an, dass sie so schnelle Wirkung zeigen. Wahrscheinlich war die Zusammenarbeit auch deshalb so produktiv, weil sich eine gute Beziehung zwischen allen Beteiligten aufbauen ließ.

Prognose:
Um einzuschätzen, wie die Chancen für die weitere Entwicklung dieser Patchwork-Familie stehen, muss zwischen den drei Teilsystemen unterschieden werden:

1. Teilsystem: Beate, Lars und deren Kinder:
Sie haben während der Therapie die Phasen »Krise«, »Verletzlichkeit« und »Leere« durchgemacht und sind zum Zeitpunkt der letzten Sitzung kurz vor der »Revolution«.

Sollte die Therapie weitergehen, stünden folgende Themen noch an: Feinarbeit bezüglich Rollendifferenzierung, Entscheidungsmodelle erarbeiten, etwaiger Einbezug der Großeltern, die möglicherweise eine kritische oder auch hilfreiche Rolle spielen könnten.

Denkbar ist aber auch, dass es mit dieser Familie keine Fortsetzung der Therapie gibt und doch alles mehr oder weniger gut endet.

2. Teilsystem: Beate, Konrad, Sammy und Clea:
Konrad hat als Vater eine gute Entwicklung gemacht, die Kinder konnten ihre Beziehung zu ihm verbessern und werden adäquat von

ihm betreut. Ob er irgendwann seine eigenen Anteile an der Trennung reflektieren möchte, ist ungewiss. Beate und Konrad kooperieren recht gut – allerdings weichen sie den noch bestehenden Konfliktpunkten aus, ohne sie ganz bearbeitet zu haben. Dies könnte in einer Nachscheidungstherapie von ihm und Beate angestoßen werden. Möglicherweise passiert diese Aufarbeitung gar nie und es kann trotzdem gut gehen, wenn genügend gegenseitiger Respekt vorhanden ist.

3. Teilsystem: Lars, Maria und Timo:
Diese drei sind wohl am weitesten vorangekommen. Bei ihnen tun sich ganz neue Räume auf. Maria hat einen wichtigen Prozess der Selbstreflexion begonnen und Timo in Richtung Selbstverantwortung. Und Lars hat seinen Teil der Verantwortung übernommen und füllt seine Vaterrolle gut aus.

Der Verlauf dieser gesamten Beratung hat also die bestmögliche Wendung genommen. Manchmal hängt es an einem dünnen Faden, ob die Therapie weitergeht oder nicht, was nicht nur am Therapeuten liegt. Es besteht nämlich die Tendenz bei Patchwork-Eltern, dass sie Sitzungen absagen, wenn es ihnen gut geht – wie dies Beate hier angesichts ihrer Schwangerschaft tat. Dies bedeutet aber nicht unbedingt, dass es allen anderen Beteiligten ebenso gut geht. Therapieabbrüche kommen auch dann vor, wenn es den Beteiligten schlecht geht und sie finden *»Macht ja eh keinen Sinn mehr«.*

Allen, die mit Patchwork-Familien arbeiten ist natürlich bekannt, dass es Systeme gibt mit weitaus weniger Ressourcen und deutlich mehr Problemen. Und nicht alle haben so günstige Ausgangsbedingungen wie hier, wo die Finanzierung gewährleistet und auch die notwendigen zeitnahen Beratungstermine möglich waren.

Uns ist bewusst, dass viele therapeutisch und beratend tätige Fachleute anders mit Patchwork-Familien umgehen. Die einen, weil ihre therapeutische Haltung diesem Ansatz zuwiderläuft, und andere, weil ihre Arbeitskontexte es nicht erlauben. Weil wir uns auch mit solchen Vorbehalten auseinandergesetzt haben, ließen wir unseren Ansatz mit verschiedenen Fachpersonen aus Praxis und Lehre im nun folgenden Teil IV diskutieren und kommentieren.

Teil IV   Diskurs

Inhaltsverzeichnis Teil IV: Diskurs – Interviews mit A. Aichinger, Ch. Bauer, H. Classen, H. Gündel, J. Küchenhoff, M. Krummeich, N. Omalar, E. Popa, G. Schmidt, S. Sulz

	Interviewte Fachleute und deren berufliche Kontexte	144
1	Kommentar zum Fallbeispiel	145
2	Einbezug aller Beteiligten im Mehrpersonensetting	148
3	Einzeltherapeuten für Arbeit im Mehrpersonensetting gewinnen	153
	Zusatzfrage: Was brauchen Kinder- und Jugendberaterinnen, um Erwachsene einzubeziehen?	155
4	Einbezug des extern lebenden Elternteils	156
5	Einbezug der Kinder	160
	Zusatzfrage: Was brauchen Erwachsenentherapeutinnen, um Kinder einzubeziehen?:	163
6	Bezahlung von Familientherapien	164
7	Familientherapie als Domäne der Beratungsstellen	167

Um der Frage nachzugehen, ob der von uns vorgestellte Ansatz trotz anderer Arbeitskontexte und beraterisch-therapeutischer Ausrichtungen anwendbar ist, befragten wir Fachleute aus unterschiedlichsten beruflichen Kontexten. Dabei war uns eine gendermäßige Ausgewogenheit wichtig, zumal im psychosozialen Bereich sehr viel mehr Frauen als Männer tätig sind. Aber die meisten Frauen sagten aus unterschiedlichen Gründen ab, meistens wegen Überbelastung – wir vermuten, weil sie alle mit Patchwork-Familien beschäftigt waren. Schließlich konnten wir doch einige Stimmen von Frauen sammeln, die tagtäglich mit schwierigen Familiensituationen arbeiten.

Am liebsten hätten wir eine Roundtable-Diskussion mit allen durchgeführt. Da dies unmöglich war, befragten wir sie persönlich, per Skype, telefonisch oder schriftlich. Die Interviewten konnten deshalb keine Stellung nehmen zu den Aussagen der anderen Interviewpartner.

Wir konnten folgende Fachleute[11] aus unterschiedlichen Kontexten gewinnen, sich mit unseren konzeptionellen Fragen auseinanderzusetzen:

---

11 Personenbeschreibung s. Seite 241–243

Interviewte Fachleute und deren berufliche Kontexte

Psychoanalytische Ausrichtung

Joachim Küchenhoff, Prof. Dr. med., Psychiater, Psychosomatische Medizin, Psychoanalytiker, Lehre an der Universität Basel, Direktor der Erwachsenenpsychiatrie Baselland, Liestal, Schweiz.

Psychosomatische Ausrichtung

Harald Gündel, Prof. Dr. med., Ärztliche Leitung Psychosomatische Medizin und Psychotherapie, Universitätsklinik Ulm.

Verhaltenstherapeutische Ausrichtung

Serge Sulz, Prof. Dr. phil., Dr. med., Psychiater und Psychologischer Psychotherapeut, Verhaltenstherapeut und Psychoanalytiker, München.

Systemische Ausrichtung

Gunther Schmidt, Dr. med., Diplom-Volkswirt, Systemtherapeut, systemischer Weiterbildungsleiter und Lehrsupervisor, Ärztlicher Direktor der SysTelios-Privatklinik für psychosomatische Gesundheitsentwicklung in Waldmichelbach-Siedelsbrunn, Praxis in Heidelberg.

Christiane Bauer, Diplom-Sozialpädagogin, systemische Therapeutin und Supervisorin, systemische Weiterbildungsleiterin und Lehrtrainerin, Institutsleiterin von KiM, Gauting b. München.

Enikö Popa, M. A., Kunstpädagogin, systemische Familientherapeutin, aufsuchende systemische Familienhilfe und Familientherapie in Dachau.

Kindertherapeutische Ausrichtung

Alfons Aichinger, Diplom-Psychologe, Diplom-Theologe, Psychologischer Psychotherapeut, Lehrsupervisor, Weiterbildungsleiter, Ulm.

Ausrichtung auf Familien-, Erziehungsberatung und Jugendhilfe

Hannes Classen, Diplom-Sozialarbeiter, Familientherapeut und Kinder- und Jugendlichenpsychotherapeut. Mitarbeiter der kommunalen Erziehungsberatungsstelle in Hamburg Altona.

Martin Krummeich, Diplom-Pädagoge, und *Nezire Omalar*, Diplom-Psychologin, Familienberatung und Schulpsychologischer Dienst der Stadt Köln.

Interviews

1 Kommentar zum Fallbeispiel

> Als Erstes möchten wir Sie um einen Kommentar zu unserem Fallbeispiel bitten.
> Wo hätten Sie grundsätzlich eine andere therapeutische Weichenstellung gewählt?

Sulz:
Die Komplexität des ganzen Verlaufs ist fast überfordernd. Ich war zuerst zögerlich, ob das so geht – dann hat es mich überzeugt. Ich will jetzt als Fachmann nichts anderes sagen und würde jetzt eher mit mehreren Personen arbeiten, da einiges in Bewegung kommen kann.

Zur therapeutischen Haltung: Früher dachte ich immer, »Patchwork-Familien – da ist etwas nicht in Ordnung mit der Familie, da muss man etwas heilen, reparieren, so ist es nicht richtig«. Aber man sollte die eigene Haltung überprüfen, was man selbst für heil und normal hält, wenn man mit solchen Familien arbeitet. Das hat einen Einfluss auf die Arbeit.

Küchenhoff:
Die Arbeit mit der Familie fand ich sehr stimmig, ich habe das Protokoll der Familientherapie gern durchgeschaut. Ganz wichtig fand ich, dass die Kinder gehört wurden und alle einbezogen wurden. So ist es ausgeglichen und damit die beschriebene Allparteilichkeit auch gewährleistet. Ich finde Allparteilichkeit auch in der Wahl des Settings wichtig: Wenn z. B. der Vater wieder eine neue Familie hätte, müsste diese ebenfalls gleich mit einbezogen werden.

Ich hätte keine grundsätzlich andere Weichenstellung genommen – ich hätte auch die verschiedenen Beteiligten einbezogen.

Aber ich selber würde in den Familiengesprächen eine andere Haltung einnehmen. Ich finde es sehr wichtig, zirkulär zu fragen, aber für meine psychoanalytische Haltung war der Therapeut manchmal zu direktiv, zu empfehlend und beratend. Für mich ist schon die Arbeit am Zustandekommen des Familiengesprächs ein großer Teil der psychotherapeutischen Arbeit. Z.B. hätte ich nicht selber den Stiefvater angerufen, sondern mit der Frau vorbereitet, dass sie für eine gemeinsame Sitzung parat ist. In den Interventionen habe ich sehr viel psychoedukative Elemente wahrgenommen, der Therapeut hat sehr klar eigene Positionen hervorgehoben. Z.B. hätte ich wahrscheinlich nicht gesagt »Ich kenne viele Väter, die sich in solchen Situationen zurückziehen. Deshalb ist es wichtig, die Rollenunterschiede zu klären«. Solche allgemeinen Regeln würde ich weniger einführen, ich würde lieber persönlichere Fra-

Küchenhoff gen an die Familienmitglieder stellen und dabei die Position des Nicht-Wissens einnehmen.

Bauer *Bauer:*
Ich stimme auch völlig mit dem Vorgehen überein, spreche aber jetzt aus der Sicht von MitarbeiterInnen in der offenen Kinder- und Jugendarbeit, die einen völlig anderen Auftrag haben, nämlich *nur* mit Kindern und Jugendlichen zu arbeiten, und das sehr niedrigschwellig. Da sieht es dann anders aus: z. B. wenn eine Mutter sich über ihren Sohn beschwert, würde sie dieser erst einmal den institutionellen Auftrag erklären und der ist primär die Kinder und Jugendlichen zu begleiten und nicht mit den Familien zu arbeiten. Systemisch geschulte KollegInnen würden der Mutter viele zirkuläre Fragen stellen und mit ihr das Vorgehen abstimmen; ihre Erlaubnis einholen, mit dem Sohn erst einmal allein zu reden. Und dann würden sie schauen, ob der Sohn ihnen den Auftrag gibt und sie zusammen mit Mutter und Sohn ein Gespräch führen können.

Wenn sie merken, dass es zu weit geht oder sie aus institutionellen Gründen keine Familienarbeit machen dürfen, würden sie weiterverweisen bzw. empfehlen.

Ansonsten würden natürlich auch die anderen Beteiligten mit einbezogen und mit der Familie gearbeitet werden.

Vom Material her bevorzuge ich mehr neutrales Material, unbemalte Holzfiguren, weil es damit weniger Interpretationsmöglichkeiten als bei Tieren gibt. Viele erleben Tierfiguren als »Psycho« und da riskiere ich die gute Beziehung zu KlientInnen, die auf keinen Fall mit Psychotherapie in Verbindung gebracht werden wollen.

Dann ist es nach meiner Erfahrung in Deutschland eher unüblich, Lehrkräfte einzuladen. Eine Einladung geht höchstens bei Gefährdung vom Jugendamt aus, um mit der Schule und anderen Fachkräften einen Hilfeplan zu erstellen. Bestenfalls lassen sich Mitarbeitende in der Kinder- und Jugendarbeit eine Schweigepflichtentbindung geben, damit sie mit der Schulsozialarbeiterin oder auch mit Lehrkräften reden dürfen. Ich selber würde höchstens ein Telefonat machen. Außerdem gibt es das in Deutschland so gut wie nicht, dass ein Therapeut in eine Schule geht, das ist ja auch gar nicht bezahlbar.

Was ich ganz anders machen würde: Themen wie z. B. Unterhaltszahlung würde ich nicht vor den Kindern besprechen, weil es bei diesem Thema häufig Konflikte gibt – das ist ein Erwachsenenthema, das gehört nicht vor die Kinder. Wenn es so leicht geht wie in diesem Beispiel – gut, das habe ich aber selber so noch nie erlebt.

Aichinger *Aichinger:*
Bei aller Übereinstimmung würde ich zwei andere Weichenstellungen vornehmen:

Erstens würde ich die Lehrerin erst zu einem späteren Zeitpunkt einladen, wenn über die Beratung mehr abgesichert ist, dass der Vater die Lehrerin nicht vor seinen Karren spannt. In ihr könnte er eine Bündnispartnerin suchen für seinen Vorwurf, die Mutter lerne nicht genug mit dem Sohn.

Zweitens würde ich, sobald die Spannungen zwischen den Eltern auftauchen, Sammy über eine Teilearbeit mit Tierfiguren zeigen lassen, wie es ihm in diesem Konfliktfeld geht und was er für sein Wohlergehen braucht. Die Wahrnehmung und Bewertung der Beziehung durch das Kind ist ja für das Kindeswohl entscheidend, das für mich im Mittelpunkt meiner Arbeit steht – vor allem in hochkonflikthaften Familien oder Patchwork-Familien.

Ich bitte Sammy, für sich ein Tier zu wählen. Angenommen er wählt einen Hund, frage ich ihn, was er an diesem Hund mag und was der gut kann. Dann lasse ich ihn für die Seiten der Eltern, bei denen er es gut hat, ein Tier suchen. Nimmt er für die gute Mutterseite z. B. einen Schwan und für die gute Vaterseite einen Bär, lasse ich ihn auch beschreiben, was er an diesen Tieren mag. Danach lasse ich ihn noch für die streitenden Erwachsenen ein Tier bestimmen. Für die abwertende Frau sucht er z. B. den Panther aus, für den wütenden Mann den Wolf. Daraufhin stelle ich mit dem Kommentar, dass ja jedes Kind von der Mutter und dem Vater eine Seite mitbekommt, hinter den Hund einen kleinen Bär und einen kleinen Schwan. Anschließend lasse ich Sammy zeigen, wie es dem kleinen Schwan und dem kleinen Bär geht, wenn Wolf und Panther übereinander herfallen und nicht der gute Bär und der gute Schwan sie schützen und beruhigen. Und ich frage die Eltern, ob der gute Bärenvater und die gute Schwanenmama wollen, dass die Kleinen so durcheinander sind? Oder ob sie dem Hund und den Kleinen zuliebe Panther und Wolf zurückhalten.

Und bei jeder abwertenden Bemerkung der Eltern frage ich, wer so redet, der Panther oder der Schwan, der Bär oder der Wolf, und was das andere Tier dazu meint?

Als das Thema »Ausspionieren« aufkommt, würde ich wieder Sammy (und nicht die Eltern) zeigen lassen, in welchen Konflikt der Hund gerät, wenn der Wolf (streitender Mannanteil) dem kleinen Bären sagt, er müsse dem Bärenvater zuliebe ausspionieren, ob beim Schwan sich ein Seelöwe (der neue Partner) herumtreibe. Wie dann der kleine Schwan erschrecke, dem Hund in den Ohren liege, dass er ja nicht dem kleinen Bären nachgebe und spioniere. Sonst sei die Schwanenmama vom kleinen Schwan enttäuscht und möge es nicht mehr.

Und als Unterhalt thematisiert wird, würde ich dieses Thema auch aus der Sicht des Kindes angehen: Wenn der Wolf sagt, er zahle keinen Unterhalt, er wolle doch nicht den Delphin (Tier für den verliebten Anteil der Mutter) und den Seelöwen (ihr neuer Partner Lars) finanzieren, so sei das aus Sicht des Wolfes verständlich. Ob aber der gute Bärenvater wolle, dass der kleine Bär denke, er sei dem Bärenvater egal? Wie ge-

Aichinger   kränkt der kleine Bär sein müsse, wenn dann noch der Panther sage, siehst du, dem Bärenvater bist du keinen Rappen wert.

Im späteren Verlauf der Therapie würde ich Sammy dem neuen Stiefvater Lars über die Teilearbeit zeigen lassen, was er für ihn tun könnte. Der Seelöwe (Lars) könnte dem Hund noch einen kleinen Seelöwen anbieten und diese Seelöwenseite nähren und müsse nicht den besseren Bärenvater spielen. Dann hätte der Hund zu dem kleinen Bär und dem kleinen Schwan einen dritten Freund, einen kleinen Seelöwen. So würde Lars zu einem Bonus-Vater.

Über die Tierfiguren können die komplexen Beziehungsstrukturen der Patchwork-Familie visualisiert und zwischen den einzelnen Subsystemen und den unterschiedlichen Beziehungen unterschieden werden. Wenn dann ein halber Zoo dasteht, wird für die Beteiligten eindrücklich sichtbar, dass der Umgang mit dieser Komplexität nicht nebenbei zu leisten ist, sondern sie mit viel Achtsamkeit und Anerkennung damit umgehen müssen.

2   Einbezug aller Beteiligten im Mehrpersonensetting

> Wir betonen im Theorieteil sowie beim Therapiebeispiel die Wichtigkeit, von Anfang an alle Beteiligten einer Patchwork-Familie zur Beratung einzubeziehen. Die Hauptarbeit mit Patchwork-Familien liegt unserer Auffassung nach darin, Beziehungen zu klären und zu helfen, die Unterschiede der verschiedenen Beziehungen zu akzeptieren. Dafür schlagen wir die Arbeit im Mehrpersonensetting vor.
> Sind Sie mit uns einig oder sehen Sie andere Wege zum Ziel zu gelangen? Sehen Sie dazu Alternativen?

Küchenhoff   *Küchenhoff:*
Ich finde es in dem Therapiebeispiel stimmig, dass jeder abgeholt wird, der daran beteiligt ist. Es ist sehr eindrucksvoll, dass die Mitglieder der Patchwork-Familie wirklich gekommen sind und gehört werden konnten.

Lohnend ist es immer, dass die Familie zusammen kommt, damit die Beziehungen direkt geklärt werden können.

Manchmal geht das aber nicht, wenn die Feindseligkeit unter den Betroffenen zu hoch ist. Ein guter Teil der therapeutischen Arbeit kann dann schon in der beharrlichen Vorbereitung eines gemeinsamen Gesprächs stecken.

Wenn die Familie nicht zusammenfinden kann, dann muss mit dem Einzelnen reflektiert werden, wie sich die Mitglieder der Familien fühlen könnten. Es ist eine wichtige Aufgabe von Psychotherapie, eine Einfühlung in die wichtigen Bezugspersonen zu ermöglichen, ihre »theory of mind« zu ergründen.

Aber auch das hat ja seine Grenzen – man weiß ja nicht, was der andere wirklich fühlt und denkt.

Sulz:
Die Theorie hat sich im Fallbeispiel bestätigt. Ich habe mich überzeugen lassen, dass es wichtig ist, dass alle mit einbezogen werden müssen. Man kann zwar schon mit Einzelpersonen arbeiten und manchmal ist das auch notwendig, wenn jemand sehr bedürftig ist und ausführlich gehört werden möchte.

Im vorliegenden Konzept sehe ich auch, dass man Variationen mit einbringen und mit verschiedenen Settings arbeiten kann.

Um die Beziehungen zu fördern, wie z. B. zwischen Stiefvater und Stiefkind, würde ich öfters auch mit Diaden arbeiten und nicht immer im Mehrpersonensystem, da dort einiges an Tiefe untergeht. Auch in Einzelgesprächen kann es manchmal für die Einzelpersonen intensiver werden als immer mit allen zusammen.

Aber ich plädiere nicht dafür, mehr Einzelgespräche zu machen, es sollte nicht nur mit Einzelpersonen einer Patchwork-Familie Therapie gemacht werden.

Ich selber habe mit Familientherapie noch eine andere Erfahrung gemacht: Ich durfte einmal miterleben wie der Familientherapeut Michael Bachg vom Pesso-Institut die »*Feeling-seen-Gespräche*« mit Kindern in Anwesenheit der Eltern führte. Während er mit den Kindern arbeitete, wurden ihre Bedürfnisse spürbar und dadurch sind die Eltern ganz hellhörig und weich geworden. Nur ganz wenige mussten sich verhärten und schützen. Das war sehr hilfreich.

Popa:
Nein ich sehe keine andere Alternativen – man sollte unbedingt mit allen Personen arbeiten – sofern sie natürlich mitmachen. Aber auf jeden Fall versuchen. Manchmal sind Gespräche in Subsettings notwendig, bis ein Gespräch in der ganzen Runde überhaupt möglich ist. Aber es macht bisweilen – je nach Situation – auch Sinn, einmal nur mit den leiblichen Eltern zu reden oder auch nur mit den Patchwork-Eltern. Aber insgesamt gehören alle mit einbezogen.

Bauer:
Grundsätzlich bin ich auch der Meinung, dass alle mit ins Boot gehören. Aber man muss sauber mit Ausschlusskriterien wie z. B. Gewalt, Übergriffen usw. umgehen. In solchen Fällen ist dann ein anderes Vorgehen notwendig.

In der offenen Kinder- und Jugendarbeit ist es aber grundsätzlich nicht die Aufgabe, mit den Familien zu arbeiten. Wenn man dort den Bedarf erkennt, wird man relativ schnell an Familienberatungsstellen überweisen bzw. dies den Familien ans Herz legen. Und bei Gefährdung wird man das Jugendamt informieren.

Bauer   Die entsprechenden BetreuerInnen sollten motiviert werden, relativ rasch weiter zu verweisen oder eine Empfehlung zu geben oder auch die KlientInnen zu einer weiterführenden Fachstelle zu begleiten. Dazu muss man als MitarbeiterIn der Kinder- und Jugendarbeit ausreichend Information haben, was diese Stellen tun und machen können. Am besten man hat einen persönlichen Kontakt zu den Mitarbeiterinnen der Ämter, dann kann man den Eltern und Jugendlichen besser konkret jemanden empfehlen.

Und die eigene Einsicht ist vor allem wichtig: dass es sinnvoll ist, mit den anderen Familienmitgliedern zu arbeiten. Das heißt konkret: Von der Haltung, die in der Kinder- und Jugendarbeit üblicherweise eher parteilich mit den Kindern ist, zu einer allparteilichen Haltung zu kommen.

Man identifiziert sich so schnell mit den »armen« Kindern, die tun einem so leid und dabei wird schnell vergessen, dass der Vater, der z. B. als Kanalarbeiter die ganze Woche körperlich geschuftet hat, am Sonntag einfach fix und fertig ist und finanziellen Druck hat, vielleicht im Dilemma steckt und daher nicht mehr gut auf die Kinder eingehen kann.

Ich habe eine tiefe Überzeugung, dass man mit den Kindern selbst so arbeiten kann, dass dann klar ist, was der nächste Schritt sein kann. Das kann man mit ihnen üben: Z. B., dass sie den Eltern erklären: »*Ich brauch da für mich Unterstützung*«. Manchmal motivieren sie Eltern für den nächsten Schritt. Dazu können die BetreuerInnen ihnen auch Mut machen.

Die eigene Haltung in der Kinder- und Jugendarbeit muss sein, dass Kinder die Fähigkeiten, die nötigen Kompetenzen und Ressourcen haben, etwas zu bewegen.

Für mich ist eine wesentliche Grundhaltung: Zutrauen in andere, dass Veränderungen möglich sind.

Gündel   *Gündel:*
Da Patchwork-Arbeit nicht der Schwerpunkt unseres vor allem stationären bzw. tagesklinischen Behandlungsangebotes ist, wenden wir das in der Klinik nicht gezielt und von vorherein an. Wir behandeln schwerpunktmäßig Erwachsene mit psychosomatischen Störungen, familiäre Aspekte stehen oft nicht im Vordergrund. Die Arbeit an sich erscheint mir selbstverständlich aber sinnvoll. Letztlich kommt es auf den Einzelfall drauf an, womit und mit wem man anfängt. In der stationären Behandlung ist es schwer, eine allgemeingültige Regel zu finden. Da müssen wir erst einmal mit den Betroffenen selbst überlegen, wer von den Familienmitgliedern ggfs. in die aktuelle Behandlung einbezogen werden sollte und wer erst einmal nicht. Und mit ihnen entscheiden, welche Konstellation dann ggfs. für sie passt. Sog. Patchwork-Arbeit findet m. E. mehr im ambulanten Setting statt.

Aichinger:
Von Anfang an alle Patchwork-Beteiligten einzubeziehen ist sicherlich die Methode der Wahl. In meiner Beratungspraxis an einer Erziehungsberatungsstelle musste ich jedoch immer wieder mit Teilsystemen beginnen. Sei es, dass die Anmeldung von Verwaltungskräften entgegengenommen wurde und die Patchwork-Konstellation erst in der ersten Beratung deutlich wurde. Sei es, dass der hilfesuchende Elternteil erst im Laufe von Beratungen bereit war, den abwesenden Elternteil mit einzubeziehen, weil er so verletzt war, dass er die gute Elternseite des anderen Elternteils nicht mehr sehen konnte. Oder weil eine Hochstrittigkeit vorlag oder weil der neue Partner des abwesenden Elternteils die Trennung ausgelöst hat oder sogar die beste Freundin zur neuen Partnerin des Ex wurde. Oder sei es, dass es in der Patchwork-Familie so brannte, dass der anmeldende Elternteil die neue Beziehung retten und sich nicht noch mit der alten auseinandersetzen wollte. Erst wenn der hilfesuchende Elternteil über die Beratung einsehen konnte, dass das Teilsystem-Setting für die Problemlösung nicht ausreichte, war er zu einer Erweiterung bereit. Daher musste ich öfters eine Gratwanderung vornehmen zwischen therapeutischer Prozessplanung und Anpassung an die aktuellen Anliegen oder psychischen Möglichkeiten des anmeldenden Elternteils.

Das Mehrpersonensetting ist optimal, da jeder Patchwork-Beteiligte seine eigene Sichtweise hat und es daher auch zu oft sehr unterschiedlichen Wahrnehmungen und Beurteilung der Situation kommt. Durch das Verstehen der anderen Sichtweisen führt es aus der Sackgasse.

Schmidt:
Ja, Alternativen zum MPS gibt es sicher aber ich bin da ganz Eurer Auffassung: ich finde bei Patchwork geht es ja immer um die Klärung verschiedenster Beziehungen. Es geht in aller Regel nicht um individuelle Fragen allein. Deshalb sollte die Klärung der Fragen am besten im Beisein aller Beteiligten erfolgen. Sonst entstehen sehr schnell Projektionen: Jemand, der grad nicht dabei ist, hat Befürchtungen, was da gesprochen werden könnte, wenn er oder sie nicht dabei ist.

Wenn man nicht mit allen Beteiligten zusammen arbeitet, könnten sogar Probleme entstehen, die vorher nicht da waren. Oder sich zumindest verstärken.

Es gibt schon schwierige Ausnahmen, wo man mal getrennt, allein zu arbeiten beginnt – aber nur mit Zustimmung der anderen.

Ein Beispiel: Da war ein sonst abwesender Vater, der hatte eine ganz schwierige Vorgeschichte mit seinen Kindern. Über Jahre hinweg hatte er immer eine sehr distanzierte Beziehung zu ihnen gehabt. Mit ihm habe ich, besonders auch auf Wunsch der Kinder, zusammen mit ihnen ohne die Mutter vorher mal eine Sitzung gemacht. Allerdings natürlich mit Zustimmung der Mutter.

Es gibt immer wieder Fälle, wo man verhandeln muss, wer zu den Gesprächen kommt – aber immer auch mit Zustimmung der anderen,

Schmidt   damit es transparent bleibt. Aber auf jeden Fall alle Personen mit einbeziehen!

Krummeich   *Krummeich:*
Ein direkt bei der Anmeldung oder auch beim Erstgespräch formuliertes Anliegen von Eltern oder Einzelpersonen nach Beziehungsklärung ist in unserem Beratungsalltag eher ungewöhnlich. Wenn sich jedoch bei der Auftragsklärung der Fokus der Beratung auf die Patchwork-Situation selbst richtet oder sich dies als das relevante und bedeutsame »Problemsystem« (im Sinne Goolishians u. Andersons) zur Bearbeitung herauskristallisiert, dann gehört hier das Mehrpersonensetting sicherlich zum Mittel der Wahl. Da es aber nicht immer möglich ist, alle relevanten und wichtigen Bezugspersonen in eine Beratung einzubeziehen (z. B. weil sich ein Elternteil weigert oder Beratung als Lösungsversuch ausschließt und stattdessen vielleicht eher die Lösung in einer familiengerichtlichen Entscheidung sucht), nutzen wir hier sämtliche Möglichkeiten einer flexiblen Settinggestaltung aus. Mehrpersonensetting bedeutet dann z. B. auch, Gespräche mit »Subsystemen« zu führen (sorgeberechtigte Eltern allein, Mutter bzw. Vater mit neuem/r Lebenspartner/in, Mutter oder Vater allein usw.). Methodisch lassen sich aber auch »abwesende« Beteiligte durch entsprechende Fragetechniken (z. B. zirkuläres Fragen, Fragen nach Wirklichkeits- und Möglichkeitskonstruktionen etc.) oder andere bewährte Methoden (bspw. durch leere Stühle etc.) vergegenwärtigen, um Beziehungsunterschiede zu explorieren.

Classen   *Classen:*
Arbeit im Mehrpersonensetting ist sicher oft hilfreich; so arbeiten wir auch regelmäßig. Ich würde aber daraus kein Dogma machen. Der Sinn ist ja vor allem, dass Einfühlung in die unterschiedlichen Perspektiven der Beteiligten möglich wird. Damit diese sehen, wie die Wahrnehmung der anderen ist und mehr Toleranz entwickeln können. Dieses Ziel würde ich teilen. Das kann aber auch im Einzelsetting geschehen, mit Methoden wie z. B. Familienbrett und zirkuläres Fragen.

Wie wir arbeiten, hat auch mit unserem Kontext zu tun: Wir gehören ja zur Jugendhilfe, nicht zum Gesundheitssystem. Unsere MitarbeiterInnen haben alle eine therapeutische Qualifikation, das ist wichtig als fachlicher Hintergrund. Aber wir machen hier keine Psychotherapie im heilkundlichen Sinn. Unsere Aufgabe ist ein gutes Aufwachsen der Kinder zu ermöglichen. Dafür haben wir einen Versorgungsauftrag, für ein Gebiet mit 135 000 Einwohnern. Jede Familie, die hier wohnt und ein Problem hat, soll kurzfristig einen Termin erhalten. Ich berate z. B. ca. 140 Familien pro Jahr. Dies alles bedingt sicher eine etwas andere Arbeitsweise als in einer psychotherapeutischen Praxis.

Mit wem wir arbeiten, hängt für uns immer vom Einzelfall ab und von den Wünschen der Klienten, da gibt es keine festen Regeln.

3 Einzeltherapeuten für Arbeit im Mehrpersonensetting gewinnen

> Wir erleben immer wieder, dass sich Therapeuten, egal welcher Therapieschule sie sich zugehörig fühlen, vor der Arbeit mit mehreren Personen im Raum scheuen. Auch dann, wenn sie durchaus den Bedarf dazu erkennen.
> Was bräuchten aus Ihrer Sicht erfahrene Einzeltherapeuten, damit sie den Mut bekommen, auch einmal mehrere Personen (die Familie, das Paar, die Expartner usw.) in den Therapieraum einzuladen?

Aichinger:
Da hier eine Gruppenmoderierungsfähigkeit unter konflikthaften Bedingungen notwendig ist, braucht es eine Weiterbildung in systemischer Beratung oder in einem Gruppentherapieverfahren wie Psychodrama, um mit der Komplexität, den Konflikten und Fallen der Patchwork-Familie umgehen zu können.

Sulz:
Sie bräuchten eine klare und direktive Ansage: Das machen wir jetzt so! Wenn man die Autorität herholen kann. Viele Einzeltherapeuten scheuen sich davor und haben Angst, einfach mal damit zu beginnen und zu lernen. Sie sollten dies z. B. in Balintgruppen zum Thema machen: »Meine Angst vor der Gesprächsleitung in Gruppen« zum Beispiel. In solchen Balintgruppen oder auch in Einzelselbsterfahrung kann man sich der eigenen abwehrenden Haltung, der Scheu, dem schüchternen Anteil stellen. Dort kann man erfahren, was das eigene ungute Gefühl bedeutet: »Was geht bei mir ab, wo liegen meine Ängste«.

Meine Erfahrung ist, dass diejenigen, die in Kliniken gearbeitet haben und einfach ins kalte Wasser geworfen wurden: »So hier ist die Gruppe«, gar keine Zeit hatten, schüchtern zu sein. Sie haben es einfach gelernt und die Vorteile erleben können.

Es ist bewiesen, dass Gruppen ökonomischer sind als Einzelarbeit – bei Familien wäre es dann eigentlich auch naheliegend, dass sie in die Therapie von Einzelnen mit einbezogen werden.

Küchenhoff:
Ich sehe eine Bereitschaft bei vielen Therapeuten, auch mit Paaren oder Familien zu arbeiten. Aber es gibt Gründe, warum sie es nicht tun.

Da ist zunächst einmal die Angst: Wenn man zu zweit beziehungsorientiert arbeitet, dann ist es überschaubar – wenn aber viele da sind, dann wird es unübersichtlich, das macht Sorgen, den Überblick zu verlieren. Dann ist es gut, wenn ein zweiter Therapeut mitwirkt, evtl. jemand, der mehr Erfahrung hat. Dann wird die Angst kleiner, die Dynamik der Familien wird von zwei Personen aufgefangen und aufgenommen, und es gibt die Möglichkeit, sich zu besprechen.

Küchenhoff Was die Therapeuten natürlich bräuchten, das ist eine Theorie und – darauf aufbauend – eine Ausbildung bzw. eine Supervision. Einzeltherapeuten müssen ja nicht ihre ganze Therapierichtung wechseln. Sie können die Konzepte aus der Einzelarbeit ja weiterhin brauchen. Wer das sieht, hat auch weniger Angst vor dem Wechsel. Bei den frühen familiendynamischen Entwürfen von Helm Stierlin habe ich selbst in Heidelberg erfahren, dass ich mein eigenes psychoanalytisches Theoriekonzept nicht verlassen musste, ich habe gelernt, dass ich psychoanalytische Konzepte auch in der Arbeit mit Familien anwenden kann. Ich nutze dann das gleiche Konzept in unterschiedlichen Settings und sicher auch mit Hilfe anderer Techniken, wie z. B. dem sehr nützlichen zirkulären Fragen – aber ich muss gar nicht auf ein ganz anderes Gelände.

Sicherlich gibt es begründete Zurückhaltung, die Familie zu sehen, wenn ein Therapeut länger mit einer Einzelperson Gespräche geführt hat. Die große Schwierigkeit ist es dann, die Allparteilichkeit zu gewährleisten. Ich empfehle meinen Mitarbeitern deshalb, entweder die Familie frühzeitig einzuladen oder die Familiengespräche in andere Hände zu legen. Aber ich selber verstoße manchmal selbst gegen diese Regel, wenn es nötig ist, die Familienangehörigen doch in eine laufende Einzelpsychotherapie einzubinden. Aber dann lege ich das Problem der Parteilichkeit offen.

Entscheidend für die Arbeit mit mehreren Personen ist, dass man die Wucht des Familiensystems erträgt, weil man schnell ins Gefühl kommt, man hätte etwas falsch gemacht, wenn der Erfolg sich nicht einstellt. Und man kommt da ja auch an eigene Themen. Da ist Supervision sehr wichtig, um Gegenübertragungsgefühle und das Eigene bearbeiten zu können.

Bauer *Bauer:*
Konflikte moderieren ist doch tägliches Brot in der offenen Kinder- und Jugendarbeit. Die MitarbeiterInnen müssen sich einfach bewusst werden, dass sie ja eigentlich schon alles machen, was für Mehrpersonensettings notwendig ist. Das heißt, sie müssen ihre bereits vorhandenen Fähigkeiten bewusst auf die Situation übertragen. Denn die Grundidee bei PädagogInnen ist doch eigentlich die Gleiche: Wenn ich z. B. auf dem Abenteuerspielplatz Pädagogik mache, dann beziehe ich doch immer die anderen mit ein, die dazu gehören. Gibt's Schwierigkeiten unter den Kindern, dann kläre ich diese mit den Beteiligten. Es ist also gar kein so großer Unterschied, nur dass einige der Beteiligten etwas größer sind (die Erwachsenen).

Die Frage ist also: Was kann ich schon, was habe ich schon gelernt, was ich für Gespräche mit Erwachsenen einsetzen kann?

Natürlich muss man Auftragsklärung, Gesprächsführung und Allparteilichkeit trainieren, wenn man mit mehreren Personen arbeitet.

Gündel:
Wenn jemand das nie oder viele Jahre nicht gemacht hat oder dies ungewohnt ist, würde es Sinn machen, interessierten KollegInnen entsprechende Fortbildungen anzubieten, da es ja grundsätzlich ein wichtiges Thema ist. In solchen Seminaren und Schulungen könnten wichtige Prinzipien ganz praktisch erläutert werden und interessierte KollegInnen dann ein Bild davon bekommen, wie sie z. B. ein Mehrpersonengespräch aufbauen können. Ein wichtiger Punkt ist hier sicher die konkrete praktische Erfahrung – dass sie es üben, selber spielen und ausprobieren, damit sie es selber machen können – und die Scheu davor verlieren. Wichtig ist daher auch, dass in den Psychotherapieausbildungen genügend Zeit und Supervision für Paar- und Familientherapie angeboten wird.

Schmidt:
Mein Eindruck ist, dass es von einer Unsicherheit der Therapeuten herrührt: Sie befürchten die Kontrolle über das Geschehen zu verlieren, wenn mehrere Parteien im Raum sind. Viele Leute, die im Einzelsetting Erfahrung haben, sind ja gewöhnt, sich auf eine einzelne Person einzustimmen, sich auch zu engagieren, sogar parteilich für sie zu werden. Sie gehen sehr empathisch und eingestimmt auf die Inhalte ein, könnten sich da im ungünstigen Fall aber auch im Einzelnen verlieren. Im Einzelfall kann es auch mal sehr sinnvoll sein, sich so für den Einzelnen zu engagieren; aber im MPS (Mehrpersonensetting) ist eine Allparteilichkeit erforderlich. Sie sind nicht so geschult darin, um auf einer Metaebene zu bleiben.

Sie müssen darin ermutigt werden, auf der Metaebene zu bleiben und nicht in die Inhalte reinzugehen, sondern auf die Prozessstruktur und die Dynamik zu achten.

Ich habe den Eindruck, dass sich da manche in einer Zwickmühle befinden, weil sie denken, sie wären dann zu distanziert, wenn sie auf die Metaebene gehen und den Prozess steuern.

Und man sollte die Beratenden dazu ermutigen, auch die Verantwortung wieder an die Betroffenen zurückzugeben. Wenn die Leute den Eindruck haben, sie müssten die ganze Verantwortung für den Prozess allein tragen, also dass sie der Dompteur der ganzen Situation sein sollen, dann wird's zu schwierig für sie. Man muss sie bestärken, dass sie ruhig die Verantwortung wieder an die Beteiligten der Familie zurückgeben. Sie sind nicht für alles allein verantwortlich.

Zusatzfrage:

> Was brauchen Kinder- und Jugendberaterinnen, um Erwachsene einzubeziehen?

Aichinger *Aichinger:*
State of the Art der Kindertherapie ist bereits, dass sie multisystemisch sein muss. Kindertherapie kann nur erfolgreich sein, wenn systematisch alle am Problem- und Lösungssystem Beteiligten in die Therapie einbezogen werden.

Bauer *Bauer:*
Eigentlich haben sie ja bereits viel Erfahrung für die Arbeit mit Erwachsenen. Vor allem Allparteilichkeit und die eigene Haltung sind entscheidend. Denn wenn ich die Anliegen der Kinder ernst nehme, dann habe ich keine andere Wahl, als die Eltern und Erwachsenen mit einzubeziehen.

Und worauf ich sehr großen Wert lege: Sensibilität und Klarheit in Geschlechterrollen – da liegen viele Fallstricke. Das geht banal mit der Begrüßung los, ob ich jemanden lobend hervorhebe, z. B. wenn ein Vater ausnahmsweise mal zum Gespräch mitkommt: »*Ach das ist ja wunderbar, dass Sie da sind*«, während die Mutter knapp begrüßt wird – ist ja eh klar, dass die sich um alles kümmert. Mir ist sehr wichtig, wie jemand einbezogen wird, wie ich mit jemandem spreche – auch im Sinne von gendersensibler Sprache.

Es muss uns bewusst sein, dass 90 % der Beraterinnen Frauen sind – da braucht es Klarheit, um sensibel mit den Rollen um zu gehen.

4   Einbezug des extern lebenden Elternteils

> Wir deklarieren, dass der extern lebende Elternteil immer mit einbezogen werden soll, und zwar von Anfang an, da er/sie sich sonst übergangen fühlt und kaum mehr motiviert werden kann für eine Zusammenarbeit.
> Gibt es aus Ihrer Sicht andere gute Wege, um mit diesen Elternteilen – es sind meist Väter – umzugehen?

Gündel *Gündel:*
In unserer stationären oder tagesklinischen Behandlung stehen Patchwork-Themen wie gesagt in der Regel nicht im Vordergrund, sondern es geht zunächst um individuelle Symptome und klinisch krankheitswertige Probleme. Wir unterstützen unsere Patienten zunächst darin, mit Hilfe der angebotenen Behandlung selber wieder ein Stück mehr ins seelische Gleichgewicht zu kommen. Die darauf aufbauende, gezielte, nach meinem Verständnis eher beratungs- als klinisch behandlungsorientierte Bearbeitung der »reinen« Patchwork-Problematik würde dann erst in der ambulanten Phase kommen. Diese Arbeit kann je nach Einzelfall natürlich auch gut Teil einer laufenden ambulanten Psychotherapie sein. Dies stellt dann neue Herausforderungen an alle Beteiligten. Es erscheint mir völlig klar, dass hier alle wesentlich Beteiligten, also auch

der extern lebende Elternteil, von Beginn an einbezogen sein sollten. Dennoch gibt es immer wieder Familienmitglieder, die sich verweigern. Dies sollte jedoch keine weiteren Gespräche mit den Verbleibenden behindern. In der Familientherapie ist man vom Dogma »Alle müssen kommen« weggekommen zu »Alle sind eingeladen, die konstruktiv zu einer Lösung beitragen wollen«.

Küchenhoff:
Natürlich gehören die Väter dazu – aber die Frage ist oft, wie bekommt man diese dazu. Da kann es auch mal notwendig sein, dass man sie einzeln sieht und mit ihnen allein spricht. Denn sie haben oft gar keine Sprache für ihre Gefühle, haben Hemmungen – es ist nicht Ablehnung von ihnen, sie brauchen oft eine Brücke. Oder sie kommen gar nicht zu Wort, wenn Frauen da sind.
Ich würde das natürlich auch klar deklarieren, wenn ich einzeln mit ihnen spreche, sonst wird das wieder schwierig mit der Allparteilichkeit.
Manchmal braucht es eben eine Kombination von Einzeltherapie und der Arbeit mit der Familie, manche Menschen brauchen noch zusätzliche Unterstützung.

Popa:
Ich habe noch keine andere gute Alternative gefunden. Ich finde, es sollte, sofern es möglich ist, unbedingt Kontakt mit dem extern lebenden Elternteil aufgenommen werden. Dann muss natürlich auf jeden Fall eine Einzelfallentscheidung getroffen werden, ob die Mitarbeit sinnvoll ist oder nicht. Z. B. bei Gewalt, Drogenabhängigkeit usw., da geht es ja vor allem um Schutzmaßnahmen für die Schwächeren, v. a. die Kinder. Aber um das abschätzen zu können, muss man zuerst einmal Kontakt aufnehmen mit den betroffenen extern lebenden Elternteilen und dann entscheiden, in welcher Form eine Zusammenarbeit möglich ist. Manchmal verweigern auch Eltern die Mitarbeit, dann ist es schwierig. Aber zumindest soll die Beraterin von sich aus Kontakt mit allen aufgenommen haben.

Schmidt:
Ich kann nur unterstützen, dass die extern lebenden Väter einbezogen werden.
Nicht nur wegen der Väter, sondern allein schon aufgrund der Loyalitätsthemen der Kinder sollten diese einbezogen werden. Denn die Kinder sind ja typischerweise in einer Loyalitätsbeziehung auch zu dem außenstehenden Elternteil. Wenn dieser nicht einbezogen wird, ist es für die Kinder innerhalb der Familiengespräche schwieriger, sich selber einzubringen. Sind alle anwesend, ist es für sie leichter.
Es gibt auch andere Wege, z. B. haben wir mit mehreren Patchwork-Familien auf einmal gearbeitet. Mit wechselnden Subsystemen. Da konnten wir kleine Gruppen machen, unter anderem mit den extern lebenden Elternteilen. Diese konnten in solch einer Gruppe untereinander besser

Schmidt reden, sie hatten füreinander Empathie und konnten so wichtige Themen besprechen. Dann haben wir wieder die verschiedenen Gruppen verbunden – und schließlich wieder mit den eigenen Familienmitgliedern zusammengebracht. Das war sehr interessant für alle und brachte gute Effekte. Aber grundsätzlich müssen alle mit einbezogen werden.

Bauer *Bauer:*
Natürlich müssen die Väter mit einbezogen werden, aber auch da muss man klar die Ausschlusskriterien wie Gewalt, Übergriffe beachten.

Die Elternverantwortung liegt bei beiden. Und die Kinder sind nun mal zur Hälfte Papa und zur Hälfte Mama.

Wenn aber der Vater nicht erreichbar ist für die Kinder, aus welchen Gründen auch immer, dann müssen wir sie begleiten. Ich frage sie zuerst immer, welche Erfahrungen sie mit dem Vater gemacht haben. Und wenn sie mehr schlechte gemacht haben, dann versuche ich zuerst zu normalisieren: »*Das gibt es ganz oft, dass ein Papi nicht so richtig für seine Kinder da ist. Manche Papis können eben noch nicht gut mit den Kindern umgehen, die müssen das erst noch lernen.*«

Und wenn klar ist, dass die Sehnsüchte nach einem guten Papa nicht erfüllbar sind oder der Vater eben nicht anwesend ist, dann muss auch »Trauerarbeit« geleistet werden: Die Kinder müssen gut darin begleitet werden, dass sie darüber auch traurig sein dürfen – weil es ja wirklich schlimm für sie ist.

Sulz *Sulz*
Wenn räumliche Entfernung oder andere Hürden vorhanden sind, um jemanden zu sehen, müsste man sich andere Wege überlegen. Aber Eure Arbeit ist überzeugend, dass man es nicht bleiben lassen sollte. Denn auch aus meiner Erfahrung ist dies gerade für Kinder sehr wichtig. »*Der leibliche Elternteil, der nicht bei mir ist*« hinterlässt eine ständige unerfüllte Sehnsucht. Es bleibt ein unerledigtes Thema für sie. Der extern lebende, leibliche Elternteil hinterlässt ein Bild, das stagniert. Manchmal gibt es auch ein ganz böses Bild, z. B. des abwesenden Vaters, das fortbestehen bleibt und sich nicht verändern, nicht weiterentwickeln kann, wenn er nie real einbezogen wird.

Classen *Classen:*
Im Einzelfall kann so etwas bestimmt sinnvoll sein, etwa wenn ein straffälliger Jugendlicher erlebt, dass seine getrennten Eltern sich in bestimmten Grundfragen einig sind. Wenn man die Einbeziehung des extern lebenden Elternteils allerdings zur Regel macht, hätte ich die Befürchtung, dass die Beratung eher erschwert werden könnte. Dann könnten schnell mal ganz andere Themen in den Vordergrund geraten, z. B. der Streit um die Umgangsregelung oder alte Paarkonflikte, das wäre nicht hilfreich. Umgangskonflikte z. B. lassen sich oft in Vermittlungsgesprächen zwischen den getrennten Eltern klären. Das ist aber etwas anderes als Familienberatung.

Manchmal kommt auch eine Mutter oder ein Vater zu uns und die anderen in der Familie wissen gar nicht, dass er oder sie zur Beratung geht. Oft wollen sie gar nicht, dass die getrennt lebenden Partner wissen, dass sie sich Hilfe holen. Das respektieren wir natürlich.

Aichinger:
Es gibt für mich Themen in einer Patchwork-Familie, bei denen der extern lebende Elternteil erst später oder gar nicht einbezogen werden muss, da er für die Lösung des Problems nicht nötig ist: wenn z. B. der neue Partner/die neue Partnerin den Jugendlichen/die Jugendliche als Konkurrenz sieht, um dieselbe Person zu rivalisieren beginnt und nicht versteht, dass es hier um unterschiedliche Liebe und Beziehung geht.

Bei einem späteren Einbezug konnte ich den abwesenden Elternteil dadurch gewinnen, dass ich ihm mit Einwilligung des Kindes/des Jugendlichen seine Aufstellung zeigte und ihn z. B. mit der Sehnsucht des kleinen Bären nach dem Bärenvater zu berühren bemühte.

Krummeich:
Es ist eher die Regel, dass sich nur ein Elternteil (meist die Mutter) mit einem Anliegen an die Beratungsstelle wendet. Da ich die Terminvereinbarung selbst tätige, habe ich im Telefonat mit dem anmeldenden Elternteil von Anfang die Möglichkeit, Einfluss auf das Setting des Erstgespräches zu nehmen. Erhalte ich dann die Information, dass die Eltern getrennt leben, und es da einen neuen Lebenspartner gibt, so besteht hier bereits die Möglichkeit, die Idee einzuführen, den getrennt lebenden Elternteil direkt mit einzubeziehen. Dabei geschieht es nicht selten, dass die direkte Einbeziehung des getrennt lebenden Elternteils (noch) nicht gewünscht oder direkt abgelehnt wird. Meist besteht der Wunsch darin, den neuen Lebenspartner mitzubringen oder doch alleine zu kommen. Das akzeptiere ich dann, bringe dadurch aber schon frühzeitig die Idee ins Spiel, dass ich den abwesenden Elternteil für bedeutsam halte. Entscheidet sich bspw. die Mutter dann trotzdem alleine oder mit ihrem neuen Lebenspartner zu kommen, lasse ich mir dann aber die Erlaubnis geben, diesen »abwesenden« Elternteil selbst einzuladen und durch ein Einzelsetting einzubinden.

Für ein modifiziertes Vorgehen haben wir uns entschieden bei Konflikten, die sich aus Problemen der Umgangsregelung ergeben: Da laden wir beide sorgeberechtigten Eltern zunächst getrennt voneinander zu Einzelterminen ein, mit dem Ziel ein gemeinsames Elterngespräch zu führen. Hier ist die Einbeziehung des »neuen« Lebenspartners dann der nächste Schritt, um die getroffenen Vereinbarungen der Eltern abzusichern; dies aber auch nur dann, wenn dies von allen Beteiligten als notwendig angesehen wird. Auch hier prüfen wir möglichst pragmatisch in jedem Einzelfall, was geht und was nicht. Das heißt: Auch die Einbeziehung des »abwesenden« Elternteils muss aus unserer Sicht nicht zwingend von Anfang an stattfinden. Ziel ist es allerdings schon, den leiblichen Elternteil für eine Mitarbeit zu gewinnen, um dessen Wichtigkeit

Krummeich   und Bedeutsamkeit für die Kinder nicht unberücksichtigt zu lassen (im Sinne der Berücksichtigung der Loyalitätsdynamik).

Sollte sich im Laufe einer Beratung herausstellen, dass (noch weitere) Erwachsene (das können ja auch Großeltern oder Onkel und Tante sein) in besonderer Weise Einfluss nehmen – und hier reicht es, dass diese Erwachsenen für die Kinder bedeutsam sind – dann versuchen wir auch diese mit einzubeziehen. Ist eine solche Einbindung – aus welchen Gründen auch immer – aber nicht möglich, dann besteht immer noch die Möglichkeit, diesen bedeutsamen, »abwesenden« Teil durch einen leeren Stuhl o. Ä. im Beratungsraum zu repräsentieren und dessen Bedeutung für die Anwesenden zu explorieren. Entscheidendes Kriterium ist für uns immer die Frage: »Was ist das Ziel der Zusammenarbeit und unterstützt die Settingwahl dieses Ziel?«.

Omalar   *Omalar:*
Wenn der extern lebende Elternteil nicht von Beginn an in die Beratung einzubeziehen ist, kann ihm diese Möglichkeit zu einem späteren Zeitpunkt per Einladung (schriftlich oder telefonisch) seitens der Beratungsstelle gegeben werden. Oft wirkt sich dies positiv auf die Bereitschaft zur Mitarbeit aus, wenn »außenstehende« Fachkräfte diese Einladung aussprechen und ihre Allparteilichkeit betonen. Durch die wertschätzende Hervorhebung der Rolle des jeweiligen Elternteils für das Kind kann eher ein Grundstein für eine motivierte und fruchtbare Zusammenarbeit zum Wohle des Kindes gelegt werden.

5   Einbezug der Kinder

> Eines unserer Anliegen ist, auch die betroffenen Kinder einzuladen, um abschätzen zu können, inwieweit sie inadäquate Funktionen haben in der Familie. Weil wir der Meinung sind, dass die bloße Schilderung der Eltern über die Befindlichkeit der Kinder häufig verzerrt ist.
> Sind Sie grundsätzlich anderer Meinung?

Bauer   *Bauer:*
Nein! Entlastung der Kinder hat oberste Priorität. Kinder haben schon jahrelang »gearbeitet«, bis sie gesehen werden und von professioneller Seite unterstützt werden. Es geht darum, mit Kindern mit professioneller Begleitung und nicht über Kinder zu sprechen.

Popa   *Popa:*
Nein, ich stimme Ihnen zu! Unbedingt sollte man die Kinder hören, die sagen sehr genau, worum es geht.

Parallel müssen die Eltern wissen, dass sie an ihren Themen mitarbeiten müssen und sie die Kinder nicht einfach zum »Reparieren« abgeben können.

Aichinger
Da Kinder das schwächste Glied sind und den höchsten Preis zahlen, hat auch für mich höchste Priorität, die Kinder aus dem Spannungs- und Schussfeld der Eltern zu holen. Und dies gelingt am besten, wenn die Kinder möglichst bald in die Beratung der Eltern einbezogen werden. Dies ist ja auch ein Grundrecht des Kindes nach der UN-Kinderrechtskonvention, das 20 Jahre nach der Deklaration immer noch schlecht verwirklicht wird. Über den Einbezug der Kinder lassen sich Eltern in ihrer guten Elternseite besser berühren, kann ihr Blick auf das Kind mit seinen Wünschen und Bedürfnissen gelenkt werden. Indem das Kind sein Leid z. B. über Tierfiguren zeigt, lassen sich Eltern eher gewinnen, ihre streitende Seite zurückzunehmen und ihr Kind nicht weiter zu belasten. Und Kinder lernen, die unterschiedlichen Blickwinkel zwischen Eltern- und Partnerebene und zwischen unterschiedlichen Anteilen zu unterscheiden, und können dann damit besser umgehen.

In der Einzeltherapie geht es vor allem darum, die Resilienz der Kinder zu stärken, um mit den Belastungen in der Patchwork-Familie, die ja oft nicht so schnell zu verändern sind, besser umgehen zu können.

Schmidt:
Ich bin sehr dafür, die betroffenen Kinder einzuladen. Bin genau der gleichen Meinung. Denn auch hier gilt: Es geht nicht nur um die Schilderung der Eltern, sondern um die Stärkung der Wechselwirkungen und der Beziehungen untereinander. Das kann man besser machen und geht viel konstruktiver, wenn die Kinder mit dabei sind. Man muss sie integrieren, sonst redet man ja wieder *über* jemanden und bezieht ihn nicht aktiv ein, sodass er sich gesehen fühlt und auch aufgerufen fühlt, um etwas beizutragen. Wer nicht dabei ist, kann sich ausgeschlossen fühlen, was ungünstig ist. Aber noch wichtiger: Wenn Kinder dabei sind, stärkt es das Engagement im gemeinsamen Bemühen um eine gute Beziehungsgestaltung. Sind die Kinder dabei, können die Therapeuten auch wirksamer Botschaften an sie vermitteln in die Richtung, dass sie keine Verantwortung für Beiträge der Erwachsenen übernehmen müssen und sie so mehr von eventuellen Parentifizierungen befreien.

Gündel:
Im Rahmen einer gezielten Patchwork-Beratung bzw. einer Familientherapie finde ich das natürlich ausgesprochen sinnvoll. Sicher ist hier das Alter der Kinder zu beachten, auch kann es sinnvoll sein, zunächst die Familie als Ganzes kennenzulernen und dann z. B. nur mit den Eltern weiterzuarbeiten. Wie gesagt sehe ich den Einsatzbereich eher im ambulanten als im akut psychosomatischen Behandlungsrahmen.

Classen — *Classen:*
Das kommt auf den Einzelfall an, und es braucht bestimmte Voraussetzungen dafür. Wenn etwa Konflikte zwischen den getrennten Eltern Thema sind, dann sollten beide Elternteile mit der Einbeziehung von Kindern in die Beratung einverstanden sein. Gegebenenfalls teilen wir uns dann auf, dass jemand mit den Eltern spricht und ein anderer aus der Beratungsstelle mit den Kindern. Um zu hören: Was wünscht ihr euch von der Mutter, was vom Vater? Das melden wir dann den Eltern zurück, mit Einverständnis der Kinder, und besprechen, wie es umgesetzt werden kann.

Umgekehrt kommt es auch vor, dass Jugendliche nur für sich selber einen Termin möchten und erst mal nicht wollen, dass die Eltern mitkommen, oder nur mit einem Elternteil sprechen wollen. Auch das ist möglich.

Küchenhoff — *Küchenhoff:*
Kinder sind sehr feine Indikatoren, sie ahnen und spüren viel. Nicht nur, was sie sagen, sondern auch, was sie averbal zum Ausdruck bringen, führt oft zu sonst ausgeblendeten Geschichten. Kinder tragen viel Wissen der Familien mit sich, sie bekommen ja sehr viel mit, sind immer dem ganzen Geschehen ausgeliefert.

Sie sind aber nicht nur Indikatoren, sondern sie haben ja auch selbst viel davon, wenn sie mitkommen, weil sie durch gemeinsame Gespräche entlastet werden.

Krummeich — *Krummeich:*
Das Einbeziehen von Kindern in den gesamten Prozess einer Klärung ist sicherlich eine wichtige und zu berücksichtigende Option. Allerdings würde ich den Fokus dabei nicht so sehr in der Möglichkeit eines Korrektivs sehen, um Aussagen bzw. Schilderungen der Eltern überprüfen zu wollen. Nach meiner Erfahrung lässt sich in der Regel durch die Art und Weise, wie Eltern ihre Kinder und auch die Beziehungen untereinander beschreiben, schon sehr gut ablesen, ob die Kinder inadäquate Funktionen in dem gesamten Beziehungsgeflecht übernehmen. Das Einbeziehen der Kinder hat für mich daher weniger einen diagnostischen Aspekt, als dass es mehr folgende Fragen beinhaltet: »Haben die Kinder selbst auch ein Anliegen – etwas, das sich aus ihrer Sicht ändern soll? Gibt es Wünsche an die Erwachsenen, die es zu berücksichtigen gilt? Was brauchen die Kinder in der Situation? Etc.«

Omalar — *Omalar:*
Wenn sich Eltern in einem heftigen Konflikt befinden, kann diese Situation für die Kinder sehr belastend sein. Um die Kinder zu entlasten, können ihnen Einzelgespräche in einem geschützten Rahmen angeboten werden. Bei der Rückmeldung der Befindlichkeit der Kinder an die Eltern ist auf eine gewisse Sensibilität zu achten, sodass die Eltern diese

Rückmeldung nicht als Grundlage für neue gegenseitige Vorwürfe und Schuldzuweisungen nutzen.

Zusatzfrage:

> Was brauchen Erwachsenentherapeutinnen, um Kinder einzubeziehen?

Schmidt:
Spannende Frage, da geht es natürlich nicht nur um Patchwork, sondern auch um die Familientherapie im Allgemeinen.

Es hängt hauptsächlich davon ab, wie die Erwachsenentherapeutinnen gewohnt sind zu kommunizieren. Wenn sie in erster Linie gewohnt sind, was z. B: bei vielen Systemikern leider noch immer der Fall ist, dass sie Fragen vor allem auf der kognitiven Ebene stellen, dann tun die sich schwer mit Kindern. Die reden eben einfach anders, sie wollen es anders haben, wollen anders angesprochen werden. Was nicht heißt, dass sie nicht wertvolle Sachen beitragen. Da müssen die Erwachsenentherapeuten ermutigt werden, eben auch mal auf eine andere Art zu reden – auch mal über Metaphern – und nicht immer auf die traditionellen z. B. zirkulären Fragen zurückzugreifen.

Ich habe den Eindruck, dass es auch vom Alter der Therapeuten abhängen kann – manche fühlen sich einfach den Erwachsenen näher, sind parteilich, andere wiederum mehr den Kindern. Da ist es wichtig, eine gute Balance hinzukriegen.

Auf jeden Fall ist nicht die übliche Erwachsenenkommunikation relevant, sondern eben eine kindgerechte.

Küchenhoff:
Da spielen äußere Faktoren auch eine Rolle: kein Platz, kein Spielzeug. Und vor allem ist es schwierig mit der Abrechnung: Wer ist hier der Patient, stellt sich dann schnell die Frage.

Aber wichtiger ist sicher, wie die Therapeuten motiviert werden können. Die Frage dabei ist, was die Hemmung der Therapeuten ist, die Kinder einzubeziehen. Vielleicht ist es die Sorge: »Ich kann es nicht, ich bin kein ausgebildeter Kindertherapeut – dann darf ich auch nicht mit Kindern arbeiten.«

Angenommen, man würde eine Instruktion geben: Du musst kein ausgebildeter Kindertherapeut sein, du brauchst keine Kindertherapie hier machen, sondern einfach sehen, was los ist. Die Aufgabe ist hier eine andere und: Einbezug ist keine Therapie, Du brauchst keine hohen Ansprüche an dich haben. Das würde vielleicht nützen.

Wenn Therapeuten wissen, dass es bei Patchwork wichtig für die Kinder ist, dass sie gesehen, gehört werden, erhöht das möglicherweise die Motivation, es dann doch zu tun, selbst wenn sie es sonst nicht machen.

Sulz:
Ich glaube eigene Erfahrung im Umgang mit Kindern und Jugendlichen ist hilfreich. Manche Erwachsenentherapeuten, die mit Familien arbeiten, tun sich schwerer, wenn sie lange nichts mit Kindern gemacht haben – die haben dann etwas längeren Anlauf. Aber die Entscheidung, mit Patchwork-Familien zu arbeiten, bringt einen dazu, dass man sich damit auseinandersetzt.

Es kommt auch vor, dass Erwachsenentherapeuten und -Berater Angst vor Halbwüchsigen haben oder richtig Aggressionen gegen sie. Da wäre eine Balintgruppe oder Selbsterfahrung hilfreich, um bei sich die Fragen klären zu können: »Wie geht's mir dabei? Wann habe ich Ängste, welche Bedenken habe ich, wenn Kinder und Jugendliche bei mir im Raum sind? usw.«

Und sie müssten sich entwicklungspsychologisch insofern fortbilden, dass sie wissen, wie sie mit Kindern und Jugendlichen umgehen, was altersgemäß ist.

Gündel:
Zunächst einmal ein persönliches Interesse und passende theoretische Grundvorstellungen, ihre praktischen Kompetenzen in dieser Richtung zu erweitern, speziell auch in diesem Feld, also mit Erwachsenen und Kindern gleichzeitig, zu arbeiten. Dann ist es sicher hilfreich, sich regelmäßig mit ähnlich Interessierten in einer Inter- oder Supervisionsgruppe auszutauschen. Sicher macht es für viele auch Sinn, ggfs. entsprechende (Wochenend-)Seminare zu besuchen, um noch einmal neue Ideen und mehr Sicherheit zu bekommen.

6 Bezahlung von Familientherapien

> In Deutschland werden ja Familientherapien von der Kasse nicht bezahlt. Wir sind aber der Meinung, dass es zeit- und auf Dauer auch kostensparend ist, wenn man mit der Familie oder Teilfamilie arbeitet.
> Was sagen Sie dazu?

Popa:
Die Familientherapie an sich müsste bezahlt werden, da sie sehr wichtig ist. Die Jugendämter haben es schon erkannt und bezahlen es immer wieder.

Alle, die eine Familientherapie – oder Familienberatungs-Ausbildung gemacht haben, sollten dafür bezahlt werden, wenn sie eine Familie beraten. Dies unabhängig davon, ob sie nun die nötige Hundemarke »Heilpraktiker für Psychotherapie« besitzen oder nicht. Entscheidend ist aus meiner Sicht, dass sie eine dreijährige Weiterbildung gemacht haben. Hier geht es schließlich um eine Familie und nicht um eine Einzelperson, die Psychotherapie braucht.

Schmidt:
Ich finde es einen völligen Blödsinn, wenn man die Bezahlung auf Einzelne reduziert. Vor allem, dass die Kassen das nicht machen, bei denen es doch um wirtschaftliche Kategorien geht. Das ist doch idiotisch, wenn sie es nicht machen. Ich hoffe, dass es ein »Noch-nicht« ist. Aus meiner Sicht und nach meiner Erfahrung kostet es jedenfalls, zumindest mittel-und längerfristig gesehen, deutlich weniger, wenn man das ganze relevante Beziehungssystem einbezieht, einmal deshalb, weil man mit dem gleichen Aufwand wesentlich mehr Menschen erreicht, und außerdem, weil dann zentrale Interaktionsmuster, die viele Beteiligte betreffen, nachhaltiger konstruktiv verändert werden können, als wenn die Last einer potenziellen Veränderung beim Einzelnen liegt.

Außerdem gibt es eine Grauzone: Paare und Familien kommen zum Therapeuten, und es wird über eine Einzelperson abgerechnet – das ist dann so eine blöde Pseudonummer, die überhaupt nicht günstig ist. Das lädt die Leute zum Mauscheln ein, letztlich geht es aber am Bedarf vorbei.

Aus meiner Sicht ist die bisherige deutsche Lösung ein destruktiver und dazu kostenintensiver Anachronismus.

Küchenhoff:
Zeit- und kostensparend? Ja und Nein:
Ich kann zustimmen, dass die Arbeit mit der Familie sehr wichtig ist – aber ob es gleich kostensparend ist, weiß ich nicht. Man sagt immer wieder, die Familientherapie gehe viel kürzer, denn die Familie arbeitet zwischen den Sitzungen ja selber viel, die Frequenz wie auch die Anzahl der Sitzungen sei niedrig. Das stimmt für Familien, die an sich einigermaßen gut funktionieren. Aber das gilt nicht für alle: Die Arbeit mit den Familien kann bei den einzelnen so viel aufrühren, dass sie an ihre Grenzen kommen und für sich selber auch wieder Hilfe holen. Manchmal entwickelt sich aus einer Familientherapie bei jemandem die Erkenntnis, dass er seinem eigenen Anteil nachgeht – das finde ich gut und richtig. Aber dadurch können natürlich für die Krankenkasse auch wieder Kosten entstehen.

Ich würde Einzel- und Familientherapie nie gegeneinander stellen – sondern beides nebeneinander befürworten. Nur die Kosten zu betrachten ist als Begründung nicht ausreichend. Manchmal braucht es beides, Einzel- *und* Familientherapie!

Aber was *Nachhaltigkeit* anbelangt ist die Familientherapie, die Arbeit mit mehreren Personen unbedingt wichtig: für den einzelnen Menschen, für andere aus der Familie oder auch für die nachfolgende Generation.

Omalar:
Die bisherige Regelung in Deutschland sollte so bleiben. Ansonsten besteht die Gefahr von Darstellung und Stigmatisierung von Beziehungen

Omalar als »krank« (in den Antragstellungen zur Bewilligung von Familientherapie).

Krummeich *Krummeich:*
Wenn diese Frage hier im Kontext eines zur Veröffentlichung stehenden Buches zum Thema »Patchwork-Familien« gestellt wird, dann erweckt dies den Eindruck, dass das soziale Phänomen »Patchwork-Familie« Gegenstand von psychotherapeutischer Heilbehandlung werden sollte. Und folgerichtig wird dann die geeignete Dienstleistung, nämlich eine »kassenfinanzierte Familientherapie«, gleich mitgeliefert, da diese die Problemlagen von Patchwork-Familien am besten zu bearbeiten vermag. Bei allem Verständnis dafür, sich gegen die »Monopolstellungen« der aktuell anerkannten kassenärztlichen Verfahren zu wehren und Argumente für ein breiteres Spektrum von kassenärztlich zugelassenen, therapeutischen Verfahren zu sammeln, scheint mir das Phänomen »Patchwork-Familien« dafür nicht geeignet zu sein. Eine kassenfinanzierte Familientherapie würde sicherlich mehr Bewegung in diesen Markt bringen und das therapeutische Angebot würde dadurch gewiss enorm erweitert, weil dadurch mehr Flexibilität in Settingfragen möglich wäre. Aber die grundlegende innere Logik des kassenfinanzierten Gesundheitssystems basiert meiner Ansicht nach in erster Linie auf der Unterscheidung zwischen krank und gesund. Ich würde daher befürchten, dass »Patchwork« so zu einem Stigma oder Merkmal von Krankheitswert werden könnte, im Sinne von »gestörter oder dysfunktionaler Familienbeziehung«.

Ich teile allerdings die Ansicht, dass so genannte Patchwork-Familien – oder vielleicht sollte besser von »komplexen Familienbeziehungskonstellationen« gesprochen werden – einen erhöhten Unterstützungsbedarf benötigen. Dementsprechend sind auch professionell ausgebildete Beratungsfachkräfte nötig, die Kenntnisse und Erfahrungen im Umgang mit komplexen Beratungssituationen und Settings mitbringen.

Bauer *Bauer:*
Das gehört schon längst gesetzlich und unbürokratisch eingeführt. Ich bin überzeugt, dass es nachhaltig bei den Familienmitgliedern eine positive Wirkung zeigt.

Gut wären zusätzlich zur eigentlichen Familientherapie auch eher niederschwellige Angebote – damit nicht immer Therapie darüber steht, weil das doch viele Menschen abschreckt. Eine offene und aufsuchende Arbeit könnte diese niedrigschwelligen Angebote machen. Da gibt es schon in Familienzentren und Jugendzentren einige »*Tür-und-Angel*«-Angebote, die sehr wirksam sind. Denn »mal mit der ›Tante‹ spazieren gehen und mit den Kindern spielen und ein bisschen reden« macht weniger Angst, als gleich zum »Psychoonkel« zu gehen – und kann durchaus einiges in Bewegung bringen. Zusätzlich wäre gut, wenn mehr mit Multifamilien-Beratung gearbeitet wird – da können die Familien voneinander lernen, was sehr effizient ist.

Sulz:
Natürlich sollte die Familientherapie von den Kassen finanziert werden. Die Gruppentherapeuten sind doch gute Vorreiter! Sie haben die Anerkennung geschafft, denn die Kassen können rechnen und haben gemerkt, dass es billiger ist. Noch ist es für sie hinsichtlich Familientherapie nicht so überzeugend, aber ich glaube, dass das jetzt dran ist.

Es ist jetzt fällig – *jetzt* müssen die Familientherapeuten gleich nachschieben und aktiv werden!

Gündel:
Die Voraussetzung für eine allgemein gültige Kostenerstattung durch die Krankenkassen ist, dass die Wirksamkeit eines Verfahrens nach anerkannten wissenschaftlichen Regeln empirisch nachgewiesen ist. Die Systemische Therapie gehört zu den wissenschaftlich anerkannten Verfahren. Momentan wird m. W. vom G-BA[12] eine sozialrechtliche Anerkennung geprüft. Probleme sind dabei sicher kassentechnische (Wer ist der Patient, für wen mit welcher Diagnose wird wie lange eine Therapie finanziert?) und die Abgrenzung zu den individuellen Therapien. Im Bereich der Behandlung von Kindern und Jugendlichen wird die Einbeziehung von Angehörigen schon mit finanziert.

Auch im Bereich der Beratungsstellen werden Paar- und Familiengespräche finanziert, aber nicht von den Krankenkassen.

Aichinger:
Leider hat sich das im Gesundheitswesen noch nicht durchgesetzt. Da die Krankenkassen von individueller Krankheit und individueller Veränderung durch Therapie ausgehen, fallen systemische Veränderungen unter den Tisch. Anders ist der Blick der Jugendhilfe: In Deutschland haben Kinder und Eltern ein Recht auf Beratung. Daher müssen Kommunen Erziehungs-und Familienberatungsstellen anbieten. Hier haben über 40 % der Anmeldungen mit Scheidung und PW-Familien zu tun. Und diese Beratungsstellen arbeiten überwiegend systemisch.

---

12 Gemeinsamer Bundesausschuss: oberstes Beschlussgremium der gemeinsamen Selbstverwaltung der Ärzte, Zahnärzte, Psychotherapeuten, Krankenhäuser und Krankenkassen in Deutschland.

7 Familientherapie als Domäne der Beratungsstellen

> Familientherapie und damit auch die Arbeit mit Patchwork-Familien ist eine Domäne der Jugendberatungs-, Ehe- und Familienberatungsstellen geworden.
> Finden Sie das eine gute Lösung oder wäre es besser, wenn mehr ärztliche und psychologische Psychotherapeuten sich mit der Begleitung von Patchwork-Familien befassen würden?

Omalar

Omalar:
Familientherapie sollte eine Domäne der Jugendarbeit und der EFL- und FB-Stellen bleiben, die sich im Gegensatz zu Ärzten zeitintensiver der Reflexion von familiären Beziehungssystemen widmen sowie neue Anregungen zu deren Gestaltung bieten können.

Krummeich

Krummeich:
Vom Grundsatz her würde ich dies aktuell mit Ja beantworten. Sicherlich wäre es wünschenswert, wenn auch ärztliche und psychologische Psychotherapeuten sowohl mehr Kenntnisse über die komplexen Zusammenhänge von Patchwork-Familien als auch mehr Erfahrungen im Umgang und in der Beratung derselben hätten.

Vielleicht wäre es eine Anregung, mal darüber nachzudenken, wie die beiden Systeme – Gesundheit und Jugendhilfe – stärker miteinander verkoppelt werden könnten; bspw. durch Finanzierung aus einem Topf. Denn beobachtbar ist auch eine teilweise kaum durchschaubare Doppelversorgung: Kinder bzw. Familien bekommen parallel – teilweise durchaus ähnliche – Angebote aus der Jugendhilfe (Beratungsstellen, ambulante Hilfen etc.) und dem Gesundheitssystem (von niedergelassenen Kinderpsychiatern oder Kindertherapeuten). Hier fehlt manchmal eine abgestimmte Hilfeplanung und Kooperation.

Eine fachlich fundierte Aus- und Weiterbildung sowie eine sich ständig reflektierende Praxis der Profis, die mit Familien arbeiten, sollte generell Voraussetzung für einen professionellen Umgang mit Familien – und damit auch mit Patchwork-Familien – sein. Wenn das allgemeine Ziel einer Zusammenarbeit zwischen einem professionell Tätigen und einer Familie in einer Patchwork-Situation grundsätzlich darin besteht, Beziehungen zu klären und die Beiträge der einzelnen Familienmitglieder zu würdigen, dann dürfte es eher zweitrangig sein, sich über Kriterien des Unterschiedes zwischen Beratung und Psychotherapie zu unterhalten. Und das Gleiche gilt meines Erachtens dann auch für die Frage, um die es hier geht.

Es hat sich in der Entwicklung der Erziehungsberatungsstellen in Deutschland ein kennzeichnendes Merkmal von Beratungsteams entwickelt, das unter dem Namen »multiprofessionelles Team« aufgefasst wird. Das bedeutet, dass hier Fachkräfte aus unterschiedlichen Professionen zusammenarbeiten (PsychologInnen, PädagogInnen, SozialarbeiterInnen und Kinder-und JugendlichenpsychotherapeutInnen). In den 60er Jahren gehörten durchaus auch noch Ärzte dazu. Eine Etablierung solcher multiprofessioneller Beratungsteams in so genannten Beratungszentren, die auch noch weitere Berufsgruppen (wie z. B. Ärzte) einschließen könnte, wäre vielleicht eine denkbare Alternative und Erweiterung der Beratungs- und Therapieversorgung.

Popa:
Es sollte überhaupt mehr mit Familien gearbeitet werden – natürlich sollten auch ärztliche oder psychologische Psychotherapeuten mit Familien arbeiten, sofern sie systemisch ausgebildet sind. Es wäre auch wünschenswert, dass zwischen den Psychotherapeuten und Systemikern, die in der Familie arbeiten, ein guter Austausch existiert. Natürlich unter der Voraussetzung, dass Inhalte der Therapie weiterhin geschützt werden.

Gündel:
Die Arbeit mit Patchwork-Familien sollte nach meiner persönlichen Einschätzung zunächst und primär bei den Beratungsstellen bleiben, wenn es sich um Beratung im eigentlichen Sinne und nicht um die Behandlung von Patienten mit entsprechenden Symptomen handelt. Beratungsstellen haben oft auch niederschwellige Angebote, sie bewegen sich im nichtmedizinischen Raum, wo man auch ohne Diagnose hingehen kann – das sollte meiner Auffassung nach auch so bleiben.

Aber Familientherapie ist ja nicht nur eine Domäne der Beratungsstellen, es gibt ja nicht so wenige Familientherapeuten, die auch in der niedergelassenen Praxis und in Kliniken tätig sind und Menschen mit bereits krankheitswertigen seelischen und/oder psychosomatischen Beeinträchtigungen behandeln. Selbstverständlich ist Familientherapie eine wichtige Methode, ein wichtiger Ansatz innerhalb der psychotherapeutischen Verfahren. Familientherapie sollte daher nicht nur in den Beratungsstellen angeboten werden – es gibt genug zu tun für alle.

Das Gesundheitssystem befasst sich grundsätzlich mit Erkrankungen, es ist zuständig, wenn krankheitswertige Symptome vorhanden sind. Beratung von gesunden Menschen gehört deshalb nicht von vornherein mit dazu, auch wenn die Grenzen zur Prävention natürlich fließend sind und in Zukunft Prävention immer wichtiger werden wird.

Der Übergang von Beratung zu Therapie ist sicher ein fließender und die Kompetenz zur Arbeit mit Patchwork-Problemen sollte bei psychotherapeutisch tätigen Ärzten und Psychologen grundsätzlich vorhanden sein.

Bei bestimmten Patienten arbeiten wir je nach Indikation auch in der Klinik mit familientherapeutischen Behandlungselementen, zumindest werden immer wieder auch die Partner mit zu psychotherapeutischen

Gündel Gesprächen gebeten. Diese Gespräche werden dann z. T. von einem ausgebildeten Familientherapeuten geleitet.

Schmidt *Schmidt:*
Ich finde es gut, dass es solche Möglichkeiten überhaupt gibt, aber es gibt nicht überall so gute oder nicht ausreichend viele Anlaufstellen. Zudem gibt es Menschen, die lieber zu Ärzten oder Psychologen gehen und nicht in eine offizielle Beratungsstelle. Diese Psychotherapeuten müssten die notwendige Kompetenz dazu haben, aber es würde den aktuellen und zunehmenden Bedarf abdecken. Denn der Bedarf steigt.

Solange es das nicht gibt, ist es sehr gut, dass es solche Beratungsstellen gibt, die sich mittlerweile ja sehr gute Erfahrungs-Kompetenzen aufgebaut haben – aber eben auch nicht überall.

Ich fände es günstiger wenn auf allen Ebenen familientherapeutische Angebote zur Verfügung stünden – aber das würde natürlich eine Veränderung im Kassensystem bedeuten!

Allen Interviewten möchten wir herzlich danken für ihre große Offenheit gegenüber unseren theoretischen und praktischen Ideen. Die Gespräche und Begegnungen waren für uns sehr bereichernd.

Die differenzierten Reflexionen haben uns zu weiteren Diskussionen und Überlegungen angeregt: Über mögliche eigene Veränderungen im therapeutischen Handeln wie auch über anstehende Anpassungen auf der sozial- und gesundheitspolitischen Ebene.

Wir finden – wie einige der Interviewpartner – dass Patchwork-Familien nicht eine »kranke« oder behandlungswürdige Familienform an sich sind, sondern viele Ressourcen in sich bergen. Aber dass diese Menschen oft einen höheren Unterstützungsbedarf haben und adäquat begleitet werden müssen. Denn wir sind überzeugt, dass es sich auch für die nächsten Generationen auszahlt, wenn Fachleute eine gute Arbeit mit Patchwork-Familien leisten. Schon allein deshalb weil die Folgekosten und Steuerausfälle enorm sind, wenn Jugendliche aus psychischen Gründen die Integration in die Arbeitswelt nicht bewältigen, wie Meier-Gräwe und Wagenknecht (2015) nachweisen. Zudem sind die Kosten für spätere therapeutische Maßnahmen viel höher, da diese länger dauern.

So hoffen wir nun, dass auch Sie dazu angeregt wurden, über die immer häufiger werdenden Patchwork-Familien zu diskutieren sowie über mehr und passendere Angebote und Möglichkeiten, sie zu begleiten.

Wer sich nun ermutigen ließ, die gewohnten beraterischen Pfade zu verändern und in der Arbeit mit Patchwork-Familien ein paar neue Schritte zu gehen, kann im nachfolgenden Teil V herumstöbern und sich methodisch inspirieren lassen.

Teil V Tipps für die Praxis

Inhaltsverzeichnis Teil V: Tipps für die Praxis

1	Dynamik hinter dem Leiden bei bestimmten Problemsituationen	176
1.1	Mütter	176
	Mutter ist hin- und hergerissen zwischen Kind und neuem Partner	176
	Extern lebende Mutter fühlt sich ausgeschlossen	177
	Extern lebende Mutter mischt sich ins Familienleben der Patchworks ein	177
	Leibliche Mutter und Stiefmutter in Konflikt	178
1.2	Väter	179
	Vater ist hin- und hergerissen zwischen Kind und neuer Partnerin	179
	Extern lebender Vater fühlt sich ausgeschlossen	179
	Extern lebender Vater mischt sich ein	180
	Leiblicher Vater und Stiefvater in Konflikt	180
1.3	Stiefmütter	181
	Stiefmutter lehnt Kinder ab	181
	Stiefmutter fühlt sich zurückgesetzt	181
	Stiefmutter lässt sich ausnutzen	182
	Stiefmutter vernachlässigt eigene Kinder	183
	Stief- oder Patchwork-Mutter am Limit	183
	Stiefmutter findet nach dem Tod der leiblichen Mutter ihren Platz nicht	184
	Doch eine „böse Stiefmutter"	185
1.4	Stiefväter	185
	Stiefvater lehnt Kinder ab	185
	Stiefvater fühlt sich überflüssig	186
	Stiefvater vernachlässigt eigene Kinder	187
	Stief- oder Patchwork-Vater am Limit	188
	Stiefvater findet nach dem Tod des leiblichen Vaters seinen Platz nicht	188
1.5	Stiefelternpaar	189
	Stiefelternpaar in Konkurrenz	189
1.6	Kinder und Jugendliche	190
	Kinder lehnen Stiefmutter ab	190
	Kinder lehnen Stiefvater ab	190

		Jugendliche und Stiefeltern lehnen sich gegenseitig ab	191
		Patchwork-Kinder in Konflikt	192
		Kinder provozieren oder werden „schwierig"	192
		Kind spielt seine Eltern gegeneinander aus	193
		Kind zeigt psychosomatische Symptome	193
		Jugendlicher nutzt Konflikt zwischen seinen Eltern aus	194
	1.7	Großeltern	195
		Großeltern gegen Expartner	195
		Großeltern lehnen Stiefelternteil ab	195
		Großeltern lehnen die neue Familie von Sohn/Tochter ab	196
2		Settingentscheidungen	197
3		Mehrpersonensetting	198
	3.1	Tipps für die Gesprächsmoderation	198
	3.2	Tipps für die Gesprächsführung bei Konflikten	199
	3.3	Sitzungen mit Stief- und Patchwork-Familien	199
	3.4	Sitzung mit dem Patchwork-Paar	200
	3.5	Sitzung mit dem Eltern-Paar	201
	3.6	Kinder und Jugendliche in Familiensitzungen	201
		Kinder vor der Pubertät	202
		Jugendliche	202
		Übersetzen von Symptomen	203
	3.7	Getrennte Eltern zusammen mit ihren Kindern	203
	3.8	Großeltern der Patchwork-Kinder	205
		Großeltern in Beratung	205
		Großeltern und Eltern gemeinsam in Beratung	206
		Patchwork-Paar in Beratung	206
4		Interventionen für bestimmte Ausgangslagen oder Ziele	207
		Ausgeschlossene einbeziehen	207
		Ausgleiche schaffen	208
		Beziehungsaufbau zwischen Kind und Stiefvater	209
		Entdämonisierung	210
		Entscheidungsprozesse begleiten	212
		Entschleunigung	212
		Fusion von Familienkulturen und Erziehungsstilen	213
		Grenzen ziehen	215
		Hochstrittigkeit	216

		Kooperation der Eltern fördern –	
		Verantwortlichkeiten klären	217
		Liebesdreieck	218
		Multiproblemfamilien	220
		Nachscheidungsberatung...............	221
		Neue Elternrolle	222
		Normalisieren	222
		Partnerschaft pflegen	223
		Ressourcen mobilisieren	224
		Rollendifferenzierung	225
5	Methodenanhang		227
	5.1	Psychodramatische Teilearbeit mit Tierfiguren bei Kindern im Trennungs-/ Scheidungskonflikt	227
	5.2	Klärungshilfe – ein starkes Gefäß für heiße oder kalte Konflikte	230

Nach den zahlreichen so allgemein wie möglich formulierten Grundsätzen wenden wir uns der konkreten therapeutischen und beraterischen Arbeit zu. Vieles ist in den vorangehenden Kapiteln bereits erwähnt worden. Hier vertiefen wir einzelne Aspekte.

Wir beginnen mit Problemsituationen, unter denen Patchwork-Betroffene leiden können. Formuliert werden Hypothesen zu den familiären Dynamiken, die hinter einer Klage, einem Leiden stecken können.

Danach wollen wir auf die Fragen, die entlang eines therapeutischen Prozesses auftauchen, mögliche Antworten geben. Wie gehe ich in einer bestimmten Situation vor?

Sie können diesen Teil wie ein Nachschlagewerk benutzen und sich von einigen Ideen anregen lassen. Der Pfeil (→) verweist auf einen Untertitel im gleichen Kapitel.

1 Dynamik hinter dem Leiden bei bestimmten Problemsituationen

Die folgende Zusammenstellung soll Ihnen bei bestimmten Problemsituationen eine oder mehrere Möglichkeiten von dahinter liegenden Beziehungsdynamiken aufzeigen.

1.1 Mütter

Mutter ist hin- und hergerissen zwischen Kind und neuem Partner

Mutter hin- und hergerissen

Meist lebt eine Mutter nach einer Trennung einige Jahre allein mit ihren Kindern zusammen. Diese sind folglich daran gewöhnt, die Mutter für sich allein zu haben. Wenn dann ein neuer Partner dazukommt, versucht die Mutter allen, möglichst simultan, ihre Liebe zu zeigen und Zeit zu schenken. Sie ist zwischen ihren Kindern und dem Partner hin- und hergerissen.

Mögliche Hintergründe:

- Die Mutter hofft, dass die große Nähe zu ihrem Partner bewirkt, dass dieser die Kinder automatisch so liebt wie sie und umgekehrt – im Glauben, dass dies die Voraussetzung für eine funktionierende Familie ist. Damit übt sie sanften Druck aus.
- Sie differenziert nicht zwischen der Liebe zum Partner und der Liebe zu den Kindern.

- Sie gibt den Kindern und ihrem Freund zu wenig Zeit, um eine Beziehung aufzubauen.

Mögliche Folgen:

Wenn es trotz der Bemühungen der Mutter nicht gelingt, dass sich alle lieben, fühlt sie sich als Versagerin. Manch eine Mutter löst ihr Dilemma, indem sie den Partner verlässt.

Es können sich auch folgende Varianten ergeben: *Kinder lehnen Stiefvater ab* (→) bzw. umgekehrt, *Stiefvater lehnt Kinder ab* (→) oder *Stiefvater fühlt sich überflüssig* (→).

Extern lebende Mutter fühlt sich ausgeschlossen

Vor allem dann, wenn die Kinder viel Zeit mit der Stiefmutter verbringen, kann sich die leibliche Mutter zu wenig verbunden mit ihnen fühlen. Es geht ihr schlecht, weil sie zu wenig für die Kinder tun kann.

<small>ausgeschlossene Mutter</small>

Mögliche Hintergründe:

- Vater und Stiefmutter suggerieren den Kindern, dass die Mutter überflüssig sei, indem sie diese nicht erwähnen oder abwerten.
- Sie reduzieren die Besuche bei der Mutter oder lassen sie ausfallen.
- Sie ignorieren das Interesse und das Nachfragen von Seiten der Mutter über das Wohlergehen der Kinder oder deuten es als Einmischung.
- Der Kontakt zwischen Mutter und Kindern wurde behördlich beschränkt.

Mögliche Folgen:

Die Mutter kämpft um Kontakt mit den Kindern, indem sie diese unerwartet aufsucht. Möglicherweise diffamiert sie die Stiefeltern bei gemeinsamen Freunden, Lehrkräften und Verwandten. Oder sie *mischt sich ins Familienleben der Patchworks ein* (→).

Extern lebende Mutter mischt sich ins Familienleben der Patchworks ein

Die extern lebende Mutter taucht ungebeten bei der Patchwork-Familie auf. Sie versucht, sich durch Drittpersonen Informationen über die Kinder zu beschaffen oder Entscheidungen, die nur die Patchwork-Familie betreffen, zu beeinflussen. Die Ursachen sind dieselben wie bei *Mutter fühlt sich ausgeschlossen* (→).

<small>Mutter mischt sich ein</small>

Zusätzliche mögliche Hintergründe:

- Die extern lebende Mutter ist verzweifelt, weil sie keinen Einfluss mehr auf ihre Kinder hat.

- Sie weiß oder glaubt, dass es den Kindern in der Stieffamilie schlecht geht.

Mögliche Folgen:

Die Mutter bringt die Kinder mit ihren Aktionen in Loyalitätskonflikte. Es kommt zu offenem Streit oder anhaltenden Spannungen. Oder – sehr selten – die Mutter resigniert und zieht sich von den Kindern zurück.

Leibliche Mutter und Stiefmutter in Konflikt

Mutter-Stiefmutter-Konflikt

Konkurrenz zwischen einer leiblichen Mutter und der Stiefmutter kommt vor, wenn beide danach streben, die bessere Mutter zu sein und/oder die bessere Beziehung zu den Kindern zu haben. Beide versuchen, die Kinder auf ihre Seite zu ziehen, um mehr Einfluss auf sie zu nehmen. Bisweilen verlangt die Stiefmutter von den Kindern, sie mit »*Mama*« anzusprechen.

Mögliche Hintergründe:

- Die Mutter hat die Trennung nicht verarbeitet und sieht in der neuen Frau ihres Exmannes eine Rivalin.
- Die Mutter befürchtet, ihren Einfluss auf die Kinder oder gar jeden Kontakt zu diesen zu verlieren.
- Die Mutter hat Schuldgefühle, weil sie ihre Kinder – zeitweise oder ganz – der Stiefmutter überlässt, und verlagert ihre negativen Gefühle auf diese.
- Die Mutter hat kein Vertrauen in die Qualitäten der Stiefmutter und möchte ihre Kinder nicht in deren Hände geben.
- Die Stiefmutter verwechselt ihre Rolle mit der einer Mutter.
- Die Stiefmutter ist überzeugt, dass sie die Mutterrolle besser ausfüllt als die leibliche Mutter.
- Der Partner überlässt die Betreuungsarbeit seiner Kinder und sämtliche Entscheidungen der Stiefmutter, sodass diese zu viel Verantwortung übernehmen muss.
- Der Partner findet es praktisch, dass die Frauen sich streiten, weil das von seinem eigenen ungelösten Konflikt mit seiner Exfrau ablenkt.
- Der Partner wertet die Exfrau als Mutter ab.
- Der Partner steht nicht zur Stiefmutter als seiner neuen Partnerin.
- Die Kinder spielen Stiefmutter und Mutter gegeneinander aus und beide Frauen steigen darauf ein.

Mögliche Folgen:

Mutter und Stiefmutter schaukeln sich hoch und kämpfen gegeneinander. Die Kinder kommen zunehmend in ein Dilemma, weil sie sich nicht für oder gegen eine der beiden entscheiden wollen. Im Zweifelsfall bleiben sie ihrer leiblichen Mutter treu und gehen in Abwehr zur Stiefmutter.

Die Konflikte verschärfen sich, wenn der Vater seine alten Konflikte mit der Exfrau nicht klärt oder nicht klar Stellung bezieht.

1.2 Väter

Vater ist hin- und hergerissen zwischen Kind und neuer Partnerin

Wenn sich ein engagierter Vater, der die gemeinsamen Zeiten mit seinen Kindern gut nutzt und eine intensive Beziehung zu ihnen hat, neu bindet, entsteht das »*Liebesdreieck*« mit der Freundin und den Kindern. Er fühlt sich zwischen ihnen hin- und hergerissen.

<small>Vater hin- und hergerissen</small>

Mögliche Hintergründe:

- Der Vater glaubt, dass die große Nähe zu seiner Partnerin bewirkt, dass diese die Kinder automatisch so liebt wie er und umgekehrt.
- Er unterscheidet nicht zwischen der Vaterliebe zum Kind und der Liebe zur Freundin.
- Er gibt den Kindern und der Freundin zu wenig Zeit, um eine Beziehung aufzubauen.

Mögliche Folgen:

Die Kinder könnten die Freundin ablehnen oder umgekehrt. Oder *die Stiefmutter fühlt sich zurückgesetzt* (→), wenn die Kinder beim Vater und bei ihr sind.

Extern lebender Vater fühlt sich ausgeschlossen

Wenn der leibliche Vater nur wenig Zeit mit den Kindern verbringt und kaum etwas von deren Leben in der Patchwork-Familie mitbekommt, fühlt er sich ausgeschlossen.

<small>ausgeschlossener Vater</small>

Mögliche Hintergründe:

- Er hat sich noch nicht mit der Trennungssituation abgefunden.
- Er hat die Tatsache noch nicht akzeptiert, dass er am Alltag seiner Kinder wenig teilhat.
- Das Trennungs- oder Scheidungsurteil ist zu seinen Ungunsten ausgefallen, was er schwer hinnehmen kann.
- Mutter und Stiefvater spielen Kernfamilie und verleugnen die Bedeutung der Elternschaft des leiblichen Vaters.
- Sie erachten den Einfluss des Vaters auf die Kinder als schädlich oder gefährlich und reduzieren die Kontakte zwischen ihnen auf das Minimum.

- Die Mutter der Kinder rächt sich an ihrem Ex und versucht die Kontakte der Kinder zu ihm zu verhindern.

Mögliche Folgen:

Der Vater wird es müde, um die Kinder zu kämpfen, gibt auf und zieht sich zurück. Er reduziert die ihm zustehenden gemeinsamen Zeiten mit den Kindern. Er setzt sich ins Ausland ab oder gründet eine neue Familie. Vielleicht *mischt er sich ins Familienleben ein* (→) oder er versucht mit allen Mitteln das alleinige Sorgerecht zu erlangen.

Extern lebender Vater mischt sich ein

Vater mischt sich ein

Der Vater versucht Einfluss auf die Patchwork-Familie zu nehmen und zu bestimmen, was mit seinen Kindern passiert, auch wenn sie nicht bei ihm sind. Die neue Familie erlebt dies als Einmischung.

Mögliche Hintergründe:

- Der Vater wird ausgeschlossen und ist verzweifelt.
- Er befürchtet, seine Kinder ganz zu verlieren und forciert den Kontakt zu ihnen durch Einmischung in die Patchwork-Familie.
- Er hat die Trennung noch nicht verwunden und sucht den Kontakt zu seiner Expartnerin, indem er überall mitreden will.
- Er hat den Kindern gegenüber Schuldgefühle aufgrund des Zerbrechens der ehemaligen Familie und will dies mit seinem Engagement wiedergutmachen.

Mögliche Folgen:

Es kommt zu Dauergeplänkel bis hin zu offenem Krieg mit der neuen Familie. Häufig kommt es auch zu Verleumdungen oder Dämonisierung von beiden Seiten. Die Kinder stehen dazwischen.

Leiblicher Vater und Stiefvater in Konflikt

Vater-Stiefvater-Konflikt

Ein Konflikt zwischen Stiefvater und leiblichem Vater kann verschiedentlich ausgetragen werden: von Verachtung bis hin zu offenem, auch körperlich ausgetragenem Kampf.

Mögliche Hintergründe:

- Der Vater hat noch nicht verwunden, dass der neue Partner ihn von der Seite seiner Frau verdrängt hat.
- Die Frau ist noch nicht vollständig von ihrem Exmann abgelöst, ihr Partner spürt dies, wird eifersüchtig und kämpft gegen den Rivalen.
- Der Stiefvater konkurriert um die Vaterrolle, weil er überzeugt ist, dass er der bessere Vater ist.

- Er übernimmt von seiner Partnerin das ausschließlich negative Bild vom Vater, ohne dieses zu hinterfragen.
- Er verteidigt seine neue Familie gegen die väterlichen und vermeintlich negativen Einflüsse. Er will die Familie beschützen.
- Er trägt die ungelösten Konflikte seiner Partnerin mit dem Exmann an ihrer Stelle aus, um sie vor ihm zu beschützen.

Mögliche Folgen:
Auch hier sind die Kinder in Anspannung und im Loyalitätskonflikt. Die Frau ist im »*go-between*« zwischen den beiden Männern und fühlt sich schuldig. Sie versucht zu vermitteln oder die Männer voneinander fernzuhalten. Oder der Stiefvater kämpft mit der Frau zusammen in einem Dämonisierungsprozess gegen den Exmann und verhindert damit die Klärung zwischen ihr und dem Ex.

1.3 Stiefmütter

Stiefmutter lehnt Kinder ab

Wenn eine Stiefmutter die Kinder ihres Partners ablehnt, ist dies für alle Beteiligten belastend.

Stiefmutter lehnt Kinder ab

Mögliche Hintergründe:

- Sie konkurriert mit den Kindern um die Aufmerksamkeit und Liebe des Partners.
- Sie spürt, dass der Partner sie nur als Mutterersatz für die Kinder und nicht (nur) aus Liebe gewählt hat.
- Sie fordert von sich, ihre Stiefkinder zu lieben. Merkt sie, dass die Liebe nicht aufkommt, unterdrückt sie zuerst ihre wahren Gefühle. Aber irgendwann werden die negativen Gefühle zu stark und kommen an die Oberfläche.
- Sie hat die Vermutung, dass die Kinder von der leiblichen Mutter gegen sie aufgehetzt werden – das kann falsch sein oder zutreffen.
- Sie mag Kinder an sich nicht oder mochte diese Kinder von Anfang an nicht, liebt nur den Mann.

Mögliche Folgen:
Den Kindern geht es so schlecht, dass sie gegen die Stiefmutter aufbegehren. Häufig beginnt der Vater seine Kinder vor der Stiefmutter zu schützen und vertreibt diese damit. Oder sie geht von selbst.

Stiefmutter fühlt sich zurückgesetzt

Die Stiefmutter fühlt sich vom neuen Partner zurückgesetzt, sobald seine Kinder zu Besuch sind.

zurückgesetzte Stiefmutter

Mögliche Hintergründe:

- Für den Vater haben die Kinder Priorität, wenn sie bei ihm sind. Er geht davon aus, dass seine Partnerin akzeptiert, in den Kinderzeiten die Nummer zwei zu sein. Die Partnerin interpretiert dies aber als Zurückweisung oder mangelnde Liebe.
- Für den Vater haben die Kinder Priorität. Er spürt, dass seine Partnerin sich damit schwer tut, und geht das Risiko ein, dass sie ihn deshalb verlässt. Manchmal will er damit auch nur ihre Liebe testen.
- Der Vater steht vor seinen Kindern nicht zur neuen Partnerschaft.
- Es gibt keine klare Abmachung zwischen ihm und seiner Partnerin, welche Position sie als »*Teilzeit-Stiefmutter*« hat.

Mögliche Folgen:
Die Stiefmutter fühlt sich vom Partner zu wenig geliebt und konkurriert mit den Kindern immer mehr um dessen Liebe. Sie erlebt ihn als zu wenig einfühlsam. Der Mann wirft ihr vor, eifersüchtig zu sein. Die einen Stiefmütter ziehen sich vollständig und gekränkt zurück oder gehen endgültig. Die anderen akzeptieren, dass die Aufmerksamkeit des Mannes während der Kinderbesuche nicht auf sie gerichtet sein kann.

Stiefmutter lässt sich ausnutzen

ausgenutzte Stiefmutter

Eine Stiefmutter ist für die Kinder ihres neuen Partners mehr oder weniger allein verantwortlich und wird von diesen als Hausangestellte betrachtet.

Mögliche Hintergründe:

- Der Vater betrachtet sie als vollwertige Ersatzmutter.
- Er vernachlässigt seine Pflichten gegenüber seinen Kindern und schiebt alles auf die Stiefmutter ab.
- Die Stiefmutter hat sich am Anfang zu stark engagiert, was ihr auf Dauer zu viel wird. Aber alle haben sich an dieses Niveau gewöhnt und fordern dies weiterhin von ihr ein.
- Die Stiefmutter hat versäumt, Grenzen zu setzen.
- Das neue Paar hat sich nicht klar darüber abgesprochen, was die Stiefmutter-Rolle bedeutet und wer welche Pflichten übernimmt.

Mögliche Folgen:
Irgendwann wird es der Stiefmutter endgültig zu viel, es kommt zu Konflikten mit den Kindern und in der Paarbeziehung. Wenn sie die Arbeit nicht deutlich reduziert oder niederlegt, läuft sie Gefahr in einem Burnout zu landen – oder sie geht.

Stiefmutter vernachlässigt eigene Kinder

In einer Patchwork-Familie nehmen Personen und Aufgaben zu. Eigene Kinder kommen zu kurz, wenn sie auf mütterliche Nähe verzichten müssen, die sie in der Zeit vor der Patchwork-Situation noch hatten.

vernachlässigende Stiefmutter

Mögliche Hintergründe:

- Die Stiefmutter hat mehrere Stiefkinder und zu viele Aufgaben in der Patchwork-Familie, sodass sie zu wenig Zeit mit ihren eigenen Kindern verbringt und nicht für Ausgleiche sorgt.
- Sie richtet ihre ganze Energie auf die neue Stiefmutter-Rolle und sieht dabei die Bedürfnisse ihrer eigenen Kinder zu wenig.
- Sie glaubt, dass sie alle Kinder gleich lieben muss. Deshalb kümmert sie sich kompensatorisch deutlich mehr um die Stiefkinder als um ihre eigenen.
- Sie geht davon aus, dass die eigenen Kinder um ihre Liebe wissen und dies ausreicht und dass diese deshalb Verständnis haben, wenn die Stiefkinder mehr Aufmerksamkeit bekommen.
- Sie fokussiert nur auf die neue Partnerschaft und übersieht die Bedürfnisse der Kinder nach Nähe.

Mögliche Folgen:
Die Kinder reagieren mit Eifersucht, weil sie die Liebe der Mutter nicht mit fremden Kindern oder dem neuen Mann der Mutter teilen wollen. Sie ziehen sich zurück oder wehren sich lautstark gegen die Verleugnung der Beziehungsunterschiede. Sie bestrafen die Mutter mit Verhaltensauffälligkeiten und weisen damit auf die Ungerechtigkeit hin.

Stief- oder Patchwork-Mutter am Limit

Erschöpfte Patchwork-Mütter haben sich oft von den Familienmitgliedern ausnutzen lassen. Sie sind am Ende ihrer Kräfte, verzweifelt und wissen nicht mehr, wie es weitergehen kann. Die Ursachen liegen meist in den Stiefmutter-Fallen (▶ Teil I, Kap. 6, S. 35f).

Patchwork-Mutter am Limit

Mögliche Hintergründe:

- Die Stiefmutter ordnet ihre eigenen Bedürfnisse den Kindern und ihrem Partner unter und überfordert sich.
- Sie hatte zu wenig Zeit, um sich in ihre Stiefmutter-Rolle einzufinden.
- Sie bekommt zu wenig Unterstützung von ihrem Partner.
- Sie fühlt sich nicht ausreichend anerkannt als gute Mutterfigur – weder von ihrem Partner, noch von den Kindern oder der Umwelt. Das stachelt sie zu immer mehr Leistung an.

Mögliche Folgen:

Die Frau macht weiter, bis sie zusammenbricht oder den Rückzug antritt. Die Kinder sind verzweifelt, weil sie nicht wollen, dass es der Mutter bzw. Stiefmutter schlecht geht, müssen aber hilflos zusehen. Die Frau fühlt sich vom Partner zu wenig unterstützt und die Liebe geht verloren. Ist kein gemeinsames Kind da, das für mehr Durchhalten sorgt, folgt an diesem Punkt oft die Trennung.

Stiefmutter findet nach dem Tod der leiblichen Mutter ihren Platz nicht

kein Platz für Stiefmutter

Eine Stiefmutter von Kindern, die ihre Mutter durch Tod verloren haben, weiß um die Notwendigkeit, für die Halbwaisen ein vollständiger Mutterersatz zu sein. Sie ist sich ihrer großen erzieherischen Verantwortung bewusst. Es ist schwierig für sie, ihren Platz in der Familie zu finden, und das gelingt oft nicht.

Mögliche Hintergründe:

- Der Vater der Kinder hat nach dem Tod seiner Frau primär eine neue Mutter für seine Kinder und weniger eine Partnerin gesucht. Die Frau hingegen liebt den Mann und kämpft um seine Liebe.
- Die Kinder haben den Verlust der Mutter noch nicht verarbeitet, besonders wenn deren Tod noch nicht lange zurückliegt oder sie im Trauerprozess alleine gelassen wurden.
- Kinder und Mann idealisieren die Verstorbene, vergleichen die Stiefmutter mit ihr und geben der neuen Frau keine Chance, ihre Rolle gut auszufüllen.
- Die Stiefmutter stellt sich zu schnell an die Stelle der Verstorbenen, indem sie deren Gewohnheiten oder Rituale übernimmt. Dies wird als pietätlos erlebt und löst negative Gefühle aus.
- Sie zieht von Anfang an ihren eigenen Stil durch, ohne Rücksicht auf die bisherigen Gewohnheiten zu nehmen. Das löst bei den Kindern Widerstand aus, weil ihnen der Verlust der Mutter so noch deutlicher wird.
- Wenn ein älteres Kind bereits als Ersatz an den Platz der Mutter getreten war, macht es der neuen Frau diesen an der Seite des Vaters streitig. Besonders wenn diese Stellung mit Privilegien oder besonderer Anerkennung durch den Vater verbunden war, möchte das Kind darauf nicht verzichten.
- Angehörige von mütterlicher Seite kämpfen gegen die Stiefmutter aus Sorge, die Verstorbene gerate sonst in Vergessenheit.

Mögliche Folgen:

Meist verebben die anfänglichen Anpassungsschwierigkeiten der neuen Familie, denn Kinder und Vater sind letztlich auf die Stiefmutter angewiesen. Das Zusammenleben gelingt, wenn der Vater seiner neuen Partnerin zur Seite steht und die Kinder mit der Trauerarbeit nicht allein lässt.

Destruktive Dimensionen nimmt das Beziehungsgefüge an, wenn der Vater an den mütterlichen Qualitäten seiner Partnerin zweifelt und seine Kinder vor ihr zu beschützen beginnt. Die Stiefmutter ist in der Situation gefangen, denn die neue Familie zu verlassen ist für sie mit größeren Schuldgefühlen verbunden, als wenn noch eine Mutter für die Kinder da wäre.

Doch eine »böse Stiefmutter«

Und es gibt sie doch, die »*böse Stiefmutter*« aus den Märchen. Wir erleben sie allerdings in unserer Praxis selten.

»böse Stiefmutter«

Mögliche Hintergründe:

- Die Stiefmutter liebt den Mann, wollte aber nie Kinder und füllt die Rolle der Stiefmutter ihm zuliebe nur widerwillig aus.
- Sie kann sich wegen mangelnder Unterstützung nicht in ihre Rolle einfinden und findet keinen Draht zu den Kindern.
- Sie fühlt sich vom neuen Partner ausgenutzt oder allein gelassen und rächt sich an den Stiefkindern.
- Die Stiefkinder lösen in ihr eigene schlechte Kindheitserinnerungen aus, die sie an ihnen ausagiert.

Mögliche Folgen:

Die Stiefmutter fühlt sich mit den Kindern immer mehr überfordert und vom Partner allein gelassen. Es ergibt sich ein Teufelskreis von gegenseitigen negativen Gefühlen. Sie behandelt die Kinder zunehmend liebloser oder bösartiger. Diese leiden nachhaltig und verkümmern emotional.

Besonders wenn die Frau emotional oder materiell vom Mann abhängig ist, wagt sie nicht, ihm von ihrer Verzweiflung zu erzählen. Sie verheimlicht ihre schlechte Beziehung zu den Kindern – aus Angst, von ihm verlassen zu werden. Sie vereinsamt, wird verbittert.

1.4 Stiefväter

Stiefvater lehnt Kinder ab

Der Stiefvater verhält sich den Kindern seiner Partnerin gegenüber abweisend oder ablehnend.

Stiefvater lehnt Kinder ab

Mögliche Hintergründe:

- Der Mann ist kein Freund von Kindern, liebt nur die Frau.
- Ihm missfällt das Verhalten der Kinder und er führt dieses auf deren schlechte Erziehung zurück.
- Die Kinder verhalten sich aus Loyalität zu ihrem Vater dem Stiefvater gegenüber ablehnend. Dieser glaubt, sie mögen ihn als Person nicht, worauf auch er auf Distanz geht.
- Der Stiefvater hat die Vermutung, dass der leibliche Vater die Kinder gegen ihn aufhetzt – das kann falsch sein oder auch zutreffen.
- Er spürt, dass die Frau ihn nur gewählt hat, damit ihre Kinder und sie versorgt sind, und nicht (nur) aus Liebe zu ihm.

Mögliche Folgen:

Die Kinder spüren seine Ablehnung und lehnen sich gegen ihn auf. Aufgrund der vermehrten Streitigkeiten trennt er sich wieder von der Frau, oder diese wirft ihn raus. Sehr viel seltener kommt es vor, dass die Mutter beim Mann bleibt und ihre Kinder verlässt oder fremdplatziert.

Stiefvater fühlt sich überflüssig

<small>überflüssiger Stiefvater</small>

Ein Stiefvater fühlt sich immer dann ausgeschlossen, wenn seine Partnerin und deren Kinder mit ihm zusammen sind.

Mögliche Hintergründe:

- Die Mutter führt das Leben mit ihren Kindern in der Anwesenheit des Stiefvaters so weiter, als ob sie allein mit ihnen wäre. Sie nimmt an, dass er dafür Verständnis hat. Ihrem Partner schenkt sie nur Aufmerksamkeit, wenn sie allein mit ihm ist.
- Die Vorannahmen sind unterschiedlich: Während die Mutter den Freund nur als Partner sieht, geht dieser davon aus, gegenüber den Kindern eine Stiefvater-Rolle zu übernehmen.
- Es ist nicht abgesprochen, wann Familien- und wann Partnerschaftszeit ist und wann die Kinder Zeit allein mit der Mutter haben.
- Der Stiefvater geht davon aus, dass die Kinder sich um den Beziehungsaufbau zu ihm bemühen sollten – und nicht umgekehrt.
- Die Mutter ist noch nicht abgelöst vom Vater der Kinder und lebt innerlich noch in der alten Familie. Eventuell spielt ihr Ex mit und kommt oft zu Besuch.

Mögliche Folgen:

Der Stiefvater arrangiert sich damit, dass es in der neuen Familie wenig Kontakt zwischen ihm und den Kindern gibt. Wenn er sich damit nicht abfinden kann, zieht er wieder aus. Die Partnerschaft kann weitergeführt werden.

Stiefvater vernachlässigt eigene Kinder

Hat der Stiefvater eigene Kinder und ist voll berufstätig, besteht immer die Gefahr, dass diese zu kurz kommen.

vernachlässigender Stiefvater

Mögliche Hintergründe:

- Er richtet seine ganze Energie auf die neue Partnerschaft und Stiefvater-Rolle und sieht dabei die Bedürfnisse seiner eigenen Kinder zu wenig.
- Er verlässt sich auf die gute Beziehung seiner eigenen Kinder zu ihm und stellt den Beziehungsaufbau zu den Stiefkindern in den Vordergrund.
- Er war als Vater noch nie die Hauptbezugsperson seiner Kinder und ist nicht gewohnt, die alleinige Betreuung zu übernehmen.
- Er findet es ausreichend, wenn seine Kinder zusammen mit den Stiefkindern von seiner Partnerin betreut werden, egal ob er dabei ist oder nicht.

Variante a)
Die eigenen Kinder verleben nur besuchsweise Zeiten mit ihm:

- Er erkennt nicht, dass seine Kinder ihn umso nötiger haben, wenn sie nur selten zu ihm kommen.

Variante b)
Seine Kinder sind die halbe Woche oder mehrheitlich bei ihm:

- Er erkennt nicht, dass die Beziehungen zu den eigenen Kindern und zu den Stiefkindern unterschiedlich sind und je separat gepflegt werden müssen.
- Er überlässt die Verantwortung für das gesamte Familienleben seiner Partnerin, weil er nicht realisiert, dass diese das Fehlen der Mutter nicht kompensieren kann.
- Die Besuchszeiten der Kinder bei extern lebenden Elternteilen sind ungünstig koordiniert: So nämlich, dass seine Kinder ihn immer mit den Stiefgeschwistern teilen müssen, während die Stiefgeschwister deren leiblichen Vater öfter alleine sehen können.

Mögliche Folgen:
Die Kinder rebellieren, meist gegen die Stiefmutter. Oder die *Kinder lehnen Stiefmutter ab (→)*. Oder machen mit Störmanövern oder Verhaltensauffälligkeiten auf sich aufmerksam und *werden »schwierig« (→)*.

Stief- oder Patchwork-Vater am Limit

Patchwork-Vater am Limit

Ein berufstätiger Mann mit eigenen Kindern, der seinen Rollen als Partner, Ernährer, Vater und Stiefvater gerecht werden will, kommt an die Grenzen seiner Kräfte. Falls er zur Beratung geht, stehen am ehesten körperliche Symptome im Vordergrund.

Mögliche Hintergründe:

- Die ökonomische oder berufliche Situation erlaubt ihm nur eine Vollzeitarbeit. Manchmal muss er sogar zusätzlich in der Freizeit arbeiten.
- Er muss sich mehr oder ausschließlich um seine Kinder kümmern, weil die Mutter verstorben oder aus anderen Gründen nicht oder kaum verfügbar ist.
- Seine Partnerin ist selber ausgelastet, voll berufstätig und kann ihn nicht entlasten.
- Er achtet zu wenig auf seine Grenzen und lässt zuhause eine unausgeglichene Arbeitsaufteilung zu.
- Die Partnerin hat wenig Verständnis für seine Versuche, Grenzen zu ziehen, und trägt mit überhöhten Anforderungen zu seiner Überlastung bei.
- Er überfordert sich selber mit zu hohen Ansprüchen.

Mögliche Folgen:

Zusammenbruch, stressbedingte Erkrankungen wie Burnout oder Herz-Kreislaufprobleme.

Stiefvater findet nach dem Tod des leiblichen Vaters seinen Platz nicht

kein Platz für Stiefvater

Die Stiefvaterrolle ist besonders delikat, wenn die neue Partnerin verwitwet ist. Es ist schwierig für den Mann, einen guten Platz in der neuen Familie zu finden.

Mögliche Hintergründe:

- Die Frau hat den Tod ihres ersten Mannes noch nicht verarbeitet und sich in eine neue Beziehung gerettet. Der neue Mann wird Stiefvater, bevor er richtig Partner ist.
- Die Frau suchte einen Ernährer für ihre Kinder – nicht die Liebe zum Mann stand im Vordergrund.
- Die Kinder haben den Verlust des Vaters noch nicht verarbeitet. Sie idealisieren diesen und lassen dem Stiefvater keine Chance für einen Platz in ihrem Leben.

- Der Stiefvater bemüht sich, alles wie der verstorbene Vater zu machen, und gerät so in fatale Konkurrenz.
- Der Stiefvater möchte der bedauernswerten Familie helfen und läuft in die Retter-Falle (▶ Teil I, Kap. 4, S. 33).
- Wenn ein älteres Kind bereits als Ersatz an den Platz des Vaters getreten ist, macht es dem neuen Mann an der Seite der Mutter den Platz streitig. Wenn Privilegien mit seiner bisherigen Stellung bei der Mutter verbunden waren, möchte das Kind diese nicht verlieren und kämpft gegen den neuen »Rivalen«.
- Die Hinterbliebenen akzeptieren den Stiefvater nicht – aus Angst, der Verstorbene könnte in Vergessenheit geraten.

Mögliche Folgen:
Wenn der Stiefvater seinen Platz in der Familie auch nach längerer Durststrecke nicht findet, verlässt er sie wieder. Manchmal hält die Liebesbeziehung und das Paar lebt in zwei Haushalten weiter.

1.5 Stiefelternpaar

Stiefelternpaar in Konkurrenz

In einer zusammengesetzten Stieffamilie geraten die Partner in Konkurrenz betreffend eigener Familienkulturen, Wertevorstellungen und Erfahrungen mit Erziehung.

Stiefelternpaar in Konkurrenz

Mögliche Hintergründe:

- Die Unterschiede in Wert-und Erziehungsvorstellungen sind groß und beide Partner beharren auf ihrer Überzeugung. Sie können oder wollen diese Unterschiede nicht überbrücken.
- Aus Schuldgefühlen den Kindern gegenüber wollen sie ihre Gewohnheiten aus der Familie vor der Trennung weiter aufrechterhalten.
- Sie sind zusammengezogen, ohne sich der Konsequenzen bewusst zu sein.

Mögliche Folgen:
Die Partner laufen Gefahr, gemeinsam mit ihren eigenen Kindern wie zwei Mannschaften gegen die anderen zu kämpfen. Bei Asymmetrie der elterlichen Präsenz versucht der weniger anwesende Partner seine Haltung kompensatorisch umso stärker durchzudrücken. Die Partner erleben die Konflikte als Angriff gegen ihre Person und nicht als bereichernde Auseinandersetzung, die das Zusammenleben erleichtert.

1.6 Kinder und Jugendliche

Kinder lehnen Stiefmutter ab

Kinder lehnen Stiefmutter ab

Wenn Kinder ihre Stiefmutter ablehnen, verwenden sie manchmal alle erdenklichen Mittel, um sie zu vertreiben.

Mögliche Hintergründe:

- Die Kinder sehen die Schuld für die Trennung der Eltern in der Person der Stiefmutter.
- Stiefmutter und Vater lassen den Kindern zu wenig Zeit, um die Trennung zu verarbeiten und sich an die neue Situation zu gewöhnen.
- Die Kinder befürchten, die neue Frau wolle die Mutter ersetzen oder verdrängen – zu recht oder zu unrecht.
- Die Stiefmutter versucht zu schnell oder zu viel körperliche oder emotionale Nähe zu den Stiefkindern herzustellen. Sie gibt dem Beziehungsaufbau zu wenig Zeit.
- Vater und Stiefmutter werten die Mutter der Kinder ab.
- Ein Kind war nach der Trennung Partnerersatz für den Vater und gibt diesen Platz nur ungern wieder her.

Mögliche Folgen:

Die Kinder setzen Grenzen gegen zu viel Nähe, was die Stiefmutter als Ablehnung interpretiert.

Sie wehren sich gegen die Abwertung ihrer Mutter und geben der Stiefmutter die alleinige Schuld. Es folgt eine gegenseitige Abwehrhaltung und Ablehnung. Wenn die Stiefmutter dann vom Partner die Kritik erntet, sie gehe mit seinen Kindern zu wenig mütterlich um, eskaliert die Situation. Sie reagiert enttäuscht und wütend. Oder sie wird krank, bricht zusammen oder zieht sich aus der Familie zurück.

Kinder lehnen Stiefvater ab

Kinder lehnen Stiefvater ab

Die gleichen Dynamiken, die unter »Kinder lehnen Stiefmutter ab« beschrieben wurden, finden hier mit dem Stiefvater statt.

Mögliche Hintergründe:

- Die Kinder sehen die Schuld für die Trennung der Eltern in der Person des Stiefvaters.
- Die Kinder haben die Trennung ihrer Eltern noch nicht verarbeitet. Sie wurden im Trennungsprozess zu wenig begleitet und können sich daher noch nicht auf eine neue väterliche Figur einlassen.

- Sie wurden auf die neue Situation nicht vorbereitet und fühlen sich überrumpelt vom neuen Mann in ihrer Familie.
- Sie befürchten, der neue Mann wolle den Vater ersetzen oder verdrängen.
- Der Stiefvater dringt zu stark in die Familie ein und übernimmt von sich aus die erzieherische Verantwortung (▶ Teil I, Kap. 4, S. 33).
- Die Mutter überlässt ihrem Partner die erzieherische Verantwortung für ihre Kinder.
- Ein Kind war nach der Trennung Partnerersatz für die Mutter und gibt diesen Platz nur ungern wieder her.

Mögliche Folgen:

Je mehr die Kinder mit Ablehnung gegenüber dem Stiefvater reagieren, desto härter greift er durch. Dies lässt einen Teufelskreis von *gegenseitiger Ablehnung* (→) entstehen. Oder er zieht sich wieder aus der Familie zurück. Beides führt oft zur Trennung.

Jugendliche und Stiefeltern lehnen sich gegenseitig ab

Jugendliche, die erst während oder nach der Pubertät eine Stiefmutter oder einen Stiefvater bekommen, tun sich besonders schwer und reagieren mit Ablehnung.

gegenseitige Ablehnung

Mögliche Hintergründe:

- Der Vater oder die Mutter überlassen es dem Stiefelternteil, ihren eigenen Kindern Grenzen zu setzen.
- Die Stiefmutter oder der Stiefvater nimmt gegenüber dem oder der Jugendlichen eine inadäquate erzieherische Elternrolle ein.
- Jugendliche sind – je nach Alter und Entwicklungsstand – von elterlicher Fürsorge zunehmend unabhängig. Auf eine neue Elternfigur können sie deshalb gut verzichten.
- Jugendliche müssen sich von der Erwachsenenwelt abgrenzen. Sie rebellieren gegen die Stiefmutter oder den Stiefvater statt gegen Mutter oder Vater, weil sie befürchten die Beziehung zum leiblichen Elternteil, mit dem sie weniger zusammen sind, durch die Opposition zu gefährden.

Mögliche Folgen:

Wenn es nicht zur Eskalation kommt, kann im günstigen Fall eine WG-ähnliche Situation entstehen, in der eine Koexistenz von Stiefeltern und Jugendlichen möglich ist, man sich aber möglichst aus dem Weg geht. Oder der oder die Jugendliche zieht zur Mutter oder zum Vater. Oder es wird eine forcierte Ablösung provoziert, indem z. B. eine Berufsausbildung vorgeschoben wird, um anderswo wohnen zu können.

Patchwork-Kinder in Konflikt

Patchwork-Kinder in Konflikt

Ein gemeinsames Kind eines Stiefelternpaares verändert das bisherige Geschwistergefüge. Die Kinder streiten untereinander mehr, ärgern aber vor allem dieses Patchwork-Kind.

Mögliche Hintergründe:

- Die Eltern, besonders die Mutter, sind ausschließlich auf das Patchwork-Kind fokussiert. Vor allem in den ersten Monaten nach dessen Geburt haben sie weniger Zeit für die anderen Kinder.
- Die Eltern realisieren zu wenig, was die Entthronung für die Halbgeschwister bedeutet, und schaffen keine Ausgleiche dafür.
- Die Verwandtschaft verstärkt die Eifersucht der Kinder, indem auch sie das Patchwork-Kind vorzieht.
- Die Kinder werden zu wenig darin unterstützt, ihre neue Position im Familiengefüge zu finden.
- Die Kinder streiten, um wieder mehr Aufmerksamkeit zu bekommen. Aber niemand versteht das dahinter liegende Anliegen.

Mögliche Folgen:

Die Kinder lassen ihrer Eifersucht gegenüber dem Patchwork-Kind freien Lauf: Wenn dieses noch klein ist, wird es so lange gepiesackt, bis es die Eltern merken. Später können richtige Kämpfe entstehen. Das Patchwork-Kind seinerseits wehrt sich mit Provokationen und Verpetzen, denn es weiß, dass die Eltern bei Streit die älteren Geschwister zur Verantwortung ziehen.

Auch die Stiefgeschwister geraten aneinander, weil sie ihren Frust ungezielt an den anderen auslassen.

Kinder provozieren oder werden »schwierig«

»schwierige Kinder«

Es gibt keine Kinder, die grundlos verhaltensauffällig sind. Sie zeigen damit, dass etwas in ihrer Lebenswelt schlecht läuft. Hier skizzieren wir nur die häufigsten patchworkspezifischen Ursachen auffälligen Verhaltens.

Mögliche Hintergründe:

- Loyalitätskonflikt zwischen den leiblichen Eltern.
- Kontaktmangel zum externen Elternteil.
- Familiäre Spannungen, die auf einem ungeklärten Konflikt zwischen den Erwachsenen beruhen.
- Ungenügende Beachtung der kindlichen Bedürfnisse oder emotionale Vernachlässigung.

- Die Kinder dürfen ihre Gefühle gegenüber dem externen Elternteil in der Patchwork-Familie nicht zeigen.

Mögliche Folgen:

Wird das kindliche Fehlverhalten sanktioniert, entsteht ein Teufelskreis: Das Kind zeigt verstärkte Störungen, worauf die Strafen härter werden. Es gibt Stiefeltern, die sich vom Kind trennen, indem sie es zum anderen Elternteil ziehen lassen. Schlimmer ist, wenn sie es fremdplatzieren. Das Kind erlebt dies als Bestrafung, auch wenn es sich später als gute Lösung erweisen kann.

Kind spielt seine Eltern gegeneinander aus

Ein Kind nutzt jede Gelegenheit, um die getrennten Eltern, die nicht mehr oder mangelhaft miteinander kommunizieren, gegeneinander auszuspielen.

Ausspielen der Eltern

Mögliche Hintergründe:

- Das Kind hat die Trennung der Eltern noch nicht akzeptiert und möchte mit seinem Verhalten die Eltern zu mehr Gemeinsamkeit zwingen.
- Es weist mit seinem Verhalten auf die Spannung und auf ungeklärte Konflikte zwischen den leiblichen Eltern hin.

Mögliche Folgen:

Die Eltern kommunizieren tatsächlich wieder mehr miteinander und stellen sich ihren Konflikten. Sie werden sich bewusst, was sie ihrem Kind mit ihrer mangelnden Kommunikation antun. Passiert dies nicht, wird das Kind mit weiteren Provokationen aufwarten – oder *psychosomatisch krank* (→) werden.

Möglich ist aber auch, dass es zwischen den Eltern zur Eskalation kommt oder das Kind unverstanden bleibt und bestraft wird.

Kind zeigt psychosomatische Symptome

Es gibt Kinder, die auf ihre Notlage mit psychosomatischen Erkrankungen hinweisen.

psychosomatische Symptome

Mögliche Hintergründe (überschneidend mit anderen):

- Das Kind möchte mit seiner Krankheit die Eltern zu mehr Gemeinsamkeit – z. B. bei Ärzten oder am Krankenbett – zwingen.
- Kontaktmangel zum externen Elternteil. Es hat mit anderen Mitteln bereits erfolglos versucht, darauf hinzuweisen.

- Starke Spannungen, die auf einem ungeklärten Konflikt zwischen den Erwachsenen beruhen.
- Ungenügende Beachtung der kindlichen Bedürfnisse oder emotionale Vernachlässigung.
- Das Kind versucht, mit der eigenen Erkrankung einen oder beide Elternteile zum Arzt oder ins Krankenhaus zu locken, weil es spürt, dass diese dringend Hilfe nötig haben.
- Da die Rolle »schwieriges Kind« durch Geschwister schon besetzt ist, wählt das Kind die Rolle des kranken Kindes, um sich bemerkbar zu machen.

Mögliche Folgen:

Wenn die Erwachsenen nicht merken, dass die Kinder alles auf sich nehmen, um die Eltern wieder zusammenzubringen, oder die wirklichen Hintergründe der Erkrankung nicht erkennen, werden solche Kinder noch kränker bis hin zu lebensbedrohlichen oder chronischen Zuständen. Sämtliche Folgen unbehandelter psychosomatischer Erkrankungen sind denkbar.

Jugendlicher nutzt Konflikt zwischen seinen Eltern aus

Jugendlicher nutzt Konflikt aus

Wenn Jugendliche sich mit einer neuen Stieffamiliensituation konfrontiert sehen, machen sie sich gerne die Distanz zwischen den leiblichen Eltern zum Vorteil. Er oder sie erzählt den Eltern unterschiedliche Geschichten, um sich Freiräume zu schaffen. Es werden z. B. Besuche beim anderen Elternteil vorgegaukelt, um woanders übernachten zu können.

Mögliche Hintergründe:

- Ungenügende Kommunikation zwischen Stiefelternfamilie und externem Elternteil.
- Zu einengende Erziehung, sodass der Jugendliche sich seine Freiräume erschleichen will.

Mögliche Folgen:

Die Stieffamilie und der externe Elternteil geraten in Konflikt. Oder die Erwachsenen bemerken ihr Betreuungs-Vakuum nicht, und der oder die Jugendliche verschiebt den Lebensmittelpunkt z. B. in die Peergruppe. Dies bewirkt eine zunehmende Distanzierung des Jugendlichen von den Eltern. Und es birgt das Risiko von Alkohol- oder Drogenmissbrauch oder dissozialem Verhalten.

1.7 Großeltern

Großeltern gegen Expartner

Natürlich sind Großeltern grundsätzlich ihren Kindern gegenüber loyal. Deshalb ist es verständlich, wenn sie deren Sichtweise übernehmen. Wenn ihre Tochter oder ihr Sohn sie in Entscheidungen betreffend Partnerschaft einbezieht, passiert es leicht, dass sie sich in die Trennungskonflikte einmischen und gegen den Expartner mitkämpfen. Sie heizen damit einen »*Dämonisierungsprozess*« an (▶ Teil I, Kap. 2.2, S. 26, und Teil II, Kap. 4.3, S. 76).

Großeltern gegen Expartner

Mögliche Hintergründe:

- Die Großeltern haben miterlebt, dass ihre Tochter/ihr Sohn in der Beziehung litt, und sehen die Schuld ganz auf Seite des oder der Ex. Sie sind über die Trennung erleichtert.
- Es bestand zwischen ihnen und dem Expartner schon immer ein schwieriges Verhältnis. Möglicherweise waren sie von Anfang an gegen die Verbindung und sind nun froh über deren Auflösung.
- Die Großeltern sind Tochter oder Sohn gegenüber blindlings loyal, sie idealisieren die neue Patchwork-Familie.

Mögliche Folgen:
Die Aufarbeitung der Trennung wird unwahrscheinlicher, weil alle für die neue Partnerin/den neuen Partner Partei ergreifen und die Schuld an der Trennung dem oder der Ex anlasten. Dies bringt die Enkel in Loyalitätskonflikte. Es wird für sie schwierig, die Liebe zum doppelt abgelehnten Elternteil zu leben oder sich für den Kontakt zu diesem einzusetzen.

Großeltern lehnen Stiefelternteil ihrer Enkel ab

Wenn sich Großeltern in die Partnerwahl ihres erwachsenen Kindes einmischen und den neuen Stiefelternteil ihrer Enkel ablehnen, ergibt sich ein schwieriger Drei-Generationen-Konflikt.

Großeltern gegen Stiefelternteil

Mögliche Hintergründe:

- Die Großeltern fühlen sich noch verantwortlich für die Tochter oder den Sohn, weil keine gelungene Ablösung stattgefunden hat.
- Sie haben gegenüber Trennungen und Scheidungen grundsätzlich Vorbehalte und finden, Partner sollten den Kindern zuliebe zusammenbleiben. Diese Haltung ist besonders stark, wenn die Großeltern dies in ihrer eigenen Beziehung taten.

- Sie mochten und mögen den verlassenen Partner sehr und solidarisieren sich mit diesem.
- Sie wollen die Enkel vor einem neuen Partner oder vor dem Chaos einer Patchwork-Familie schützen.
- Wenn Großeltern befürchten, den Kontakt zu den Enkeln zu verlieren, falls diese nach der Trennung bei der Schwiegertochter leben, versuchen sie einen guten Kontakt zu ihr aufrechtzuerhalten. Dies geht auf Kosten einer guten Beziehung zur neuen Partnerin des Sohnes.

Mögliche Folgen:

Die Großeltern geraten mit Sohn oder Tochter in Konflikt. Dieser kann helfen, eine noch nicht vollzogene Ablösung in Gang zu bringen. Denn Sohn oder Tochter trennt sich manchmal von Partnern, statt sich von den eigenen Eltern abzulösen.

Oder der Sohn bzw. die Tochter agieren als *»go between«* zwischen Partner und eigenen Eltern, was anstrengend ist und Konflikte auf Dauer nicht verhindert.

Großeltern lehnen die neue Familie von Sohn/Tochter ab

Großeltern gegen neue Familie

Eine seltene, aber gravierende Einmischung der Großeltern ist folgende: Sie verbünden sich mit dem Expartner ihrer Tochter oder ihres Sohnes. So kommt es zu einem gemeinsamen Kampf der Großeltern und des Ex gegen die neue Familie. Das kann für diese eine sehr schmerzliche Erfahrung sein.

Mögliche Hintergründe:

- Die Großeltern waren mit der Trennung nicht einverstanden und kämpfen nun gegen die neue Verbindung.
- Die Ablösung zwischen Großeltern und Tochter oder Sohn hat noch nicht stattgefunden. Die Großeltern glauben immer noch, sie seien verantwortlich für die Entscheidungen ihres erwachsenen Kindes.
- Die Großeltern befürchten, dass sie ohne eine Koalition mit dem Expartner ihre Enkel weniger sehen oder verlieren.

Mögliche Folgen:

Die Großeltern opfern den Kontakt zu ihren eigenen Kindern. Es kommt zu jahrelangen Zerwürfnissen, unter denen alle drei Generationen leiden.

Im günstigeren Fall wird der ausstehende Ablösungsprozess in Gang gesetzt.

2 Settingentscheidungen

Bei einer Neuanmeldung lohnt es sich, nicht nur das Anliegen entgegenzunehmen, sondern genau nach den unterschiedlichen Interessen aller am Problem Beteiligten zu fragen. So kann sich der Berater oder die Therapeutin schon vor der ersten Sitzung mit folgenden Fragen befassen:

Vorinformationen

- Wer will was? Wer will gerade das nicht?[13]
- Wer könnte hilfreich sein dabei, das genannte Ziel zu erreichen?
- Welche verdeckten Ziele gibt es?
- Wer ist der Chef oder die Chefin im System bzw. in der Familie?
- Welche Rollen hat der oder die Anrufende?
- Bei beigezogener Fachperson: Wann kann diese dabei sein, damit die Vertraulichkeit gewährt ist?
- Gibt es weitere schriftliche Unterlagen wie Klinikberichte, die ich vor der Sitzung nutzen will? Oder ist es besser, solche Unterlagen vorerst nicht zu kennen?

Nach diesen Vorinformationen ist die Frage »*Wer muss dabei sein?*« einfach zu beantworten:

Wer gehört dazu?

- Alle, die bei der Suche und Umsetzung einer Lösung helfen können.
- Und alle, die davon betroffen sind oder gegen Lösungsversuche etwas einwenden könnten.

Denn alle Beteiligten eines Systems gehören in den Beratungsprozess, damit Konflikte erkannt und geklärt werden und Lösungen entwickelt werden, die für alle akzeptabel sind.

Die Kunst ist, dies im Erstkontakt in Erfahrung zu bringen. Folgende Fragen an die Person, die sich oder die Familie anmeldet, können dabei helfen:

> *Was denkt Ihr Partner über den Schritt, zu mir zu kommen?*
> *Und was hält Ihr Exmann davon?*
> *Gibt es jemanden, von dem Sie annehmen, dass er dagegen wäre?*
> *Wer könnte außerdem hilfreich sein bei der Lösung des Problems?*

Start mit einer Teilfamilie:
    Manchmal wird bei der Anmeldung schon deutlich, dass nicht mit allen des Gesamtsystems gearbeitet werden muss. So kann es Sinn machen, in folgenden Situationen mit einer Teilfamilie zu beginnen:

Start mit einer Teilfamilie

- Kind/Jugendlicher zeigt auffälliges Verhalten in der Patchwork-Familie:

---

13 Wir verwenden »•« bei reinen Aufzählungen und »➤« bei direkter Rede.

- → alle, die unter demselben Dach wohnen, also die Patchwork-Familie.
- Kind/Jugendlicher zeigt auffälliges Verhalten außerhalb der Patchwork-Familie:
  - → biologische Eltern mit ihren gemeinsamen Kindern.
- Kind/Jugendlicher zeigt auffälliges Verhalten hauptsächlich oder nur in der Schule:
  - → leibliche Eltern mit Kind/Jugendlichem zusammen mit Fachleuten der Schule.
- Konflikte zwischen leiblichen Eltern, Stiefeltern und Kind/Jugendlichen:
  - → leibliche Eltern zusammen mit dem Stiefelternteil und allen Kindern.
- Konflikte zwischen Stiefeltern und Stiefkindern:
  - → Stiefeltern, leibliche Eltern und alle Kinder
- Offener Konflikt zwischen den leiblichen Eltern, d. h. den Expartnern
  - → allein mit diesen beiden.
- Offener Konflikt zwischen Stiefeltern:
  - → allein mit diesen beiden.

3 Mehrpersonensetting

3.1 Tipps für die Gesprächsmoderation

Moderationsregeln

Indem Sie von Anfang an klar strukturieren und mit Rückfragen Ihre Moderationsverantwortung deutlich machen, erreichen Sie, dass das Gespräch in geregelten Bahnen verläuft.

- Definieren Sie zu Beginn die Rahmenbedingungen und die maximale Dauer des Gesamtgesprächs.
- Lassen Sie am Anfang nicht zu lange Ausführungen zu, sonst werden die Beiträge der anderen Beteiligten ebenfalls langatmig.
- Achten Sie darauf, dass eine Frage, die Sie an alle gestellt haben, auch von allen anwesenden Personen beantwortet wird.
- Stoppen Sie die Vielredenden mit Anstand, Klarheit und würdigenden Zusammenfassungen.
- Ermöglichen Sie den zurückhaltenden, scheuen oder wenig redegewandten Personen sowie Kindern, ihre Meinung zu vertreten. Lassen Sie ihnen Zeit und machen Sie ihre Aussagen durch Paraphrasierung[14] verständlich.

---

14 s. Glossar

- Bei anwesenden Kindern: Achten Sie darauf, dass die Sprache an deren Entwicklungsstand angepasst wird, und übersetzen Sie Aussagen gegebenenfalls in eine kindgerechte Sprache.
- Bewerten oder bezweifeln Sie keinerlei Aussagen, Behauptungen oder Geschichten. Jede auch noch so seltsam anmutende Antwort gehört zum Ganzen und steuert einen Informationsgehalt bei.
- Fragen Sie bei ausweichenden Stellungnahmen nach. Dasselbe gilt, wenn eine Meinungsäußerung nicht verständlich ist.
- Wenn jemand vom Thema ablenken will: Interpretieren Sie auch dies als Meinungsäußerung und Information.

3.2 Tipps für die Gesprächsführung bei Konflikten

Je eskalierter ein Konflikt, umso straffer muss die Moderation sein und umso wichtiger ist die Allparteilichkeit. Folgende Tipps helfen, Eskalationen im Beratungsraum zu vermeiden:

Konfliktmoderation

- Platzieren Sie die Konfliktparteien wenn möglich nebeneinander, damit sie zu Ihnen blicken und sich nicht direkt gegenüber sitzen.
- Schlagen Sie Gesprächsregeln wie »*andere Gesprächspartner ausreden lassen*« und »*keine Beschimpfungen*« vor. Und holen Sie sich das Einverständnis ein, bei Nichteinhalten der Regeln intervenieren zu dürfen.
- Deklarieren Sie anfangs die ungefähre Dauer, mit der Sie mit jeder Person im Gespräch sein werden, um den Auftrag zu klären. Achten Sie darauf, diese einzuhalten. Bitten Sie die anderen Anwesenden, dabei nur zuzuhören und etwaige Berichtigungen oder Ergänzungen zu notieren, aber nicht zu unterbrechen.
- Verhindern Sie Unterbrechungen klar und deutlich, damit alle sich die Sichtweise jedes Beteiligten bis zu Ende anhören.
- Paraphrasieren Sie provokative oder beleidigende Aussagen so, dass sie für die Gegenpartei erträglich werden.
- Widerstehen Sie der Versuchung, eigene vermittelnde Lösungsideen einzubringen.

Bei hoch eskalierten Konflikten ist es von Vorteil, wenn Sie eine Methode der Klärungshilfe (▶ Teil V, Kap. 5.2, S. 230ff, oder Thomann & Prior [2013]) oder Mediation anwenden.

3.3 Sitzungen mit Stief- und Patchwork-Familien

- Wenn Sie mit Kindern über deren Eltern oder Stiefeltern sprechen, übernehmen Sie die innerfamiliären Sprachregelungen. Manche Kinder sprechen z. B. von »Mutti« und »Mama« und meinen damit leibliche Mutter und Stiefmutter, andere verwenden denselben Begriff

Patchwork-Familien-sitzung

für beide »Mütter«. Fragen Sie nach, ob und wie die Kinder den Unterschied machen.
- Betonen Sie die Unterschiede zwischen einer Patchwork-Familie und einer Kernfamilie.
- Normalisieren Sie patchworkspezifische Herausforderungen, die die Familie gerade erlebt. Dies reduziert den Druck, wie eine Kernfamilie funktionieren zu müssen.
- Sprechen Sie Verluste und Trennungen an: Die Beteiligten blenden den Einfluss ihrer Trennungsgeschichten auf die aktuelle Situation meist aus.
- Streichen Sie die Unterschiedlichkeiten der Beziehungen heraus: Die Beziehung zwischen Stiefeltern und Stiefkindern ist eine andere als diejenige zwischen leiblichen Eltern und Kindern. Ebenso dürfen die Beziehungen zwischen Geschwistern, Halb- und Stiefgeschwistern unterschiedlich sein.
- Spenden Sie viel Anerkennung für bereits geleistete Lösungsversuche. Patchwork-Familien bekommen von ihrer Umgebung vor allem Kritik zu hören und sind dadurch verunsichert.
- Fokussieren Sie auf die Vorteile der Patchwork-Situation.
- Reframen[15] Sie negativ konnotierte Erfahrungen: Gemeinsame Erlebnisse bekommen einen positiven Anstrich, wenn ihnen zumindest hilfreiche Lerneffekte abgewonnen werden können.
- Betonen Sie den provisorischen Charakter von Vereinbarungen im Gesamtprozess. Sie entlasten die Familie dadurch vom Druck, dass eine Entscheidung, ein Ritual, eine Regel für immer gültig sein muss.
- Nehmen Sie die Kinder aus dem Schussfeld der Erwachsenen.
- Übersetzen Sie Störungen, Verhaltensauffälligkeiten oder Opposition von Kindern und Jugendlichen als Hinweise auf zu klärende Themen. So verringern Sie defizitorientierte Zuschreibungen der Erwachsenen.
- Erwähnen Sie den Zeitbedarf für den bevorstehenden Integrationsprozess gemäß dem Phasenmodell (▶ Teil I, Kap. 11.2, S. 48ff [Die verschiedenen Phasen nach der Bildung einer Patchwork-Familie]). Das entlastet die sich neu bildende Familie vom Druck, schnell eine »normale Familie« zu werden.

3.4   Sitzung mit dem Patchwork-Paar

Patchwork-Paarsitzung

- Sprechen Sie die erkennbaren patchwork-spezifischen Fallen und Muster an (▶ Teil I, Kap. 4, S. 32f, und Teil I, Kap. 6, S. 35f). Sie werden von den Klienten häufig nicht erkannt oder aus Scham ausgeklammert.
- Festigen Sie die Paarbeziehung, indem Sie ...
das Recht des Paares auf Zeiten für sich allein betonen,

---

15 s. Glossar

die labilisierenden Einflüsse und Faktoren herausarbeiten, Einmischungen durch Expartner oder deren Verwandte benennen und zu klären helfen.
- Unterstützen Sie das Patchwork-Paar dabei, seine Rollen zu differenzieren.
- Lassen Sie das Paar aushandeln, wann ein Stiefelternteil erzieherisch aktiv werden darf und wann Zurückhaltung angesagt ist.
  Faustregel:
  – Was mit der gemeinsamen Wohnsituation zu tun hat, geht beide Patchwork-Eltern gleich an.
  – Langfristige Entscheidungen wie Wohnortwechsel, Schule, musische oder sportliche Hobbys sollen die leiblichen Eltern gemeinsam fällen.
  – Besuchs- und Urlaubsregelungen müssen die leiblichen Eltern aushandeln.
- Besprechen Sie mit dem Paar die Themen Gerechtigkeit und Ausgleiche für Kinder. Dann können die Patchwork-Eltern miteinander aushandeln, wann alle Kinder gleich und wann unterschiedlich behandelt werden sollen.
- Bewahren Sie die Übersicht bei komplexen Familiensituationen: Genogramme oder andere Visualisierungsmethoden helfen dabei.

3.5 Sitzung mit dem Eltern-Paar

- Betonen Sie die Schwierigkeit für die Kinder, von der einen Familienwelt in die andere zu wechseln. Lassen Sie diese immense Leistung als Lob an die Kinder aussprechen.
- Machen Sie deutlich, dass bei jedem Wechsel von der Mama-Welt in die Papa-Welt eine Umstellungszeit von ca. ein bis zwei Stunden nötig ist.
- Helfen Sie den Eltern, gute Übergangszeiten und -rituale zu erfinden.
- Verhindern Sie Eskalationen der Expartner durch eine klare Gesprächsstruktur und geeignete Methoden.

Eltern-Paarsitzung

3.6 Kinder und Jugendliche in Familiensitzungen

In der Arbeit mit Patchwork-Familien ist der Einbezug von Kindern wichtig und meist viel einfacher als erwartet (▶ Teil II, Kap. 4.1, S. 71f [Kinder einbeziehen]).

Gewisse Vorbedingungen müssen jedoch gegeben sein: Genügend Platz, sodass die Kinder nicht zwischen den Eltern eingequetscht deren Erwachsenengespräch mitverfolgen müssen. Die Möglichkeit, dass sie in einer Ecke des Raumes oder in einem angrenzenden Raum spielen können, sowie Spielsachen für verschiedene Altersklassen, Zeichenstifte, Papier, auch Kissen oder andere Sitzgelegenheiten für Kinder.

Kinder vor der Pubertät

Kinder in Familiensitzungen

Als Therapeutin müssen Sie von Anfang an deklarieren, dass die Kinder eine wichtige Funktion haben. Falls es sich um ein Erstgespräch handelt, sollten Sie die Eltern zu Beginn um deren Einverständnis fragen, dass Sie mit den Kindern zuerst Kontakt aufnehmen und sich erst danach ihnen zuwenden. Dies hält die Eltern-Kind-Hierarchie aufrecht.

> *Ist es für Sie in Ordnung, dass die Kinder offen und spontan sagen dürfen, was sie gerade beschäftigt?*

Meistens stimmen die Eltern zu. Dann zu den Kindern:

> *Ihr wisst, dass eure Eltern schon mit mir gesprochen haben. Heute habe ich euch dazu eingeladen, weil ich gehört habe, dass es oft schwierig ist, wenn ihr vom Papa zur Mama heimkommt.*
> *Eure Eltern haben es gerade nicht gut miteinander. Ich will heute mit euch darüber reden, wie ihr es anstellen könnt, euch nicht in den Streit zwischen Mama und Papa einzumischen.*

Längeres Befragen der Kinder macht wenig Sinn, denn die wesentlichste Information, die man aus Sitzungen mit zwei Generationen gewinnt, ist das Erkennen, wie Erwachsene mit ihren Kindern und Stiefkindern umgehen und umgekehrt.

Deshalb sind zirkuläre[16] oder andere Fragen, die die Beziehung betreffen, günstig:

> *Womit kann dein Bruder sich beim Papa am besten einschmeicheln, sodass er von ihm verwöhnt wird?*
> *Was müsstest du tun, damit deine Mama mit deinem Stiefpapa Streit bekommt?*
> *Wer kann in eurer Familie am besten, zweitbesten etc. streiten?*

Wenn Kinder sich störend verhalten, bedeutet dies, dass sie sich nicht wohl, nicht angemessen respektiert und gewürdigt fühlen. Kleinere Kinder bringen durch ihr Verhalten manchmal auch treffsicher zum Ausdruck, was in der Familie nicht gut läuft. Dies sind Wegweiser, die zu wichtigen Themen führen.

Jugendliche

Jugendliche in Familiensitzungen

Jugendliche sind daran gewöhnt, dass Pädagogen oder Eltern sie für ihr Fehlverhalten kritisieren. Wenn sie also von Erwachsenen zu einem »ge-

---

16 s. Glossar

meinsamen Gespräch« geladen werden, erwarten sie nichts anderes und drücken dies mit abweisender Haltung, Einsilbigkeit oder betonter Abwesenheit aus. Bittet die Beraterin die Jugendlichen aber, bei der Lösung eines Problems, das die Erwachsenen verursacht haben, zu helfen, werden sie sich aktiv am Gespräch beteiligen. Jugendliche müssen spüren, dass es darum geht, ihnen das Leben leichter zu machen.

Sollte ein Jugendlicher die Gesprächsverweigerung länger aufrechterhalten, ist dies als Botschaft zu interpretieren. Die Beraterin kann mit den Eltern oder Stiefeltern darüber sprechen, was dieses Verhalten heißen könnte. Sehr häufig bedeutet es schlicht: *»Es geht um ein Problem meiner Eltern, das diese selber lösen sollen. Ich bin der falsche Adressat für Sie.«*

Übersetzen von Symptomen

Eltern und Stiefeltern in Umbruchsituationen verlieren zuweilen das Einfühlungsvermögen für ihre Kinder, weil sie von den eigenen Problemen besetzt sind. Die Kinder spüren dies und wollen sie deshalb schonen. Sie haben eine höhere Schwelle, ihre eigenen Nöte und Ängste auszusprechen, und zeigen stattdessen Symptome oder Auffälligkeiten. Hier einige Beispiele:

Übersetzen von Symptomen

- Der Sohn einer frisch getrennten Mutter weigert sich, in den Kindergarten zu gehen, weil er immer Bauchweh habe.
  - → mögliche Übersetzung: Der Junge hat Angst um seine Mutter, weil es dieser sehr schlecht geht. Er will bei ihr sein und sie »bewachen«.
- Ein Mädchen vergisst immer wieder die Schulsachen, die sie dringend benötigt, wenn sie zum Vater geht, und nötigt die Mutter, ihr diese zu bringen.
  - → mögliche Übersetzung: Sie möchte die Eltern dazu bringen, mehr miteinander in Kontakt zu kommen.
- Ein jüngeres Schulkind bringt ein altes und abgenutztes Nachttischlämpchen vom Papa mit nach Hause und besteht darauf, abends damit einzuschlafen. Es will auf keinen Fall ein neueres, schöneres mit der Mama kaufen gehen.
  - → mögliche Übersetzung: Das Kind kämpft für mehr Präsenz des Vaters in der Familie. Es möchte einen Teil des Vaters in Form des Lämpchens neben sich am Bett haben.

3.7 Getrennte Eltern zusammen mit ihren Kindern

Um getrennten Eltern die Auswirkungen der Trennung und vor allem des noch bestehenden elterlichen Konfliktes auf ihre Kinder deutlich zu machen, ist eine gemeinsame Sitzung unumgänglich. Meist tun sie sich

Ex-Paar mit ihren Kindern

schwer, zusammen in Therapie zu gehen. Viele unterschätzen das Leiden der Kinder oder sehen darüber hinweg, weil sie gar nicht realisieren, wie negativ sie in Anwesenheit der Kinder über den Expartner sprechen. Ob verbal, para- oder nonverbal, nebenbei oder in gezielten Andeutungen: Die Kinder spüren genau, wie abschätzig es gemeint ist.

Beispiel:
Eine Tochter leidet sehr unter den kritischen Äußerungen ihrer Mutter. Sie könnten in einer gemeinsamen Sitzung fragen:

> *Darf Ihre Tochter Sie darauf aufmerksam machen, wenn Sie, ohne es zu merken, kritisch, abschätzig oder vorwurfsvoll über deren Vater reden?*

Wenn die Mutter darauf nachvollziehbar erklärt, dass sie keine vorsätzlich negativen Äußerungen macht, wenden Sie sich an die Tochter:

> *Es kann immer wieder aus Versehen passieren, dass deine Mutter schlecht über deinen Vater redet. Wenn du darauf gar nicht eingehst, sondern einfach sagst: »Kein Kommentar«, merkt deine Mutter schon, dass du das nicht magst.*

Dann wenden Sie sich dem Vater zu:

> *Wollen Sie, dass Ihre Tochter Sie in solchen Situationen verteidigt, oder meinen Sie eher, dass sich Ihre Tochter aus dem Erwachsenenkonflikt heraushalten darf?*

Hier übergibt der Berater der Tochter eine Schlüsselposition, indem sie in der konkreten Situation eine Veränderung des elterlichen Verhaltens initiieren wird. Solche Interventionen sind effizienter, als wenn der Berater den Eltern einen direkten Rat gibt.

Eltern stellen sich häufig gegen ein gemeinsames Familiengespräch mit dem Argument, die Kinder dürften der Spannung nicht ausgesetzt werden. Das ist falsch, sind sie den Spannungen zwischen Vater und Mutter doch ständig ausgesetzt – auch wenn nicht beide gleichzeitig anwesend sind. Gerade durch eine solche Sitzung können sie davon entlastet werden. Nur wenn die Kinder aufzeigen, wo es für sie am schmerzlichsten ist, kann genau dort interveniert werden.

Die gewählte Vorgehensweise hängt von Alter und Entwicklungsstand der Kinder ab:

Jüngere Kinder:
Ex-Paar mit ihren Kindern

Der erste Schritt in einer Familiensitzung mit den getrennten Eltern ist, die Kinder aus dem Schussfeld der Erwachsenen zu nehmen.

Der zweite Schritt ist, den Eltern von den Kindern aufzeigen zu lassen, wie sie unter dem Konflikt leiden. Ein wirksames Vorgehen dafür ist der psychodramatische Zugang mit Tierfiguren, den A. Aichinger entwickelt hat und selber vorstellt (▶ Teil V, Kap. 5.1, S. 227ff).

Ältere Kinder und Jugendliche:
Bei Kindern um die Pubertät oder danach muss die Therapeutin vorerst einschätzen, ob die Kinder in der Lage sind, den Eltern direkt zu sagen, wie es ihnen geht. Unter Umständen müssen die Jugendlichen mit Doppeln[17] darin unterstützt werden, klare Aussagen zu machen, wie sie die Auswirkungen des Elternkonfliktes erleben. Wenn Jugendliche ihre Eltern sehr klar und zu heftig konfrontieren, muss die Therapeutin hingegen helfen, die verletzenden Aussagen in Wünsche und Bedürfnisse an die Eltern umzuformulieren.

Ex-Paar mit ihren Jugendlichen

Wenn die Kinder dann unterstützt werden, die Eltern immer wieder auf ihre Missstimmung gegenüber dem Expartner hinzuweisen, wird es den Eltern irgendwann lästig, von den Kindern ermahnt zu werden, und sie verändern ihr Verhalten.

3.8 Großeltern der Patchwork-Kinder

Großeltern sind in turbulenten Zeiten von Trennung und Entstehung einer neuen Familie oft der einzige stabile Bezugspunkt der Kinder. Daher ist es wichtig, nach ihnen zu fragen: Wohnen sie in der Nähe? Ist der Kontakt zu ihnen gut?

Bei jüngeren Kindern müssen die Erwachsenen für die Fortsetzung der Beziehung sorgen, ältere Kinder oder solche, die nicht zu sehr eingeschüchtert sind, fordern den Kontakt oft auch selber ein. Fast immer ist die Liebe der Großeltern zu ihren Enkeln so stark, dass sie trotz innerer Widerstände gegenüber der neuen Familie über ihren Schatten springen. Auch die meisten Eltern lassen es früher oder später zu, dass die Kontakte zu den Großeltern auf Seite des Expartners weiter gepflegt werden.

Ein guter Großeltern-Enkel-Kontakt bringt für alle Beteiligten Vorteile: Es gibt mehr Betreuungsangebote und einen größeren Beziehungsreichtum für die Kinder. Weil Kinder gerne alle ihre Lieben um sich haben, schaffen sie es manchmal mithilfe der Großeltern, dass sich die zerstrittenen Expartner zu bestimmten Anlässen wieder begegnen können.

Großeltern in Beratung

Kommen Großeltern in die Beratung, geht es zuerst darum, ihnen ihre Bedeutung für die Enkel bewusst zu machen: als Ort, an dem Kinder das Altvertraute spüren, und als Sicherheit, dass zumindest diese Ver-

Großeltern in Beratung

---
17 s. Glossar

bindung bleibt. Vielen Großeltern fällt es schwer, sich aus den Konflikten ihrer Kinder herauszuhalten, aber ihnen muss deutlich gemacht werden, dass sie nicht für deren Lösung verantwortlich sind. Folgende Fragen dürften hilfreich sein:

> *Wie zeigen Sie Ihren Enkeln, dass sie von Ihnen nicht verlassen werden – egal, was passiert?*
> *Wie gelingt es Ihnen, trotz Schwierigkeiten mit Schwiegersohn bzw. -tochter den Kontakt zu den Enkeln aufrechtzuerhalten?*
> *Wie vermeiden Sie, in die Probleme Ihres Sohnes/Ihrer Tochter verwickelt zu werden?*
> *Wie zeigen Sie Tochter bzw. Sohn, dass Sie hinter ihr/ihm stehen, aber nicht Partei gegen den Expartner ergreifen?*
> *Wie schaffen Sie es, von Ihren Kindern nicht in deren Beziehungsangelegenheiten einbezogen zu werden, sondern einfach gute Zeiten mit den Enkeln zu verbringen?*

Großeltern und Eltern gemeinsam in Beratung

Großeltern und Eltern in Beratung

Wenn Großeltern mit ihrem Sohn oder ihrer Tochter in die Beratung kommen, könnten Sie folgende Fragen stellen:

> *Wie stellt sich jeder von Ihnen vor, dass die Großeltern unterstützend wirken können und nicht verantwortlich für die Lösung der Probleme der Expartner sind?*
> *Worin besteht das Unverzichtbare an der Großeltern-Enkel-Beziehung?*
> *Wie möchten Sie diese als Ressourcen in Zukunft einbeziehen?*
> *Was kann jeder von Ihnen tun, damit die Großeltern-Enkel-Beziehung bestehen bleibt?*

Patchwork-Paar in Beratung

Patchwork-Paar in Beratung

Wenn nur das Patchwork-Paar in Beratung kommt und die Großeltern zum Thema werden, könnten Sie fragen:

> *Was brauchen Ihre Eltern/Ihre neuen Schwiegereltern, um sich an die neue Situation zu gewöhnen? Wie viel Zeit, welche Informationen?*
> *Wie können Sie Konkurrenz zwischen den Großelternpaaren verhindern?*

Ziel der Beratung sollte sein, dass beide respektvoll mit der Großeltern-Enkel-Beziehung umgehen. Und dass sie wertschätzend von der jeweils anderen Verwandtschaft sprechen.

4 Interventionen für bestimmte Ausgangslagen oder Ziele

Es gibt ein großes Inventar von Interventionen für das Mehrpersonensystem, das hier nicht vollumfänglich aufgelistet werden kann. Wir wollen an dieser Stelle nur eine Auswahl an Interventionsmöglichkeiten, die wir für patchwork-relevant halten, zur Verfügung stellen.

Interventionen werden entweder aufgrund einer Zielrichtung oder in bestimmten Ausgangslagen gewählt. Die Grenze dazwischen ist unscharf. Deshalb haben wir sie zusammengenommen und in alphabetischer Reihenfolge aufgeführt.

Als Interventionsform bevorzugen wir aus folgenden Gründen Fragen:

Fragen als Intervention

- Fragen regen zum Nachdenken und zur Differenzierung an. Sie bleiben im Kopf hängen und wirken später noch nach.
- Zirkuläre Fragen[18] regen mehrere Beteiligte gleichzeitig zum Nachdenken und Nachspüren an.
- Zukunftsgerichtete Fragen weisen auf noch versperrte Handlungsmöglichkeiten hin.
- Suggestive Fragen geben eine mögliche Richtung vor, die zur Lösung führen kann, und fördern bisher ungenutzte Ressourcen.

Ausgeschlossene einbeziehen

Wir betonen zwar, man solle von Anfang an beide Eltern in die Beratung einbinden, wissen aber, dass dies nicht immer gelingt. Vielleicht sind Mutter oder Vater schwer krank, leben auf einem anderen Kontinent, sitzen im Gefängnis oder reagieren nicht auf Kontaktaufnahmen.

Ausgeschlossene einbeziehen

Meist ist es in einem zweiten Schritt jedoch möglich, den fehlenden Elternteil einzubeziehen. Voraussetzung ist, dass die Mutter erkennt, wie sehr die Kinder unter dem Fehlen des Vaters leiden, oder umgekehrt.

Damit Kinder ihre Gefühle z. B. gegenüber einem abwesenden Vater und insbesondere ihre Zerrissenheit zwischen Mutter und Vater zeigen können, sind analoge Verfahren[19] als Interventionen geeignet.

Bei Kindern bis zur 3. oder 4. Klasse sind Tierfiguren oder Holzklötzchen ein gutes Mittel für Familienaufstellungen.

Bei der Interpretation muss berücksichtigt werden, dass jüngere und von der Mutter sehr abhängige Kinder dazu tendieren, sich näher zur Mutter zu stellen, als sie es sich tatsächlich wünschen. Bei einer solchen Vermutung könnte man fragen:

---

18 s. Glossar
19 s. Glossar

> *Und wie sähe es aus, wenn der Papi dir zuschauen würde? Müsstest du dann etwas anders stellen?*

Eine elaboriertere Methode im Umgang mit symbolisierten inneren Anteilen wird von A. Aichinger im Anschluss an dieses Kapitel beschrieben.

Bei älteren Kindern kann Klartext gesprochen werden. Oft aber brauchen sie ein kurzes Einzelgespräch, bevor sie sich in Anwesenheit der Mutter zu sagen trauen, dass sie den Vater lieben und mehr Kontakt mit ihm haben möchten.

Die Einbindung des Vaters in die Beratung wird oft durch dessen Vermutung erschwert, die Mutter habe schlecht über ihn geredet. Darum macht es Sinn, wenn die Beraterin Kontakt mit ihm aufnimmt und ihm erklärt, wie wichtig seine Sichtweise der Problemlage ist.

Ausgleiche schaffen

Ausgleiche

In Patchwork-Familien muss vieles ausgeglichen werden, vor allem der Mangel an Zeit mit den leiblichen Eltern. Am wichtigsten für die Kinder sind gemeinsame Zeiten, die sie nur mit den leiblichen Elternteilen erleben. So sollte Kindern, die ihren Vater nur alle zwei Wochen sehen, zu »geschützten Vaterzeiten« verholfen werden: Zeiten, in denen sie den Vater nicht mit Stief- oder Halbgeschwistern oder dessen Partnerin teilen müssen. Erschöpften Patchwork-Eltern macht man solche Ausgleiche schmackhaft, indem man ihnen aufzeigt, dass sie nicht mehr mit den Kindern unternehmen, sondern nur anders aufteilen sollten: Sprich, statt immer mit allen zusammen Familienausflüge, häufiger Aktionen in unterschiedlichen Zusammensetzungen machen.

In Patchwork-Familien kommt es vor, dass die einen Kinder von ihren Verwandten regelmäßig sehr großzügig beschenkt werden, die andern kaum oder gar nicht. Das weckt Neid und Zwist. Um Spannungen zu verringern, können die Stiefeltern Ausgleiche finden, die nicht zwangsläufig materieller Natur sein müssen, etwa eine zusätzliche Aktivität mit dem leiblichen Elternteil oder ein Privileg innerhalb der Familie. Wichtig ist dabei, mit den Kindern über ihren Neid zu reden: Indem man ihn versteht, hilft man ihnen, die Unterschiede leichter zu akzeptieren. Dazu müssen Berater häufig anregen, weil die Patchwork-Eltern oft nur die Reaktionen der Kinder erkennen und nicht die Hintergründe deren Verhaltens.

Ausgleiche für die einschneidenden Veränderungen nach der Geburt eines gemeinsamen Patchwork-Kindes sind für die Halbgeschwister sehr wichtig: Sie bekommen von Mutter oder Stiefmutter weniger Aufmerksamkeit und ihre Rollen im Geschwistergefüge ändern sich. Hinzu kommt, dass das Neugeborene stets beide Eltern um sich hat, während die Halbgeschwister immer auf die Präsenz eines leiblichen Elternteils im Alltag verzichten müssen.

Kommt ein Patchwork-Elternpaar zur Beratung, weil ein Kind mit dem jüngsten Halbgeschwisterchen grob umgeht oder es gar gefährdet, könnten Sie fragen:

> *Sie haben sich vermutlich alle auf das gemeinsame Kind gefreut. Aber haben Sie die Halbgeschwister auf die Nachteile vorbereitet, die auf sie zukommen?*

Falls die Eltern verneinen:

> *Wie können Sie die verpasste Vorbereitung nun nachholen?*
> *Welches ist Ihrer Ansicht nach die größte Einbuße, die die Halbgeschwister hinnehmen müssen?*

Mit Sicherheit werden die Eltern dann realisieren, dass der Fokus der Aufmerksamkeit auf dem Kleinen liegt und die anderen Kinder zwar einbezogen werden und helfen dürfen, aber mit viel weniger Zuwendung auskommen müssen.

Dann lassen Sie die Eltern überlegen, wann die älteren Kinder die Mutter oder den Vater jeweils für sich alleine haben können und wer dann den Säugling betreut. Machen Sie klar, dass es um wenig Zeit, aber um hohe Beziehungsqualität geht: Etwas Intensives, Positives mit der Mutter oder dem Vater allein zu erleben ist der beste Ausgleich.

Beziehungsaufbau zwischen Kind und Stiefelternteil

Die Beziehungen zwischen Stiefmutter und Stiefkind resp. Stiefvater und Stiefkind müssen erst aufgebaut und dann gepflegt werden. Wenn sich Mütter oder Väter beklagen, dass ihre Kinder keine oder eine schlechte Beziehung zum Stiefelternteil haben, könnten Sie fragen:

Beziehungsaufbau

> *Was haben die Kinder mit Ihrem neuen Partner schon gemeinsam unternommen?*
> *Wie sollen die beiden eine Beziehung zueinander aufbauen?*
> *Braucht es dazu Ihre Anwesenheit? Oder wäre für Sie eine Situation denkbar, in der die beiden allein sind, ohne dass Sie sich Sorgen machen?*

Wenn weiterhin Bedenken kommen, dass der Stiefelternteil etwas nicht gut genug mache oder eine Situation falsch einschätze:

> *Und wie kann er/sie lernen, schrittweise Verantwortung für Ihr Kind zu übernehmen?*

Letztlich geht es immer darum, den leiblichen Elternteil zu ermutigen, das Kind allmählich für bestimmte Zeitspannen in die Verantwortung des Stiefelternteils zu geben.

Kinder begrüßen meist Einzelaktionen. Bei Jugendlichen braucht es zuweilen etwas Fantasie, bis der Erwachsene eine Aktivität findet, mit der er Stiefsohn/Stieftochter ködern kann. Dazu ist eine Arbeit in der Dyade Stiefelternteil–Kind oft sinnvoll:

> *Welchen Plan könntest du mit deinem Stiefvater aushecken, um ganz sicher zu gehen, dass die Mama nicht mitkommen will?*

Entdämonisierung

Entdämonisierung

Ist ein Dämonisierungsprozess (▶ Teil I, Kap. 2.2, S. 26 [Dämonisierung]) im Gange, kann dies eine Beratung lahmlegen. Ihn zu stoppen ist dringend nötig. Leider sind die im Konflikt stehenden Eltern oft nur schwer dafür zu motivieren. Das Ziel ist wie immer der Aufbau einer ausreichenden elterlichen Kooperationsfähigkeit. Die Vorgehensweise hängt davon ab, wer dämonisiert.

Dämonisierung durch die Expartner

Dämonisierung durch Expartner

In mehreren Sitzungen können die getrennten Eltern ihre »dämonische« Sichtweise über den Expartner verändern. Das gelingt durch »*entdämonisierende Dialoge*« nach Omer et al. (2007): In solchen Gesprächen erkennen die Betroffenen schrittweise, dass die Schuld an ihrem Leiden nicht beim »bösen Anderen« liegt und dass es durch die »Ausrottung des Bösen« zu keiner Lösung kommen kann. Die Beraterin hilft ihnen dabei, so in die Vergangenheit und auf den Trennungsprozess zu schauen, dass auch ihre eigenen Anteile allmählich ins Blickfeld rücken. Dies hilft den Betroffenen zu erkennen, dass ihr Schmerz meist darin begründet ist, dass ihr Selbstbild und ihre Vorstellungen vom Leben durch die Trennung einen Riss bekommen haben. Und sie werden ihre Bewertungen modifizieren, wenn sie verstehen, dass Verletzungen nicht mit Absicht, sondern aus vermeintlichem Selbstschutz stattfanden. Dazu können Einzelsitzungen mit den dämonisierenden Beteiligten erforderlich sein, bis diese ihre eigene destruktive Logik erkennen und zu Veränderung bereit sind.

Aber: Die Erinnerungen an schwierige Ereignisse haben das Potenzial, die dämonisierenden Gedanken wieder anzuheizen. Darum unterstützt die Beraterin die beiden Partner darin, andere Formen zu entwickeln, um das Vergangene zu beschreiben und einzuordnen. Mit der Methode des Reframing[20] bekommen Ereignisse der Vergangenheit eine weniger belastende Wirkung. Ein Beispiel: Ein heftiger Streit wurde von

---

20 s. Glossar

beiden Partnern als schlimmes Erlebnis und Grund für das Zerwürfnis verbucht. »Reframed«, sprich umgedeutet, bekommt der Streit dann die Bedeutung, einen wichtigen Lernprozess in Gang gebracht zu haben. Er beinhaltet etwa für die Zukunft wichtige Erkenntnisse über eigene Bedürfnisse, Verletzlichkeit oder Konfliktverhalten. Ist den Expartnern dann eine differenzierte Sicht auf ihre gemeinsame Vergangenheit möglich, geht es in gemeinsamen Sitzungen auch darum, ihnen zu einem guten Abschied voneinander zu verhelfen – mit der dazu erforderlichen Trauerarbeit.

Dämonisierung durch die neuen Partner
Nicht selten machen die neuen Patchwork-Eltern gemeinsam gegen die Expartner mobil. Oder deren Eltern, Verwandte oder Freunde. Sogar Anwälte kämpfen stellvertretend.

Im Paarsetting oder allein müssen die neuen Partner zunächst zu einer Selbstreflexion geführt werden, um die Beweggründe ihres Kampfes zu erkennen. Das Motiv des neuen Partners kann ein gut gemeintes Hilfsangebot sein: Er kämpft anstelle der Partnerin, da er diese für zu schwach hält, um sich eigenhändig gegen den bösen Exmann zu wehren. Oder die neue Partnerin versucht durch ihren Kampf gegen die Exfrau, den Mann an sich zu binden, damit dieser die Ablösung von seinem früheren Leben schafft. Auch verleugnete Schuldgefühle, sich in die vorherige Partnerschaft oder Ehe eingemischt zu haben, sind Triebfedern der Dämonisierung.

Wenn Beratende es schaffen, zu diesen unbewussten, tieferliegenden Motiven zu gelangen, lassen sich fixierte Sichtweisen auflösen und den neuen Partnern wird ermöglicht, andere Verhaltensweisen mit den Expartnern zu entwickeln.

Verselbständigter Dämonisierungsprozess
Es kommt vor, dass sich eine Dämonisierung verselbständigt. Die Expartner beginnen zu erkennen, dass ihr Kampf für alle belastend und schädlich ist. Sie sind bereit, den Konflikt zu klären. Solange aber andere an der Dämonisierung Beteiligte die negativen Emotionen weiter schüren, kommt das Expaar nicht zur Ruhe. Die Personen, die den Dämonisierungsprozess aktiv unterhalten, gehören darum zwingend zum Beratungsprozess.

Als erste Frage ist zu klären: Wollen die Expartner wirklich, dass Frieden einkehrt, oder machen sie ein Ablenkungsmanöver, indem sie andere beschuldigen zu dämonisieren? Wenn die Dämonisierung durch Drittpersonen aktiv aufrechterhalten wird, muss der Berater diese eruieren. Im gemeinsamen Gespräch sollen dann die zum Frieden bereiten Expartner den noch Dämonisierenden klar machen, dass sie damit aufhören sollen.

> Dämonisierung durch neue Partner

> Dämonisierung durch Dritte

Entscheidungsprozesse begleiten

Entscheidungs-prozesse

Befriedigende Entscheidungen zu treffen ist ein Qualitätsmerkmal gelungener Patchwork-Familien. Denn es gibt vieles zu entscheiden.

Lassen Sie die Familie deshalb in der Beratung ein funktionierendes Entscheidungsmodell entwickeln:

- Beobachten Sie zuerst, wie das Paar oder die Familie eine Entscheidung fällt.
- Kommentieren Sie dann, was konstruktiv war und ob etwas Besonderes aufgefallen ist.
- Achten Sie darauf, ob jemand »ja« sagt, aber kein wirkliches Einverständnis spürbar ist.
- Achten Sie ebenso darauf, wie die Erwachsenen die Kinder einbeziehen und ob die Elternteile ausgewogen mitwirken.

Auf folgende Punkte müssen die Beteiligten meist hingewiesen werden:

- Personen, die für die Umsetzung der Entscheidung mitverantwortlich sind, müssen einbezogen werden.
- Beteiligte Kinder oder Jugendliche müssen von Anfang an Klarheit darüber haben, ob sie ein Mitentscheidungsrecht oder nur ein Mitspracherecht haben.

Wenn herausgearbeitet wurde, was in Entscheidungsprozessen gut läuft und wo die Schwächen liegen, soll die Familie einzelne Veränderungspunkte entwickeln und ihre Umsetzung definieren. Mögliche Fragen:

> *Wer wird in nächster Zeit zu Hause darauf achten, dass Sie den jetzt erarbeiteten Entscheidungsablauf in wichtigen Angelegenheiten auch einhalten?*
> *Wer passt auf, dass die Verabredungen umgesetzt werden?*
> (Unsere Empfehlung: Kinder und Jugendliche eignen sich ideal als Aufpasser – besser als die Erwachsenen.)
> *Welches Zeitfenster legen Sie für Entscheidungen fest, damit Ihre Essenszeiten davon frei sind?*
> *In welchen Abständen überprüfen Sie das Entscheidungsverfahren?*

In sehr turbulenten Situationen kann es nützlich sein, wenn die Beraterin die Moderation eines Entscheidungsprozesses anfänglich selber übernimmt und erst später ein Modell mit der Familie entwickelt.

Entschleunigung

Entschleunigung

Das Verlangsamen von Entscheidungsprozessen bringt meist einen Mehrwert. Unserer Ansicht nach ist es eine beraterische Pflicht, ein neues Paar vor einem überhasteten Zusammenzug mit ihren Kindern zu warnen und Alternativen dazu zu entwickeln. Fragen, die eine prospektive Situation ausmalen lassen, sind ein geeignetes Mittel:

- *Was bedeutet es für Sie, täglich mit den Kindern Ihres neuen Partners zusammen zu sein? Freuen Sie sich darauf oder sehen Sie Schwierigkeiten auf sich zukommen?*
- *Wie oft haben Sie das Zusammenleben schon ausprobiert? Verbrachten Sie schon einen längeren Urlaub zusammen oder eine Zeit, wo Sie den gemeinsamen Alltag ausprobieren konnten?*
- *Für wen bedeutet ein Zusammenzug eine Entlastung und für wen eine Zusatzbelastung?*
- *Gibt es außer den überzeugenden praktischen Gründen für einen Zusammenzug auch emotionale Gründe?*
- *Steht Ihr eigener Wunsch nach Zusammenleben im Vordergrund oder geben Sie eher den Wünschen Ihrer Partnerin/Ihres Partners oder gar denen Ihrer Kinder nach?*
- *Wie gedenken Sie die Finanzen zu regeln? »Eintopfsystem« und schauen, wie lange es reicht? Oder festlegen, wer wie viel zum Haushalt beisteuert?*
- *Was glauben Sie, wie stark der Einfluss der Expartner auf Ihr Familienleben sein wird?*
- *Forcieren Sie den Zusammenzug, weil Sie der Meinung sind, dass die Kinder bei den Expartnern nicht so gut aufgehoben sind?*
- *Wie gedenken Sie die erzieherische Verantwortung mit Ihren Expartnern aufzuteilen, damit die Kinder nicht zwischen die Stühle geraten?*

Fusion von Familienkulturen und Erziehungsstilen

Zum Thema, wie zwei Familien fusionieren können, gehören außer dem Umgang mit Grenzen auch die Sprach- und Kommunikationsstile, der Umgang mit Eltern und Verwandtschaft sowie die unterschiedlichen Erziehungsstile, Rituale und Gewohnheiten.

Familienfusion

Beide Elternteile haben natürlicherweise eine intensivere Beziehung zu den eigenen Kindern und können mit deren Verhalten und Eigenarten umgehen – nicht so mit denen der Stiefkinder. Solange nicht alle zusammenleben, realisieren die Stiefeltern die Unterschiede nur im Ansatz, weil sich bei gegenseitigen Besuchen alle zusammenreißen und an die Gegebenheiten anpassen. Erst wenn sie im Alltag zusammenleben, bemerken sie, wie groß die Unterschiede zwischen den beiden Familienteilen sind. Wenn die Kinder bereits älter (ab Schulalter) sind, besteht die Gefahr, dass zwei Mannschaften aus Eltern mit ihren je eigenen Kindern gegeneinander kämpfen (▶ Teil V, Kap. 1.5, S. 189 [Stiefelternpaar in Konkurrenz]).

Ein Beispiel für unterschiedliche Familienkulturen:
Angenommen, eine Mutter beklagt sich über die Tischmanieren ihrer Stiefkinder und Sie würden die ganze Familie zur Klärung einladen: die Mutter mit ihren beiden Kindern sowie den Vater mit seinen drei Kindern. Ein erster Schritt könnte etwa folgender sein:

Die leiblichen Kinder der Mutter und die des Vaters werden in zwei unterschiedliche Räume oder zwei Ecken des Beratungsraumes geschickt mit jeweils folgendem Auftrag:

> *Erstellt eine Liste der Dinge, die man eurer Meinung nach am Tisch nicht tun sollte: Und zwar aus der Sicht von Stiefmutter/Stiefvater.*
> *Dann diskutiert, was ihr tun müsstet, um die andere »Mannschaft« zu provozieren.*

Das Patchwork-Elternpaar erhält folgenden Auftrag:

> *Welche Verhaltensweisen sind für Sie beide ein »No-Go« am Tisch?*
> *Bei welchen sind Sie sich nicht einig?*

Wenn Sie die Ergebnisse der Diskussion vergleichen, haben sich vermutlich schon einige Differenzen gelegt, denn das Erkennen der je unterschiedlichen Kulturen bewirkt Verständnis füreinander.

Hat die Familie zwei Tischmanieren-Sets herausgearbeitet, könnten Sie Folgendes vorschlagen:

> *Falls die Eltern damit einverstanden sind, habe ich folgenden Vorschlag: An bestimmten Wochentagen werden die Tischmanieren der einen Familie gepflegt, an den restlichen die der anderen. Ihr Kinder wacht darüber, dass sie eingehalten werden. Immer ist ein Kind einen Tag lang »Manierenpolizei« und weist auf Abweichungen hin. Und an den Wochenenden macht ihr es so wie bisher.*

Vermutlich wird die Familie das Experiment einige Male durchführen und dann damit aufhören, weil sich die Verhaltensweisen anzugleichen begonnen haben und es nicht mehr so reizvoll ist, sich ständig gegenseitig zu provozieren.

Sie können auch Kompromissvorschläge erarbeiten lassen. Die Kinder sind oft rascher fertig damit und bringen die realistischeren Vorschläge als die Eltern. Es ist aber wichtig, trotzdem die Generationengrenze zu wahren und den Erwachsenen das letzte Wort zu lassen.

Konflikthafte, heißere Themen bei Familienfusionen sind: Umgangston gegenüber den Eltern oder Geschwistern, Rücksichtnahme versus Egoismus, Werte- und Moralvorstellungen, Männer- und Frauenbild.

- *Ist der Ton von Kindern gegenüber den Eltern direkt und konfrontativ oder vorsichtig?*

- *Geht ein Junge davon aus, dass Haushaltsarbeiten Frauensache sind? Will er sich von der Stiefschwester bedienen lassen oder hilft er selbstverständlich mit?*
- *Fragen die einen der Familie immer zuerst, ob sie sich etwas nehmen dürfen, während die anderen davon ausgehen, dass jeder selber daran schuld ist, wenn er zu kurz kommt?*
- *Gibt es eine Rangordnung der Hilfsbereitschaft innerhalb der Familie?*

Es geht bei Familienkultur-Konflikten vorerst einmal darum, allen aufzuzeigen, dass es völlig normal ist, unterschiedliche Gewohnheiten zu haben. Alle Verhaltensweisen gehen auf gewachsene Familienkulturen zurück und hängen in erster Linie von der elterlichen Haltung ab. Daraus folgt, dass vorwiegend mit dem Stiefelternpaar gearbeitet werden muss, wenn eine gute Integration beider Familienkulturen erreicht werden soll.

Grenzen ziehen

Der Umgang mit Grenzen ist ein wichtiger Aspekt der Familienkultur. Er wird unbewusst von einer Generation zur nächsten weitergegeben. Erst wenn zwei Grenzkulturen aufeinanderprallen, werden sich die Betroffen ihrer bewusst.

Grenzen

Das Thema Grenzen zwischen Eltern und Kindern gehört zu jeder Form von Familien- und Kindertherapie und kann hier nur gestreift werden.

Patchwork-Familien beißen sich oft die Zähne aus, wenn ihre beiden bestehenden Grenzkulturen zusammentreffen: In der einen Familie standen alle Türen immer offen, durften alle überall reinspazieren und sich bei Spielzeug oder Kleidern bedienen. In der anderen Familie waren Privaträume und Besitz klar definiert und für andere tabu. Streit ist vorprogrammiert.

Wenn eine solche Stieffamilie zur Beraterin kommt, kann diese folgende Aufgabe stellen:

> *Zeichnen Sie auf diesem großen Flipchart-Papier ein gemeinsames Bild, ohne dabei zu sprechen. Thema ist »Ihre Familie auf einer Zauberinsel« (oder »als Tiere im Urwald« – Hauptsache, die Fantasie wird angeregt).*

Während der Entstehung des Bildes beobachtet die Therapeutin, wer am meisten und wer am wenigsten Raum beansprucht. Oder wer Kontakt sucht zu anderen mit dem Zeichenstift, wer dem anderen in seinen Bereich hineinzeichnet oder dessen Werk übermalt, wer – aggressiv oder auch liebevoll gemeint – ergänzt oder verbessert. Auch das Endprodukt wird angesichts der Strichführung und des Zeichnungsstils kenntlich machen, wer welche Anteile beigesteuert hat.

Die gemeinsame Reflexion der Entstehung und der entstandenen Zeichnung lässt erkennen, wie Kinder und deren Eltern aus den verschiedenen Familienkulturen mit Grenzen umgehen. Analogien zum Alltag werden schnell deutlich.

Im Anschluss können gemeinsame Lösungen erarbeitet werden. Territorien und Besitz sind Bereiche, die innerhalb der Patchwork-Familie einheitlich definiert und eingehalten werden müssen:

> ➢ *Sind bei Ihnen geschlossene Türen erlaubt und bedeuten diese, dass angeklopft werden muss?*
> ➢ *Muss man fragen, bevor ein T-Shirt der Schwester angezogen wird?*
> ➢ *Hat jede und jeder einen eigenen Bereich oder ein eigenes Zimmer?*
> ➢ *Welches sind gemeinsame Bereiche?*

Aber es geht auch um die Grenzen einer Patchwork-Familie gegen außen:

> ➢ *Wer hält die Einmischungen von Verwandten und Bekannten in das Familiengeschehen in Schranken?*
> (Unsere Empfehlung: Die Person, die verwandt oder befreundet ist.)
> ➢ *Wer wird zur Familie gerechnet und zu einer Feierlichkeit eingeladen?*
> (Unsere Empfehlung: Je nach Situation gemeinsam aushandeln lassen.)

Hochstrittigkeit

Hochstrittigkeit Wenn Eltern sich standhaft weigern, sich in denselben Beratungsraum zu setzen, ist Folgendes möglich:

Falls die Beratung in Co-Therapie stattfinden kann:

1. Die Eltern werden gleichzeitig einbestellt, aber so aneinander vorbeigeschleust, dass sie sich nicht im Wartebereich antreffen. Es muss bei der Terminvereinbarung garantiert werden, dass sie sich erst sehen, wenn beide dazu bereit sind.
2. Jede Beratungsperson erarbeitet mit je einem Elternteil Folgendes:
   – Themenkatalog der zu klärenden Konflikte.
   – Eruieren, ob der Elternteil das Leiden der Kinder erkennt und sich wünscht, die Kinder davon zu entlasten.
   – Klären, was die Vorbedingungen für ein Gespräch zu viert (beide Expartner und beide Berater) wären.
3. Nach dieser Sequenz erfolgt der Austausch zwischen den Beratungspersonen:

- Welche Vorbedingungen wurden genannt?
  Meist geht es um das Schutzbedürfnis vor neuen Verletzungen.
- In welchen Konfliktpunkten besteht Übereinstimmung?
- Worin sind sich die Eltern bezüglich Leiden, Entlastung oder Schutzbedürfnis der Kinder einig?
4. Danach steht ein zweiter kurzer Austausch von jeder Beratungsperson mit dem Elternteil an: Das Ergebnis betreffend übereinstimmenden Zielen wird kommuniziert und die Beachtung des Schutzbedürfnisses garantiert.
5. Es folgt der gemeinsame Sitzungsteil zu viert: Dieser sollte hochstrukturiert sein und mit den Themen beginnen, die die Kinder am meisten entlasten und beiden Eltern am Herzen liegen.

Sollte eine gemeinsame Sitzung mit den Expartnern noch nicht möglich sein, werden die parallelen Einzelsitzungen fortgesetzt, bis sich beide auf das gemeinsame Gespräch einlassen können.

Falls nur eine Beratungsperson arbeitet:
Die Expartner befinden sich in zwei verschiedenen Räumen und Sie wenden dasselbe Verfahren an, indem Sie von einem Raum zum anderen gehen.
Unsere Erfahrung: Irgendwann bieten die beiden von sich aus an, es mit einem gemeinsamen Gespräch zu versuchen.

Kooperation der Eltern fördern – Verantwortlichkeiten klären

Wenn sich Eltern trennen, wird die vorher bestehende, mehr oder weniger ausgewogene gemeinsame Haltung zur Kindererziehung außer Kraft gesetzt. Mütter und Väter setzen nach der Trennung ihren je eigenen Erziehungsstil sukzessive um, sprechen sich aber häufig nicht ab.

Kooperation fördern

Beispiele:
Eine Mutter geht davon aus, die vor der Trennung gültige Regelung betreffend elektronischer Medien bestehe auch beim Vater weiter. Dieser geht nun aber anders damit um. Die Beraterin stellt folgende Fragen:

> *Wann und wie ist diese Vereinbarung zustande gekommen?*
> *Galt die Regelung, als Sie noch zusammenlebten? Wollen Sie nun eine neue Vereinbarung erarbeiten, die in beiden Haushalten gültig ist? Dies würde bedeuten, dass beide voll dahinter stehen und willens sind, sie bei sich zu Hause durchzusetzen. Ist das für Sie realistisch?*
> *Oder genügt es, wenn Sie voneinander wissen, welche Regeln beim anderen gelten?*

Meist können sich Eltern auf zwei verschiedene Regelungen einigen, die jeweils bei ihnen zuhause gültig sind. Eine solche Lösung wäre für Kin-

Verantwortlichkeiten klären

der ausreichend, da diese daran gewöhnt sind, dass an verschiedenen Orten unterschiedliche Regeln gelten.

Wenn es um andere Verantwortungsbereiche geht, könnten Sie fragen:

> *Sie haben vorhin das Thema Schule und Lernen angeschnitten. Wie wäre eine optimale Aufteilung zwischen Ihnen, wenn Sie Ihre eigenen Stärken und Schwächen mit berücksichtigen?*
> *Wer von Ihnen würde was am liebsten übernehmen?*

Den Beteiligten muss klar werden, dass die Zeiten gemeinsamer Erziehung vorbei sind: Vater und Mutter wenden nun ihren je eigenen Stil an – auch wenn diese noch so unterschiedlich sind.

Arbeiten Sie als Beraterin immer wieder darauf hin, dass die getrennten Eltern gegenseitigen Respekt vor dem Erziehungs- und Lebensstil des anderen aufbauen.

Liebesdreieck

Wenn ein Elternteil eine neue Liebesbeziehung hat, entsteht das Liebesdreieck (▶ Teil I, Kap. 1.1, S. 23 [Einfache Stieffamilie], und Teil I, Tanz mit Perspektiven, S. 53 ff). Das kann für die beiden Erwachsenen und die Kinder schwierig werden, weil die Aufmerksamkeit geteilt werden muss.

Ziel der Beratung ist hier, den Erwachsenen den Unterschied zwischen der Liebe zum Kind und der Liebe zum Partner klarzumachen und die Konsequenz daraus zu ziehen, nämlich Zeit und Raum für beide festzulegen.

Stiefvater im Liebesdreieck

Ein Beispiel für eine Stiefvater-Konstellation:
Eine frisch verliebte Mutter klagt, dass ihr Freund eifersüchtig auf das Kind reagiere. Die Beraterin fragt:

> *Wann reagiert der Mann eifersüchtig? Wenn Sie mit Ihrem Kind spielend auf dem Boden herumkriechen oder wenn Sie mit dem Freund im Bett sind und der Sohn zum fünften Mal reintrampelt?*
> Mutter: *Im Bett.*
> *Sind Sie dann ärgerlich oder froh, wenn er Sie vor zeitlich ungünstigem Sex rettet?*
> Mutter: *Eher froh.*
> *Dann waren Sie um die Hilfe Ihres Sohnes dankbar? Können Sie sich vorstellen, das nächste Mal selber »nein« zu sagen, wenn Sie keinen Sex wollen?*

Wenn die Mutter geantwortet hätte, der Freund sei eifersüchtig, wenn sie mit dem Sohn spiele:

> *Gibt es Unterschiede in Ihrer Vorstellung und der des Freundes, wie viel Zeit Sie als Paar und wie viel Sie als Mutter mit dem Kind verbringen sollten oder dürften?*
> Mutter: *Der Freund möchte mich zu 100 %.*
> *Und Ihr Sohn?*
> Mutter: *Ebenfalls.*
> *Und haben Sie selber auch eine Vorstellung davon, was gut wäre – wenn Sie davon ausgehen, dass Sie es nicht gleichzeitig beiden recht machen können?*
> Mutter: *Ich glaube, ich muss mal mit meinem Freund reden und Zeiten mit ihm ausmachen, wann er kommen kann.*

Ein Beispiel für eine Stiefmutter-Konstellation:
Ein getrennter Vater sieht seine Tochter nur an den Besuchs-Wochenenden und in Urlaubszeiten. Er schenkt dieser dann seine volle Aufmerksamkeit. Seine kinderlose Partnerin klagt, dass sie wie Luft behandelt werde, sobald die jugendliche Tochter auftauche. Sie müsse sogar ihren angestammten Platz am Tisch aufgeben.

Die Beraterin fragt die Partnerin:

> *Was ist das Wichtige an diesem angestammten Platz? Was bedeutet es für Sie, wenn die Tochter ihn einnimmt?*
> *Soll die Tochter verstehen, dass der Platz neben dem Vater nun durch Sie besetzt ist?*
> *Glauben Sie, dass Ihr Freund sich an den Wochenenden mit seiner Tochter nur auf diese konzentrieren will und Sie nicht dabei haben möchte? Traut er sich nicht, Sie zu bitten, das Feld zu verlassen?*
> *Was hält Sie dann zuhause? Könnten Sie sich irgendwo sonst ein schönes Wochenende machen?*
> *Befürchten Sie, Ihren Freund an dessen Tochter zu verlieren und nicht mehr wichtig für ihn zu sein?*
> *Erhalten Sie in der Zeit zwischen den Kinderbesuchs-Wochenenden die gewünschte Zuwendung von Ihrem Freund?*

Stiefmutter im Liebesdreieck

In welcher Konstellation auch immer: In einer Beratung muss mit den Partnern gemeinsam geklärt werden, wie viel Präsenz jeder vom anderen erwartet und ob diese Erwartungen zueinander passen.

Ein Beispiel für Kinder im Liebesdreieck: »*Die Gretchenfrage*«
Bei den Kindern schwingt im Liebesdreieck immer mehr oder weniger die Befürchtung mit, sie werden von ihrem leiblichen Elternteil weniger geliebt.

»Gretchenfrage«

Das Kind stellt der Mutter dann die »Gretchenfrage«: »*Wen hast du lieber, den neuen Mann oder mich?*« Es will auch abtasten, wie sie reagierte, wenn es sich mit dem Freund überhaupt nicht vertragen würde. »*Steht die Mutter hinter mir oder hinter ihm?*«

Wenn diese Mutter in Beratung käme, könnten Sie fragen:

> *Was würden Sie Ihrem Kind auf diese Frage antworten, wenn Sie mit ihm allein wären?*
> *Und was würden Sie dem Partner sagen, wenn er Ihnen dieselbe Frage stellen würde?*
> *Gäben Sie die gleiche Antwort, wenn beide dabei wären?*
> *Unabhängig von den Wünschen und Forderungen der beiden, wie würden Sie Ihre Zeit auf Mann und Kind aufteilen?*

Multiproblemfamilien

Bei Patchwork-Familien, die eine unüberschaubare Vielzahl an Problemen in die Beratung bringen, ist es besonders wichtig, der Schilderung nicht die gesamte Zeit einer Sitzung zu geben. Die Beraterin muss eine klare Struktur vorgeben und die Gesprächsführung eindeutig übernehmen.

Wenn Sie merken, dass die Betroffenen ein Problem nach dem anderen nennen, ohne Raum für die Bearbeitung zu lassen:

- Deklarieren Sie die Beschränkung der Zeit – maximal ein Drittel der Sitzung – für die Schilderung der Katastrophen, damit Zeit für die Bearbeitung zumindest eines Punktes bleibt.
- Visualisieren Sie die Themen z. B. mittels Moderationskarten, Flipchart oder analoger Verfahren.
- Priorisieren und gewichten Sie die Themen: Lassen Sie z. B. eine Rangliste erstellen und mit Markierungen, Symbolen, unterschiedlich großen Steinen o. Ä. die Gewichtung der Probleme aufzeigen.
- Stellen Sie die Problembereiche unter Verwendung von Bildern, Figuren oder Symbolen dar. Dies grenzt die Problematiken ein, reduziert ihre Komplexität und verringert das Risiko, dass die Beteiligten zu ausführlich reden und in einer Problemtrance[21] verhaftet bleiben.
- Immer wieder: Aktivieren Sie die Ressourcen (▶ Teil II, Kap. 4.1, S. 71 [Ressourcen mobilisieren]) der Familie. Fordern Sie z. B. die Beteiligten dazu auf, sich aus einer Kartensammlung je ein Motiv auszusuchen, das die individuellen Stärken und die Stärken der Familie darstellt. Lassen Sie diese Bilder auslegen und kurz erläutern. Die entstandene Collage macht klar, dass nicht nur Probleme, sondern auch positives Potenzial vorhanden ist.
- Verlieren Sie den Anfangsauftrag nicht aus den Augen. Bringen Sie ihn regelmäßig in Erinnerung und fragen Sie die Familienmitglieder, ob dieser bereits erledigt ist oder weiterhin auf die Bearbeitungsliste gehört.

---

21 s. Glossar

Nachscheidungsberatung

Falls ein Elternpaar gemeinsam den Wunsch hat (oder zumindest das Einverständnis dazu gibt), kann eine Nachscheidungsberatung sinnvoll sein. Meist entsteht das Bedürfnis im Rahmen einer Therapie, die wegen Störungen der Kinder in die Wege geleitet wurde. Die Eltern streiten sich über den Umgang mit den Kindern, über Urlaub, Geld und Kleidungsstücke. Aber an der Wurzel dieser Themen liegen Emotionen wie Wut, Trauer, Verzweiflung, die mit der Zeit vor der Trennung oder mit der Trennung selbst zu tun haben. Eine sachorientierte Mediation oder ein vom Gericht auferlegter Kompromiss vermag den Streit darum kaum zu entschärfen. Spengler beschreibt dies so: »*Ein auf Gewährleistung von Beziehungs- und Umgangskontinuität fixierter Weg stellt die zentrale Frage nach der psychischen Befriedung gerade jener Elternkonflikte in den Hintergrund, welche Eltern nachdrücklich an der konstruktiven Elternschaft hindern*« (Spengler 2013, S. 43).

Nachscheidungsberatung

Es sind die alten Verletzungen und negativen Emotionen, die den Konflikt immer wieder neu zum Ausbruch kommen lassen. Die beraterische Arbeit orientiert sich in einem solchen Fall an folgenden Punkten:

- Das Kindeswohl muss im Zentrum stehen, denn dies ist meist die einzige Motivation für die Eltern, nochmals in die schwierige Vergangenheit einzutauchen.
- Die Arbeit muss fokal von denjenigen Streitpunkten ausgehen, die immer wieder aufbrechen. Im Laufe der Arbeit rücken andere tiefer liegende emotionale Konfliktthemen ins Zentrum. Aber es soll am Anfang nicht zu viel auf der Bearbeitungsliste stehen, weil dies Ängste und Widerstand auslöst.
- Bevor man in die Bearbeitung von neu aufgetauchten Konfliktthemen einsteigt, müssen beide Partner damit einverstanden sein.

Methodisch eignen sich alle Vorgehensweisen, die Emotionen nicht nur zulassen, sondern auch mit ihnen arbeiten. Es geht schließlich darum, die gegenseitig erlittenen Verletzungen aus dem jeweiligen Entstehungskontext nachvollziehen zu können. Bestenfalls entschuldigen sich die Partner im Laufe des Bearbeitungsprozesses dafür. Aber meist reicht es aus, wenn sie realisieren, dass eine Verletzung auf Not und Schutzbedürfnis des anderen zurückging – und nicht darauf, Schmerzen zuzufügen.

Als besonders geeignet für eine Nachscheidungsberatung erweist sich die Methode der Klärungshilfe (▶ Teil V, Kap. 5.2, S. 230ff). Eine andere bewährte Methode ist die Arbeit mit dem von Holdt und Schönherr (2015) adaptierten Lebensflussmodell, das ursprünglich von Nemetschek konzipiert wurde.

Neue Elternrolle

neue Elternrolle

Es sind heute noch immer häufiger die Väter, die zuweilen Unterstützung brauchen, um sich nach der Trennung in die neue Elternrolle einzufinden, in der sie mehr Zeit allein mit den Kindern verbringen als zuvor. Fragen an den Vater:

➤ *Wie hat sich Ihr Verhältnis zu den Kindern seit der Trennung geändert?*
➤ *Fühlen Sie sich wohl damit, so viel Zeit am Stück selber zu gestalten und die alleinige Verantwortung für die Kinder zu tragen?*
➤ *Wie fühlt es sich an, wenn Ihre Tochter/Ihr Sohn nun zu ihnen kommt und getröstet werden will?*
➤ *Welche Aktionen mit Ihrem Kind machen auch Ihnen selber Spaß?*
➤ *Wann fühlen Sie sich Ihren Kindern nah?*

Am besten ist, den Vater dann zusammen mit den Kindern einzuladen. Gemeinsam sammelt man Ideen, was sie unternehmen könnten. Fragen an die Kinder:

➤ *Was war das beste gemeinsame Erlebnis mit deinem Papa in letzter Zeit?*
➤ *Überlegt mal miteinander, was ihr im Urlaub oder am Wochenende am liebsten mit eurem Vater machen würdet. Ich gehe mit ihm kurz ins andere Zimmer, wo wir das ebenfalls besprechen.*

Normalisieren

Normalisieren

Patchwork-Familien fühlen sich mit ihrer Vielfalt an Problemen und Herausforderungen oft allein. Sie zweifeln an sich und entwerten ihre bisherigen Bemühungen, die Patchwork-Familie zu erhalten.

Zeigen Sie den Betroffenen immer wieder auf, dass die schwierigen Beziehungsdynamiken in allen ähnlichen Konstellationen vorkommen. Es entlastet sie zu hören, dass ihre Probleme für Patchworks völlig normal sind. Und betonen Sie, dass das Zusammenwachsen zu einer Familie immer viel Zeit braucht und es für alle erst einmal anstrengend ist.

Ein Beispiel wäre:

➤ *Aggressionen gegen ein Halbgeschwisterchen sind das Normalste auf der Welt. Das kommt auch in Normalfamilien bei leiblichen Geschwistern vor. Ihre Kinder erleben nun aber, dass das kleine Halbgeschwisterchen den Vorteil hat, immer beide Eltern um sich zu haben. Das ist hart für sie.*

Oder wenn der pubertierende Sohn den Stiefvater nicht akzeptiert:

> *Wie geht er denn mit anderen Erwachsenen, Autoritätspersonen wie z. B. Lehrern um? Wie lange dauert es, bis er zu einem neuen Lehrer oder Trainer im Fußball einen guten Kontakt hat und ihn als Autorität akzeptiert?*

Überlegen Sie sich als Berater, wann und wie oft Sie normalisieren, damit es nicht zur Floskel verkommt und sich die Betroffenen nur beschwichtigt fühlen.

Partnerschaft pflegen

Patchwork-Eltern benötigen fast immer Unterstützung darin, ihre Partnerschaft genügend zu pflegen.

Partnerschaft pflegen

Ein Beispiel zur Schaffung von Paarinseln:

> *Was tun Sie eigentlich, um Ihre Beziehung zu pflegen und als Paar nicht unterzugehen bei allem, was Sie leisten müssen?*
> Sie erzählen stolz: *Wir haben Paarabende eingerichtet.*
> *Super. Und wovon sprechen Sie an diesen Abenden?*
> Mit hoher Wahrscheinlichkeit berichten die Patchwork-Eltern, dass sie dann ihre Patchwork-Probleme diskutieren.
> *Das ist sicher wichtig, aber stärkt das auch die Beziehung?*
> Sie werden vermutlich verneinen. Denn meist verkommen die gemeinsamen Paarzeiten zu Diskussionen über anstehende Probleme, woraus Konflikte entstehen können. Und so geht die positive Wirkung eines Paarabends verloren.
> *Zeiten für Klärungen und Diskussionen sind wichtig, aber für die Paarbeziehung nicht ausreichend. Wie könnten bei Ihnen Zeiten in denen Sie entspannen und sich nur über Ihr Befinden austauschen, also sogenannte Paarinseln aussehen?*
> *Wie vermeiden Sie, dass solche Paarinseln immer wieder verschoben werden?*
> *Können Sie diese lange im Voraus organisieren? Kinderbetreuung wie auch allfällige Buchung von Reisen oder Unterkünften?*
> *Unsere Empfehlung: Übernehmen Sie abwechselnd die Organisation der gemeinsamen Paarzeiten und Aktivitäten. Ein gemeinsames Zeitfenster im Kalender, das Sie stur einhalten, schützt die Paarinsel vor anderen Dringlichkeiten. Und vereinbaren Sie eine »Strafe« für denjenigen, der von Problemen zu reden beginnt, z. B. eine Massage für den anderen.*

Paarinseln

Ressourcen mobilisieren

Ressourcen mobilisieren

Ressourcen mobilisieren kann zweierlei bedeuten: unerwähnte Stärken der Anwesenden ans Licht bringen oder Ressourcen im Beziehungsnetz suchen.

Eine Familiensitzung mit Kindern, die bei der Anmeldung als störend, frech oder unbequem bezeichnet wurden, könnten Sie folgendermaßen beginnen:

> *Was sind die herausragenden Fähigkeiten Ihrer Kinder? Worauf sind Sie als Eltern stolz?*

Das kann man natürlich auch auf die Erwachsenen anwenden:

> *Welche Stärken schätzen Sie an Ihrer Frau, Ihrem Mann? Welche schöne Begegnung, Aktivität, Erinnerung verbindet Sie mit Ihrem Mann, Ihrer Frau?*

Wenn Sie den Beziehungsboden auf solche Art aufgebaut haben, sind später auch kritische Aussagen möglich.

Für die Suche nach Ressourcen der weiteren Umgebung bewährt sich:

> *Machen Sie je eine Liste der Verwandten und Bekannten, denen Sie Ihre Kinder mit gutem Gefühl für einige Stunden anvertrauen würden. Bitte lassen Sie die Selbstzensur weg: Auch wenn Sie schon wissen, dass der oder die Betreffende keine Zeit oder Lust hätte, notieren Sie diese Person trotzdem.*

Nachdem Sie die Listen gemeinsam durchgegangen sind, lassen Sie das Paar planen, wie es die genannten Personen anfragen könnte. Helfen Sie herauszufinden, welche Hemmungen sie bisher daran hinderten, bestimmte Verwandte oder Bekannte um Unterstützung zu bitten. Möglicherweise tauchen andere, bis dahin ausgeblendete Konfliktthemen auf.

Auch Expartner sind oft ungenutzte Ressourcen. Mit einem zirkulären Vorgehen können mögliche Abwehrreaktionen im Vorfeld erkannt und gleichzeitig ein wenig aufgeweicht werden.

Wenn Sie um erbitterte Kämpfe der Expartner um Betreuungszeiten für die Kinder wissen, könnten Sie zum Beispiel einem Stiefvater diese Fragen stellen:

> *Wie ist wohl die Reaktion Ihrer Partnerin, wenn ich ihr vorschlage, ihren Ex nach seiner Bereitschaft zu fragen, mehr Ferien mit den Kindern zu verbringen?*
> *Und könnte es sein, dass Ihre Partnerin das zwar nicht schlecht fände, aber nicht über ihren Schatten springen kann?*

> *Wie könnten Sie Ihre Partnerin trotzdem davon überzeugen? Müssten Sie ihr eventuell sogar anbieten, den Ex selber zu fragen, oder wäre eine andere Person dafür geeigneter?*

Ressourcen zu mobilisieren ist auch das beste Mittel und oft die letzte Rettung für Berater, wenn sie aufgrund der vielen genannten Schwierigkeiten selber in eine Problemtrance[22] geraten sind. Denn die Problemtrance eines Systems ist für alle höchst ansteckend.

Rollendifferenzierung

Rollendifferenzierung ist wichtig, um dem Sog der Patchwork-Familie hin zur Kernfamilie entgegenzuwirken.

Rollendifferenzierung

Die Erwachsenen haben oft gar keine oder keine klare Vorstellung davon, wie die Stiefelternrolle aussieht. Mit folgenden Elementen kann auf eine Rollendifferenzierung hingearbeitet werden:

Hinweise von Kindern und Stiefkindern nutzen:
Kinder haben ein feines Gespür dafür, wenn jemand ihnen gegenüber eine inadäquate Rolle einnimmt. Sie zeigen es jeweils auf ihre eigene Art. Und diese Hinweise sind eine wichtige Ressource für die Patchwork-Eltern. Sie müssen aber darin unterstützt werden, diese richtig zu interpretieren.
Zwei Möglichkeiten:

> *Haben Sie eine Idee, weshalb Ihr Sohn Ihrem heutigen Partner und ihrem Exmann gegenüber jeweils so verschiedene Seiten seines Charakters zeigt?*
> *Weshalb verweigert Ihre Tochter Ihrer Freundin in der Küche zu helfen, Ihnen aber nicht?*

Die kindlichen Reaktionen auf die Erwachsenen lassen darauf schließen, wo die Rollen der Patchwork-Eltern nicht klar genug definiert sind.

Erinnerungen an eigene Erfahrungen als Stiefkind:
Manche Erwachsene haben das Glück, in der eigenen Kindheit ein gutes Vorbild einer Stiefmutter oder eines Stiefvaters erlebt zu haben. Aber auch wenn negative Erinnerungen hängen geblieben sind, lässt sich damit ein eigenes Rollenverständnis entwickeln.

> *Wann und von wem wurden Sie adäquat und wann inadäquat behandelt?*
> *Woran lag es, dass Sie eine Strafe als ungerecht empfanden?*

---

22 s. Glossar

> *Was hätten Sie sich damals vom Stiefelternteil gewünscht?*

Einfühlung in die kindliche Situation:
Der kindliche Blickwinkel ist eine gute Ausgangsbasis, um eine eigene Rollenvorstellung zu entwickeln.

> *Was würden Sie als Kind für den Vater tun, aber nicht für den Stiefvater?*
> *Was würden Sie als Kind als krass ungerecht oder inadäquat empfinden?*

Abgrenzung zwischen eigenen Vorstellungen und Erwartungen von außen:

> *Wie würden Sie selber gern Ihre Rolle sehen, wenn Sie keinerlei Erwartungen der Umgebung erfüllen müssten?*

Gegenseitiges Feedback:
Die Partner erleben sich gegenseitig in den zwei Rollen als Elternteil und als Stiefelternteil. Deshalb kann der Berater dem Paar eine Aufgabe mitgeben:

> *Beobachten Sie sich gegenseitig im Rollenverhalten gegenüber den Kindern: Welche Unterschiede entdecken Sie? Wie reagieren die Kinder jeweils darauf?*
> *Geben Sie sich immer wieder Feedback darüber und reflektieren Sie gemeinsam.*

Zur Differenzierungsarbeit gehört auch die Reflexion der Rollen der Expartner – unabhängig davon, ob sie im Gespräch dabei sind oder nicht. Dies ist wichtig, damit sie bei der Aufteilung nicht vergessen werden:

> *Welche Rollen und Aufgaben haben die extern lebenden Elternteile?*
> *Worin unterscheiden sich die Rollen des leiblichen Elternteils in der Familie und des externen Elternteils?*
> *Und welche Rolle erfüllt der Stiefelternteil?*

Nicht ausgeklammert werden dürfen die übrigen Rollen: Wer ist Hauptverdiener, wer macht mehr Hausarbeit, wer ist fürs Organisatorische zuständig.

Das optimale Setting für diese Arbeit ist die ganze Familie: Die verschiedenen Blickwinkel und Erfahrungen führen zu individuellen Lösungen. Für die Kinder ist es wichtig, von den Eltern Klarheit in deren unterschiedlichen Rollen zu erleben. Das erlaubt ihnen, selber Unterschiede zu machen.

5 Methodenanhang

Es folgen nun die bereits erwähnten Artikel von A. Aichinger und Ch. Prior. Wir erachten diese methodischen Ansätze als so wichtig in der Arbeit mit Patchwork, dass wir die Autoren selbst zu Wort kommen lassen. Während die Methode von Aichinger für Kinder und ihre Eltern entwickelt wurde, ist der Ansatz von Prior ein Verfahren, das aus der Arbeit mit Organisationen und Teams entstand, sich aber auch sehr gut für Paare eignet.

5.1 Psychodramatische Teilearbeit mit Tierfiguren bei Kindern im Trennungs-/Scheidungskonflikt

von Alfons Aichinger

Die Trennung oder Scheidung der Eltern ist für Kinder ein sehr kritisches Lebensereignis, das sie schwächt sowie ihr Selbstwertgefühl, ihr Beziehungsvertrauen und ihre Selbstwirksamkeitsüberzeugung verletzt. Sie löst überdies einen Sturm heftiger Gefühle der Trauer, Angst, Wut, Schuld und Scham aus.

Da Kinder bei einer Scheidung das schwächste Glied sind und meist den höchsten Preis zahlen, ist die Erziehungsberatung dem Kindeswohl und der Kinderperspektive verpflichtet, wie es auch die bke[23] fordert. Dies ist aber leichter gesagt als getan. Denn in einer Familienberatung ist es für die Beraterin oder den Berater oft ein schwieriges Unterfangen, bei den Eltern ein Verständnis für die Probleme und Verhaltensauffälligkeiten der Kinder zu schaffen, ihnen die Perspektive der Kinder zu vermitteln sowie die Qualität der zweiten Elternbeziehung im Interesse der Kinder zu schützen.

Wenn wir Kinder in die Beratung einbeziehen wollen, ohne sie zu überfordern oder als kleine Erwachsene zu behandeln, müssen wir ihre Sprache, ihre Ausdrucks- und Verarbeitungsweise nutzen, nämlich die primärprozesshafte Sprache des Spiels. Um diese Sprache der Kinder bei einer Beratung nach einer Trennung oder Scheidung der Eltern kreativ zu nutzen, arbeite ich in der Methode des Kinderpsychodramas mit Tierfiguren (Aichinger 2012). Mit diesen Figuren können im Sinne einer Verschiebungstechnik typische Gefühle, Bedürfnisse und Reaktionen von Kindern nach der Trennung der Eltern thematisiert werden, ohne dass das Kind direkt konfrontiert wird.

Meist gehe ich bei der Aufstellung folgendermaßen vor:
Während die Eltern bei der Aufstellung auf ihren Stühlen sitzen bleiben und nur auf den Boden kommen, um Figuren zu stellen oder zu be-

---

23 Bundeskonferenz für Erziehungsberatung in Deutschland

wegen, setze ich mich mit dem Kind auf den Boden. Damit mache ich deutlich, dass die Eltern sich jetzt auf die Ebene des Kindes begeben müssen.

Zunächst lasse ich das Kind drei Tiere aussuchen – eins für sich und je eins für den guten Vater- bzw. Mutteranteil. Zum Beispiel wählt das Kind für sich einen Panther, für den guten Vater einen Elefanten und für die gute Mutter ein Schaf. Um die Ressourcen dieser Tiere zu erfahren, frage ich, was das Kind an ihnen schätzt und was sie gut können. Zu hören, dass das Kind sich positiv über das Elterntier äußert, ist auch für die beteiligten Eltern wichtig, da diese vielleicht eine eigene, negative Deutung des Tieres haben.

Wenn ich schon weiß, dass ein Kind auf einen Elternteil eine große Wut hat, dann lasse ich das Kind zuerst die Seite des Vaters/der Mutter aufstellen, auf die es Wut hat, von der es sich im Stich gelassen fühlt und an der es sich rächen möchte, oder für die aggressive, kranke, süchtige oder missbrauchende Seite, die das Kind so erschreckt oder unter der das Kind so gelitten hat. Zum Beispiel wählt das Kind für den kämpfenden Mannanteil ein Nashorn und für den fremdgehenden Frauanteil ein Wildschwein. Ist diese negative Seite aufgestellt und in seiner schädigenden und bedrohlichen Wirkung ernst genommen worden, sind Kinder danach eher bereit, auch für die positive Elternseite ein Tier zu wählen, auch wenn sie diese Seite schon länger nicht mehr erlebt haben. Will man dagegen zuerst die positive Seite aufstellen, dann sagen diese Kinder häufig, die gäbe es nicht.

Nachdem das Kind für sich und die Eltern Tiere gewählt hat, führe ich die zentrale Intervention ein: Ich nehme die entsprechenden Tiere, die für die guten Eltern gewählt wurden, in einer kleinen Ausfertigung und sage, dass das Kind, als es noch im Bauch seiner Mutter war, vom Vater und der Mutter Anteile mitbekommen hat.

So hat der Panther vom Elefantenvater einen kleinen Elefanten mitbekommen und von der Schafmama ein kleines Schaf. Dann würdige ich die Qualitäten dieses Teams.

Die Intervention, nach der Wahl der Tierfiguren für die Eltern die entsprechenden kleinen Tierfiguren für die Bindung des Kindes an beide Eltern, für seine Sehnsucht nach Vater und Mutter zu nehmen, hat sich in der Praxis sehr bewährt.

Zunächst können die Eltern nicht abstreiten, dass ihr Kind väterliches wie mütterliches Erbgut mitbekommen hat. Indem ich dafür Tierfiguren wähle, werden Eltern auch auf einer emotionalen Ebene einsichtig, dass ihr Kind immer beide Elternteile in sich vereinigt und dass ihr Kind für eine gesunde Persönlichkeitsentwicklung daher auf zwei emotional tragfähige Elternbeziehungen angewiesen ist. Wie im obigen Beispiel: Das kleine Schaf braucht die Schafmama, aber der Elefantenvater kann nur den kleinen Elefanten gut versorgen, weil er für das kleine Schaf nicht die richtige Nahrung hat, auch nicht das richtige Vorbild für es sein kann und ihm auch nicht zeigen kann, wie man ein großes Schaf wird.

Hatte das Kind positive Erfahrungen mit beiden Eltern gemacht, zeige ich zunächst auf, wie gut es den Tieren noch ging, als sie hin und hergehen und sich von beiden Elterntieren holen konnten, was sie zum Wachsen brauchen, und sich noch nicht von einem Elternteil trennen mussten, um den anderen aufzusuchen. Dadurch tauchen beim Kind wie beim anwesenden Elternteil neben der belastenden Trennungserfahrung auch positive Erinnerungen auf.

Liegt die Trennung noch nicht zulange zurück, lasse ich das Kind auch die Konfliktsituation vor der Trennung aufstellen, damit die Eltern besser verstehen, mit welchen Gefühlen, Problemen und Fragen sich ihr Kind schon länger herumquält. Wie ihr Kind den Hass und Streit auf sich bezog und was es an Versuchen unternahm, mit seinem Verhalten weitere Spannungen zu verhindern oder die Eltern abzulenken. Und ich würdige die Anstrengungen des Kindes, um dessen Selbstwert zu stärken. So spreche ich – wie im Beispiel – die Überforderung des kleinen Panthers an, den Streit zwischen Wildschwein und Nashorn beenden zu wollen und dabei noch den kleinen Elefanten und das verängstigte kleine Schaf trösten zu müssen. Danach thematisiere ich mit den Figuren die Trennung. Dabei lasse ich die kleinen Tiere, also die Elternanteile im Kind, artikulieren, welche Wünsche, Sehnsüchte und Bedürfnisse sie haben. Und dann das Tier, das das Kind für sich gewählt hat, aussprechen, welche Wut es hat und dass es die Eltern für diese Schuld strafen möchte.

Erst dann komme ich zu der Fragestellung, weshalb Eltern sich an der Beratungsstelle angemeldet haben: die Kontaktverweigerung, das Durcheinandersein nach den Besuchswochenenden, die Verhaltensprobleme oder Probleme in der Patchwork-Familie.

Um nicht noch mehr in Loyalitätskonflikte zu geraten oder als Verräter vor einem Elternteil dazustehen, möchten Kinder zunächst selten über ihre Gefühle reden. Wenn ich aber ihre Tiere reden lasse, ihre Gefühle mentalisiere, dann braucht das Kind nur zu nicken oder den Kopf zu schütteln. Mehr muss es nicht zeigen. Und ich bin es dann, der die für die Eltern schwierigen Gefühle angesprochen hat. Mit der Zeit, wenn die Kinder den Schutz der Symbolebene erlebt haben, werden sie meist aktiver und lassen selber die Tiere sprechen.

In der Arbeit mit Eltern frage ich sie immer wieder, wie es wohl dem kleinen Panther (Tierfigur, die das Kind für sich gewählt hat[24]) ergeht, wenn er wieder nur ein angreifendes Nashorn (Figur für den streitenden Mann) oder ein wütendes Wildschwein (Figur für die streitende Frau) erlebt und nicht die fürsorglichen Tiereltern. Auch Eltern, die sonst für die Gefühle ihres Kindes einfühlsam sind, fällt es häufig im aktuellen Paarkonflikt schwer, sich in die Gefühle und Gedanken ihres Kindes über den Verlust der Eltern als Paar einzufühlen. Sie sind dann nicht in der Lage, die Anteile der inneren Welt des Kindes richtig zu mentalisie-

---

24 Aichinger bezieht sich auf ein Fallbeispiel, das wir hier nicht zitieren.

ren. Daher müssen sie ermutigt werden, über die Gefühle nachzudenken, die durch die belastende Familiensituation ausgelöst wurden, und Hypothesen über die Gedanken und Gefühle des Kindes zu äußern.

Gerade wenn Kinder aggressive und abweisende Reaktionen zeigen, entsteht bei vielen Eltern die Angst, nach dem Partner nun auch noch die Liebe ihres Kindes oder das Kind selbst zu verlieren. Ein großer Teil der Konflikte um das Sorgerecht und um die Besuchs- bzw. Umgangsregelung hat seinen Grund in diesen Befürchtungen. Daher verringern sich Ängste, wenn Eltern sehen, dass immer ein Teil des Kindes, eine Tierfigur, Nähe zum entsprechenden Elternteil hat und aufsucht.

Diese externalisierende Konversation mit Tierfiguren, bezieht sich auf das Problem, trennt es aber vom Kind. Dadurch verstehen alle Beteiligten leichter, dass die Symptome rund um die Besuche des Kindes bei Vater oder Mutter, die Aggressionen, Weigerungen und Gefühlsschwankungen normal sind. Das Mentalisieren des Fühlens und Denkens der Tiere erleichtert ihnen, sich in die Perspektive des Kindes einzufühlen und z. B. nachzuvollziehen, dass hinter Besuchsweigerungen nicht nur der böse, gekränkte andere Elternteil steckt, sondern auch die verletzte, gekränkte Seite des Kindes. Sie können mit den Augen des Kindes sehen, dass es Zeit braucht, um angstfrei und ohne Wut akzeptieren zu lernen, dass die Beziehungsaufnahme zu einem Elternteil immer die Trennung vom anderen erfordert.

Der vermeintliche Umweg über die Tierfiguren spricht die Eltern emotional stärker an als ein Gespräch, was durch die Neuropsychologie bestätigt wird. Sie lernen mithilfe dieser Aufstellung das Verhalten ihres Kindes besser verstehen.

5.2 Klärungshilfe – ein starkes Gefäß für heiße oder kalte Konflikte

von Christian Prior

Klärungshilfe ist eine klar umrissene, eigenständige Methode der Mediation, also der Vermittlung zwischen Konfliktparteien. Statt aber die Interessen und Bedürfnisse der Beteiligten in den Fokus zu nehmen, um auf deren Basis eine gute Lösung für einen Konflikt anzustreben, steht bei der Klärungshilfe ein vertiefendes und dabei zugleich verkraftbares Streitgespräch im Zentrum. Es geht in über der Hälfte der Gesprächszeit um die wechselseitigen Vorbehalte, Vorwürfe, Kränkungen, Missverständnisse … kurz: es geht um die schwierigen Tatsachen und Gefühle, die es den Betroffenen bisher unmöglich gemacht haben, selber gute Lösungen für ihr Zusammenleben zu finden. Ziel ist es, durch diesen sogenannten »Dialog der Wahrheiten«, die Parteien langsam in die tieferen Dimensionen ihrer Begegnung zu begleiten, um dort durch wechselseitiges Verstehen kleine, aber entscheidende Veränderungen zu bewirken – im Idealfall sogar die Auflösung des Konfliktgrundes.

Dies bedeutet für alle eine intensive emotionale Arbeit. So eine »Beziehungsreparatur« im Sinne der Klärungshilfe ist nicht nötig, wo von vorneherein klar ist, dass die Parteien »nur« eine gute, faire Lösung brauchen und sich danach trennen. Andersherum: Klärungshilfe ist nur da angebracht, wo die Konfliktparteien nach der Lösungsfindung die Lösung noch zusammen »leben« müssen, also z. B. im Patchworkkontext (und natürlich bei innerbetrieblichen Konflikten).

Vorgehen

Die Klärungshilfe besteht aus sieben Phasen. Sie können graphisch als Klärungshilfebrücke, der so genannten »Bridge over troubled water«, dargestellt werden. Sie leiten den Klärungshelfer von A bis Z durch die Gespräche:

»Bridge over troubled water«

1. Auftragsklärung – Abklären von Situation und Motivation, Schaffen von Vertrauen, Planen der Klärung

Eine Konfliktsituation wird an den Klärungshelfer herangetragen mit der Bitte um Rat und Hilfe. Jetzt ist es seine Aufgabe, alles Nötige in Erfahrung zu bringen, um beraten und entscheiden zu können, was und wie mit wem unternommen werden kann. Falls es zu einer Klärungshilfe kommt, plant er zusammen mit dem Auftraggeber die konkrete Durchführung.

2. Anfangsphase – optimale Bedingungen gestalten

Die Konfliktparteien und der Klärungshelfer treffen jetzt erstmalig aufeinander und lernen sich gegenseitig kennen. Der Ablauf der Klärung wird kurz erläutert, Hindernisse beseitigt und Bedingungen abgeklärt.

3. Selbstklärungsphase: Verstehen und Themen sammeln

Der eigentliche Einstieg in die Konfliktinhalte geschieht in dieser Phase. Jeder Anwesende schildert seine Sichtweise. Der Klärungshelfer hat die Aufgabe, alle und alles genau zu verstehen und die Knackpunkte zu erkennen. In der *Diagnose des Ist-Zustands* fasst er die Themen dann zusammen und setzt Prioritäten für deren Behandlung.

4. Dialogphase: Zueinanderfinden durch Auseinandersetzung

Diese »heiße« Dialogphase ist das Zentrum der Klärung. Der Klärungshelfer führt die Parteien in einen Konfliktdialog, der ohne ihn eskalieren oder absterben würde. Er fühlt sich in alle ein und hilft ihnen, sich vollständig auszudrücken und zu ihren schwierigen Gefühlen zu stehen. Das bewirkt ein vertieftes gegenseitiges Verstehen.

5. Erklärungs- und Lösungsphase: Erklären beruhigt die Emotionen und befähigt zur konstruktiven Lösungssuche

Im Idealfall verstehen sich durch den Dialog die Konfliktparteien. Ist dies nicht der Fall, beruhigt der Klärungshelfer jetzt die Stimmung durch eine eigene, neue Erklärung der Konfliktursachen und -mechanismen. Diese Erklärung muss so sein, dass ihr alle ohne Vorbehalte zustimmen können. Die dadurch entstandene Einigkeit befähigt dann,
menschen-, sach- und situationsgerechte Lösungen zu verabreden.
Das ist natürlich das eigentliche Ziel jeder Konfliktbearbeitung: Nachhaltige Abmachungen auf allen Ebenen: fachlich/inhaltlich, organisatorisch/strukturell und seelisch/zwischenmenschlich.

6. Abschlussphase: Abrunden und Abschließen durch Aus- und Rückblick

Bevor alle auseinander gehen, erfolgt noch ein Blick nach vorne: Wie geht es weiter – was muss jetzt schon für die Nachsorge verabredet werden? Und ein Blick zurück: Was gibt's noch zu sagen – zu beanstanden? Danach folgt eine Schlussrunde und der Abschied.

7. Nachsorge – Begleitung und Beratung bei der Umsetzung ist wichtig

Alle weiteren Kontakte mit dem Klärungshelfer sind eine Form der Nachsorge: nachfolgende Klärungssitzungen, Coaching, einfaches Nachfragen usw. Die Nachsorge unterstützt die Nachhaltigkeit der Veränderungen.

Diese einfachen sieben Phasen sind Brücke über den Konflikt und Geländer für die eine Hand des Klärungshelfers, an dem er sich im komplexen, oft unübersichtlichen Klärungsgeschehen festhalten und orientieren kann. Seine andere Hand bleibt frei, um mit ihr situativ zu handeln: zu improvisieren und abzuweichen, ja sogar Fehler zu machen. Dies alles kann er sich nur leisten, weil er die andere Hand ja nahe am Geländer der sieben Phasen hat und immer weiß, wo er ist, was gerade das Ziel ist und wie er wieder auf den Weg kommt.

Da diese »hautnahe« und intensive Gesprächsbegleitung mitten hinein in das Bermudadreieck der gestörten Beziehungen führt, ist es für den Klärungshelfer eine wichtige Voraussetzung, seine eigenen Gefühlsdimensionen (»innere Not« und »schützende Aggressionsebene«) in der Ausbildung (und darüber hinaus in Supervision und Intervision) zu beforschen und zu integrieren. Es gilt wie überall im therapeutischen Kontext: »Ich kann schwieriges Verhalten bei anderen nur dann kompetent begleiten, wenn ich meine eigenen schwierigen Seiten bei mir selber auch gut kenne und mag.«

Die Grundprinzipien

Allgemein

geht es bei der Klärungshilfe wie in allen anderen Konfliktvermittlungsmethoden darum, im Gewirr der Ereignisse, Situationen, Strukturen, Inhalte, Ziele, Beziehungen, Gefühle und Hindernisse einen Weg zu finden, der all dies berücksichtigt, um zu einer tragfähigen Lösung des Konfliktes zu kommen.

Das Wesentliche

der Klärungshilfe aber ist: Sie will mehr als eine Lösung – nämlich auch die *Auf*-lösung des Konfliktgrundes. Dieser liegt nicht nur in den unpassenden Organisationsstrukturen und der problematischen Kommunikation, sondern immer auch in den schwierigen Gefühlen der Betroffenen. Die Klärungshilfe sucht den Weg in die »Tiefe« und bewirkt dort eine kleine, aber entscheidende Veränderung. Dies geschieht durch das Vertiefen.

Das Vertiefen

orientiert sich an folgenden vier Ebenen und drei Schritten:

Ebene 1: Die Sachebene: hier geht es um Beobachtbares – Fakten, Daten, Strukturen, Handlungen, Situationen: Was ist wann, durch wen, wie, warum, in welchem Rahmen … geschehen?

- Erster Schritt: Von Ebene 1 zu Ebene 2 kommt man mit der Frage: »Wie fühlten Sie sich dabei von den anderen Konfliktparteien behandelt?«.

Ebene 2: Die Beziehungsebene – hier geht es jetzt um den Austausch darüber, wie sich die Parteien während der Konfliktentstehung von den anderen behandelt fühlten – arrogant, ignorant, gemein, hinterhältig, egoistisch, rücksichtslos, übergriffig, respektlos ...

- Zweiter Schritt: Von Ebene 2 auf Ebene 3 führt die Frage: »Wie reagieren Sie innerlich darauf, wenn Sie so vom anderen behandelt werden?«

Ebene 3: Die negativen Gefühle. Wer sich schlecht behandelt fühlt, reagiert innerlich: empört, wütend, sauer, jämmerlich, kämpferisch, selbst bemitleidend, rächend ... Diese sogenannten »negativen Gefühle« irritieren, blockieren, verletzen oder zerstören und lassen dadurch den Konflikt immer weiter eskalieren. Man nennt sie »Abwehrgefühle«, weil sie aktiv vor tiefer liegenden Verletzungen aus der Vergangenheit schützen.

- Dritter Schritt: Von Ebene 3 auf Ebene 4 kommt man nicht mit einer Frage, sondern durch *Einfühlung in die Konfliktparteien* – siehe unten.

Ebene 4: Die innere Not – sie liegt, geschützt von den »Abwehrgefühlen« (Ebene 3), tief in jedem Menschen verborgen und »vergessen« als gespeicherte Grundverletzungen des Lebens (abgelehnt sein, sich hilflos oder dumm fühlen, nichts tun können, abhängig sein, zu kurz gekommen sein ...). Man nennt sie auch »Wehgefühle« oder »Vorverletzungen«.

Keiner will solches je wieder erleben. Durch die Ähnlichkeit des aktuellen Konfliktes mit der vergangenen Situation, in der eine solche seelische Wunde entstand, wird aber genau die entsprechende alte Vorverletzung »aufgeweckt«, angestachelt und die ursprünglichen Gefühle wieder heraufbeschworen. Dieser unterschwellig und unbemerkt ablaufende Mechanismus verschärft den Konflikt entscheidend, weil sich die Beteiligten die Heftigkeit ihrer Gefühle aus der aktuellen Situation erklären – verursacht durch den Streitgegner – und nicht in der eigenen Vergangenheit suchen. Für die Klärungshilfe liegt der Schlüssel zur Konfliktauflösung in der Aufdeckung, Benennung und dem Akzeptieren dieser »vergessenen«, aber jetzt wieder aktiven inneren Not.

- *Vierter Schritt:* Wie findet man nun zu dieser versteckten inneren Not?
- Der Klärungshelfer fühlt sich ein (»In welcher inneren Situation müsste ich ebenso heftig handeln?«), drückt das von ihm Vermutete in eigenen Worten aus (er »doppelt« also) und hilft der betroffenen Person so, das zutreffende Gefühl zu finden. Das Einfühlen in die Tiefe von Konfliktparteien wird entscheidend erleichtert, wenn der Klärungshelfer zu all diesen Ebenen bei sich selbst Zugang hat.
- Der Zugang und Ausdruck dieser inneren Not bewirkt eine kleine, aber wesentliche Erleichterung für die betroffene Person: Sie fühlt

sich in einem für sie heiklen Punkt gesehen, verstanden und angenommen. Bei den übrigen Konfliktparteien entsteht zumindest ein Angerührtsein, was deren Sicht auf die Gegenpartei verändert (böse Täter werden zu ebenfalls vorverletzten Mitmenschen). Manchmal entsteht sogar eine Sogwirkung auf andere Beteiligte, sich selber auch so spüren und zeigen zu wollen. Dieser Effekt wird »automatische Solidarisierung« genannt. Dadurch wird die Kultur der Zusammenarbeit entscheidend verändert und die Lösungssuche enorm erleichtert.

Der Klärungshelfer versucht mit den drei Schritten von Ebene 1 zur Ebene 4 zu gelangen. Das Aufdecken dieser verschiedenen Schichten des Konflikts heißt »Zwiebelschälen der Gefühle«.

Die zentralen Methoden

für dieses Zwiebelschälen sind: Dialogisieren, Doppeln und Erklären.

- Dialogisieren ist im Wesentlichen die Frage: »Wie reagieren Sie auf das Gehörte?« und das darauf Bestehen, dass auch wirklich eine direkte und wahrhafte Antwort zum angesprochenen Thema gegeben wird.
- Doppeln bezeichnet die Technik, bei der der Klärungshelfer neben eine Konfliktpartei tritt und versucht, ihr beim Ausdrücken ihrer Empfindungen zu helfen. Es wird obligatorisch mit der Frage eingeführt: »Darf ich mal neben Sie kommen, etwas für Sie sagen und Sie sagen dann, ob das so genau stimmt.« Doppeln ist zwar keine »Pflicht«, es bietet aber einen hilfreichen Komfort für die Konfliktparteien. Es ermöglicht eine wesentliche Abkürzung bei der Vertiefung und stellt damit eine »Kür« für den Klärungshelfer dar.

In gewissen Fällen ist Doppeln aber verboten: zum Beispiel soll eine Führungskraft als Klärungshelfer seine Mitarbeiter nicht doppeln, weil er reale Macht (Abmahnung, Beförderung, Bonuszahlungen, Kündigung ...) über sie hat und deswegen nicht auch noch innerlich so nahe kommen soll.

- Erklären: Zum Dialogisieren gehört notwendigerweise die Methode des Erklärens. Was bei einer Operation das Aufschneiden mit dem Skalpell ist, ist bei der Klärungshilfe der Dialog – was bei der Operation das Zunähen ist, ist bei der Klärungshilfe das Erklären – es darf nur aufschneiden, wer auch wieder zunähen kann.

Immer wenn der Dialog aufgrund versteckter Gefühle in eine Sackgasse oder Eskalation gerät, steuert der Klärungshelfer mit Doppeln und Dialogisieren in Richtung Klarheit.

Die Lösungssuche

steht bei der Klärungshilfe nicht im Zentrum, obwohl sie natürlich das letzte Ziel ist. Der Großteil des ganzen Aufwands in der Klärung dient dazu, den psychischen Konfliktgrund aufzulösen. Auf dem so gepflügten Boden wachsen Lösungen fast wie von selbst – die Konfliktparteien sind im »Land der leichten Lösungen«. Ehemals in Stein gemeißelte Maximalforderungen schmelzen wie Eis in der Sonne und machen Platz für vernünftige, sachgerechte, bezahlbare und sogar beziehungsfördernde Elemente einer Gesamtlösung. Die Klärungshilfe wendet für die Lösungssuche keine exklusiven Methoden an, sondern benutzt die bewährten, moderativen Wege.

Die Grundhaltungen der Klärungshilfe

- Klarheit vor Schönheit
- Der einzige Weg hinaus führt hindurch
- Verstehen ist der Schlüssel
- Wahrheit heilt
- Negative Gefühle verbinden, wenn sie akzeptiert und vertieft werden
- Ehrlicher Kontakt kommt vor Lösungssuche
- Vergangenheit verstehen, Gegenwart klären, Zukunft planen

Zusammenfassung

Die grundlegenden Prinzipien der Klärungshilfe sind einfach. Der Dialog über die schwierigen Tatsachen und Gefühle eines Konflikts steht im Zentrum. Durch Dialogisieren und eventuell Doppeln gelangt der Klärungshelfer zusammen mit den Konfliktparteien langsam zur äußeren und inneren Wahrheit des Konflikts. Dies führt zu einem ehrlichen und offenen Austausch. Wenn es gelingt, die negativen Gefühle bis zur inneren Not zu vertiefen, entsteht zudem automatisch Solidarität. Auf dieser Grundlage können realistische und haltbare Lösungen leicht gefunden werden.

Für einen intensiven Einblick in die Arbeit der Klärungshilfe: Christoph Thomann, Christian Prior »Klärungshilfe 3 – das Praxisbuch«, rororo 2007.

Epilog

20 Jahre später – in einer »Integrativen Wohnsiedlung«

Es ist wieder Sommerfest im »Projektwohnen für Jung und Alt«.

Clea hat dort ihre neue Stelle als »Fachfrau für Alten- und Jugendcoaching« angetreten. Sie arbeitet als Projektleiterin in dieser Siedlung, die alleinerziehenden Müttern und Vätern, Senioren wie auch Jugendlichen Wohnraum bietet und die gegenseitige Betreuung fördert.

Clea hat ihre Freunde und Familie eingeladen und zeigt ihnen stolz ihre neue Wirkungsstätte. Nicht ganz ohne Hintergedanken weist sie ihren drei Eltern einen Platz an einem Tisch mit einem alten Heimbewohnerpaar zu. Diese diskutieren gerade, ob ein alkoholfreier Apéro in Anbetracht der Leberwerte nicht günstiger wäre. Thomas Hess bestellt dann aber beherzt einen »g'spritzte Wiisse« und Claudia Starke etwas verschämt »*na dann eben: Aperol Spritz*«.

Als sich Beate, Lars und Konrad ihrem Tisch nähern, trauen die beiden ihren Augen nicht. Claudia: »*Das ist doch, nein, das sind doch ... weißt du noch? Genau, Lars und Beate! Die uns nach dem letzten Patchwork-Therapie-Buch inständig baten, sie nie mehr in einem Werk zu erwähnen!*« Thomas: »*Ja. Und ich hatte doch recht, als ich meinte, die junge Frau Clea irgendwoher zu kennen!*« Claudia (murmelnd): »*Das denkst du sowieso ziemlich oft bei schönen jungen Frauen ...*«

Konrad ist der erste, der sich formvollendet bei dem greisen Autoren-Paar vorstellt: »*Wahrscheinlich wissen Sie nicht mehr, wer ich bin ... damals war ich ja ... Nun gut, eine andere Zeit. Aber es freut mich, dass Sie nun in den Händen meiner Tochter sind – sicher fühlen Sie sich gut aufgehoben? Wir sind ja heute da, um Cleas neue Stelle zu feiern! Aber natürlich stoßen wir auch gerne auf Sie und Ihre vormaligen Leistungen an!*«

Beate: »*Ich glaub's nicht! Na, da gibt's tatsächlich was zu feiern! Dann heb ich doch meine Teetasse auch auf Sie! Aber ehrlich gesagt: Ohne uns hätten Sie gar nichts gehabt, um darüber zu schreiben! Dann hätten viel weniger Therapeuten von Patchwork-Beratung erfahren. Das war ja damals nicht üblich, dass alle zusammen und ständig in irgendeiner anderen Formation zur Beratung gehen: Damals gab es noch Beratungsstellen, da hätte ich einfach alleine hingehen und mich über Konrad oder Lars beschweren können. Undenkbar heute. Jetzt nehmen die dich nur noch, wenn du mit sämtlichen Expartnern und allen Kindern gemeinsam andampfst.*«

Epilog

»*Wirklich?*«, fragt Claudia, »*Und es gibt keinerlei Auswahl mehr für die Klienten?*«

»*Na ja, ich weiß nicht ...*«, schaltet sich Lars ein. »*Aber damals war es wirklich anders. Und es war nur meiner Gutmütigkeit zuzuschreiben, dass ich mitmachte und in diese Therapie mitlatschte. Ich war ja nicht so richtig begeistert, an Sie beide zu geraten – war ja schon ein großer Aufwand. Aber nix für ungut*«, prostet er Thomas und Claudia zu.

Konrad lacht: »*Und ich erst! Damals konnten sich die Väter auch noch drücken. Ich hätte gut auch alleine in eine andere Beratung gehen und gegen dich, Beate, aufrüsten können, dass die Funken nur so gestoben hätten.*«

Beate: »*Jaja, das war einmal.*«

Claudia: »*Aber jetzt möchte ich doch wissen, wie es Ihnen allen so ergangen ist!*«

Beate: »*Also: Ob wir noch mal Therapie gebraucht hätten? Vielleicht schon. Aber wir bekamen es auch ohne ganz gut hin – ich brauchte nur zu drohen, dass wir wieder zu Ihnen kommen und Sie wieder über uns schreiben würden. Das reichte meist schon. Eigentlich ging es uns mit der Zeit immer besser – wir übten uns im Überwinden von Schwierigkeiten. Und wir sind alle richtig gut geworden darin, miteinander zu reden. Oder, was meint ihr Männer dazu?*«

Lars: »*Ja klar, wir werden noch die Patchwork-Champions! Ich hoffe nur, dass unsere Jungmannschaft das nicht alles durchmachen muss!*«

Und Konrad: »*Dafür, dass wir uns so mies trennten, geht es uns richtig gut. Wir müssen zwar nicht alle Feiern zusammen machen, aber dass wir uns gemeinsam an unseren Kindern freuen können, ist ja schon viel wert.*«

Claudia: »*Was machen die denn, wie geht's ihnen?*«

In dem Moment kommt Clea an ihren Tisch: »*Na, ist die Überraschung gelungen? Ich habe noch eine hier ...*« Sie bringt einen jungen Mann mit an den Tisch. »*Timon?*«, fragt Thomas. »*Quatsch*«, meint Claudia, »*der müsste doch viel älter sein, außerdem hieß er Timo!*«

Beate: »*Noah, wie toll, dass du da bist. Ich dachte, du wolltest noch bis übermorgen bei Sammy bleiben!*« An Thomas und Claudia gewandt: »*Noah hat Sammy besucht, der lebt nämlich derzeit in England bei seiner Freundin. Genau so wie Maria übrigens, die hat eine tolle Karriere in England gemacht und sitzt dort jetzt fest im Sattel.*«

Noah zu allen: »*Ich bin schon eher zurückgekommen, wollte unbedingt beim Fest dabei sein. Muss doch schauen, wo sich mein Schwesterherz herumtreibt! Außerdem braucht mich Timo morgen für seine Kids – er hat mal wieder die Nummer gespielt, dass er so oft auf mich aufpassen musste, als ich klein war, und dass ich ihm das jetzt schuldig bin!*« Beate, ein bisschen empört: »*Aber wir haben ihn immer dafür bezahlt!*« Noah beruhigend: »*Schon recht, war nicht so ernst gemeint, ich komm schon auf meine Kosten – er hat mir doch bei der Praktikumsstelle geholfen und ist sonst echt für mich da! Aber jetzt geh ich mal zu Clea, sie wollte mir ihre Jugendgruppe vorstellen.*«

Epilog

Nun erzählen Lars und Beate, wie gut sich die Kinder verstehen. Sie würden sich mittlerweile nur noch als Brüder und Schwestern vorstellen. »*Ja, ich weiß*«, sagt Beate, »*man soll ja nicht Kernfamilie spielen, wie Sie immer wieder vorbeteten – aber wir fühlen uns einfach als große Familie. Ob ich nun Enkel von Timo hab oder von Clea, ist für mich mittlerweile völlig einerlei.*«

Lars: »*Ich kann mir gar nicht mehr vorstellen, wie es ohne die Großfamilie wäre – auch wenn ich noch immer kein Fan von vier Weihnachtsfeiern bin.*« Claudia und Thomas unterbrechen gemeinsam: »*Oh ja, das Thema hatten wir auch!*« Lars weiter: »*Aber für die Kinder war die Patchwork-Situation doch ein Biotop für ihre soziale Entwicklung.*«

Beate: »*Da spricht der Gärtner. Aber im Ernst, nicht nur für die Kinder! Wir haben alle viel dazugelernt und viel dazugewonnen. Wir sind doch alle insgesamt toleranter gegenüber den Eigenarten anderer Menschen geworden – sogar Maria und Konrad, stimmt's?*« Lars lacht: »*Und immer noch hast du ein paar Spitzen auf Lager. Aber ja, wir würden heute zwar vieles anders machen, denn wir haben ja wenige Schwierigkeiten ausgelassen, aber letztlich hat es sich gelohnt. Das Leben ist viel reichhaltiger geworden. Und langweilig wird es einem bestimmt nie!*« Thomas: »*Und vereinsamen kann man in so einer großen Familie auch nicht!*«

Angeregt unterhalten sie sich noch über alte Zeiten und bleiben gemeinsam auf dem Fest bis zum

Ende!

Die Autoren

Claudia Starke

Dr. med., Fachärztin für Psychiatrie und Psychotherapie

Aufgewachsen in München. Nach dem Medizinstudium Ausbildung zur Psychiaterin und in tiefenpsychologischer Psychotherapie und Systemtherapie. Weiterbildung in Hypnotherapie, Verhaltenstherapie und Aufstellungsarbeit. Bis 2006 klinische Tätigkeit und psychiatrisch-psychotherapeutische Praxis in München, seither in Gemeinschaftspraxen am Zürichsee. Systemische Lehrtherapeutin (SG, Systemis) in Instituten in Deutschland und der Schweiz. Freie Supervisorin und Trainerin für Teams und Einzelne, Psychotherapeutin für Einzelne, Paare und Familien, besonders Patchwork-Familien.

Thomas Hess

Dr. med., Facharzt für Kinder- und Jugendpsychiatrie, Systemtherapeut, Trainer, Mediator und Supervisor

In Zürich aufgewachsen. Schule, Studium und Facharztausbildung zum Kinder- und Jugendpsychiater. Nach kurzer Oberarztanstellung im KJPD Zürich zehn Jahre lang als Chefarzt des Kinder- und Jugendpsychiatrischen Dienstes des Kantons Graubünden tätig. Danach während zehn Jahren Leiter des IEF (Institut für systemische Entwicklung und Fortbildung, früher Institut für Ehe und Familie) in Zürich. Seit 2000 in eigener Praxis am Zürichsee tätig. Supervisor und Trainer für Teams und Institute in Deutschland und der Schweiz.

Beide arbeiten in derselben Praxisgemeinschaft am Zürichsee mit Schwerpunkt Patchwork-Familien. Zu diesem Thema haben sie bereits ein Buch für Betroffene herausgegeben. Sie sind verheiratet und haben insgesamt fünf erwachsene Kinder und Stiefkinder (www.patchworkfa¬milien.ch).

Kurzvitae

Alfons Aichinger
Diplom-Psychologe, Diplom-Theologe, Psychologischer Psychotherapeut, Supervisor DGSV, seit über 35 Jahren Weiterbildungsleiter und Lehrsupervisor am Moreno Institut Stuttgart und Szeneninstitut Köln.
Ausbildung in Psychodrama, klientenzentrierter Psychotherapie (GwG), Weiterbildung in systemischer Therapie und Hypnotherapie.
Über 36 Jahre Leiter der Psychologischen Beratungsstelle für Eltern, Kinder und Jugendliche der Caritas Ulm, freiberufliche Fort-und Weiterbildungsseminare zum Kinderpsychodrama.

Christiane Bauer
Diplom-Sozialpädagogin (FH), Systemische Therapeutin und Supervisorin, zertifizierte Dozentin für Systemische Beratung der Systemischen Gesellschaft (SG), Lehrende Supervisorin und Coach (SG), autorisierte *ich schaffs*®-Ausbilderin; reteaming-coach®, Traumafachberaterin und Resilienztrainerin, Fachbuchautorin, langjährige Leitung einer Kinder- und Jugendeinrichtung, seit über 15 Jahren freiberuflich im Fort- und Weiterbildungsbereich tätig, Leiterin des KiMInstituts (SG) – Institut für Systemische Kompetenz – in Gauting bei München.
Arbeitsschwerpunkte: Weiterbildungen in systemischer Pädagogik und Beratung sowie zu lösungsorientiertem Arbeiten mit Kindern, Jugendlichen und Familien, vor allem mit dem *ich schaffs*®-Programm

Johannes Classen
Diplom-Sozialarbeiter, Familientherapeut und Kinder- und Jugendlichenpsychotherapeut. Seit 25 Jahren Mitarbeiter der kommunalen Erziehungsberatungsstelle in Hamburg Altona.

Harald Gündel
Prof. Dr. med., seit 2010 Direktor der Klinik für Psychosomatische Medizin und Psychotherapie an der Universität Ulm, von 2006 bis 2010 Direktor der Klinik für Psychosomatik und Psychotherapie an der Medizinischen Hochschule Hannover.
Frühere Tätigkeiten in Neurologischer Klinik Dortmund, Institut und Poliklinik für Psychosomatik, Psychotherapie und Medizinische Psychologie, Klinikum rechts der Isar, TU München. 2002 Forschungsaufenthalt am Department of Psychiatry, University of Tucson, Arizona. 2003

Habilitation im Fachgebiet Psychosomatische Medizin und Psychotherapie.
Psychoanalytische Weiterbildung am Düsseldorfer Psychoanalytischen Institut und in der Akademie für Psychoanalyse und Psychotherapie in München.
Arbeitsschwerpunkte: Verhaltens- und verhältnisorientierte Prävention und Frühintervention im Kontext Arbeit und Gesundheit, Psychotherapie bei somatoformen Störungen und chronischen körperlichen Erkrankungen, neurobiologische Grundlagen bei somatoformen Störungen und Neurobiologie der Wechselwirkungen zwischen psychosozialen Einflüssen und biologischen Funktionen.

Martin Krummeich
Diplom-Pädagoge, Systemischer Berater, seit 1999 Mitarbeiter der Familienberatung und Schulpsychologischer Dienst der Stadt Köln – Zweigstelle Mülheim. Stellvertretender Vorsitzender der Landesarbeitsgemeinschaft Erziehungsberatung NRW e. V.

Joachim Küchenhoff
Prof. Dr. med., Doppel-Facharzt (Psychiatrie, Psychosomatische Medizin und Psychotherapie), Psychoanalytiker (IPA) und Direktor der Erwachsenenpsychiatrie Basel-Land.
Lehrt an der Universität Basel. Vorsitzender des Wissenschaftlichen Beirats der IPU Berlin, Chefredakteur des Schweizerischen Archivs für Neurologie, Psychiatrie und Psychotherapie und wissenschaftlicher Beirat der Lindauer Psychotherapiewochen und zahlreicher Fachzeitschriften.
Arbeitsschwerpunkte: psychodynamische Diagnostik und Psychotherapie schwerer seelischer Störungen, das Körpererleben und die Psychosomatik; ein besonderes Anliegen ist ihm die interdisziplinäre Forschung in Kulturwissenschaften, Literaturwissenschaften, Philosophie und Psychoanalyse.

Enikö Popa
M. A., Kunstpädagogin (mit Fach Psychologie und Pädagogik), systemische Familientherapeutin in der Jugendhilfe Nord bei der Katholischen Jugendfürsorge der Erzdiözese Freising. Freiberuflich tätig als Familientherapeutin und Beraterin in »Blickpunkt Familie« e. V. und »Forum Familie«, München.

Nezire Omalar
Diplom-Psychologin, Systemische Beraterin, seit 2013 Mitarbeiterin der Familienberatung und Schulpsychologischer Dienst der Stadt Köln – Zweigstelle Mülheim.

Christian Prior
Diplom-Psychologe, Psychotherapeut, Klärungshelfer (IfK) und Mediator/Ausbilder (BM) in München. Studium der Ingenieurwissenschaften und Psychologie. Zusatzausbildung in Systemischer Therapie/Organisationsberatung (SG), Gendertraining (HBS) und Klärungshilfe. Seit 1996 selbständiger Managementtrainer, Systemberater und vor allem als Klärungshelfer in Unternehmen, Ministerien, Kliniken und Familien.

Gunther Schmidt
Dr. med., Diplom-Volkswirt, Facharzt für psychosomatische Medizin und Psychotherapie, Ärztlicher Direktor der SysTelios-Privatklinik für psychosomatische Gesundheitsentwicklung in Waldmichelbach-Siedelsbrunn, Leiter des Milton-Erickson-Instituts Heidelberg. Träger des Life Achievement Awards 2011 der deutschen Weiterbildungsbranche und des MEG-Preises 2014
Begründer des hypnosystemischen Ansatzes für Kompetenz-Aktivierung und Lösungsentwicklung in Therapie/Beratung/Coaching/Team- und Organisationsentwicklung, Lehrtherapeut des Helm-Stierlin-Instituts für systemische Therapie/Beratung, Ausbilder und langjähriger 2. Vorsitzender der Milton-Erickson-Gesellschaft (MEG), Mitbegründer und Senior Coach des Deutschen Bundesverbands Coaching (DBVC). Internationale Lehr- und Beratungs-Tätigkeit. Autor zahlreicher Fachpublikationen (Bücher, Fachartikel, Audio- und Video- Publikationen).

Serge Sulz
Prof. Dr. phil. Dr. med., Psychiater und Psychologischer Psychotherapeut, Verhaltenstherapeut und Psychoanalytiker, Begründer der Strategisch-Behavioralen Therapie SBT, Autor mehrerer psychotherapeutischer Bücher und zahlreicher wissenschaftlicher Publikationen, lehrt an der Katholischen Universität Eichstätt-Ingolstadt Grundlagen der Verhaltensmedizin und Kinder- und Jugendlichenpsychotherapie.

Glossar

ADHD	Aufmerksamkeitsdefizit-/Hyperaktivitätsstörung = Hyperkinetische Störung (HKS).
ADS	Aufmerksamkeitsdefizitsyndrom oder -störung.
Alma Mater	Die »mit Wissen nährende Mutter«, ein etwas elitärer Begriff für Universität.
analoge Methoden	Mit Bildern oder Symbolen arbeitende Methoden.
Archetypus	Der Begriff wurde von C. G. Jung geprägt. Archetypen sind im kollektiven Unbewussten gespeicherte, allgemein gültige Bilder und Vorbilder, die unser Handeln beeinflussen.
Bindungsmuster	Die in der frühen Kindheit erworbenen Prägungen, die die Liebesbeziehungen beeinflussen. S. Bindungstheorie.
Bindungstheorie	Die Bindungstheorie beschreibt vier Bindungsmuster: (1) sichere frühkindliche Bindung; (2) unsicher-ambivalente Bindung; (3) unsicher-vermeidende Bindung; (4) desorganisierte Bindung. Das Bindungsmuster hat Einfluss auf die Art und Weise, wie sich Menschen in Liebesbeziehungen verhalten.
bke	Bildungszentrum Kinderbetreuung in Deutschland. Es bildet Fachpersonen für die Betreuung und Erziehung von Kindern aus und bietet Weiterbildungen an.
Dämonisierung	Ursprünglich: gut getarntes Einwirken von Dämonen, Teufeln, gefallenen Engeln auf Menschen, Tiere, Pflanzen oder Materie. In der Therapiewelt: Beeinflussung der Umgebung durch Herumreden von negativen Eigenschaften und Verleumdungen einer Person.
Doppeln	Eine aus dem Psychodrama entliehene Methode: Der Therapeut spricht an Stelle des Klienten, indem er dicht neben ihm kniet oder sitzt und dem Gegenüber paraphrasierend das ausdrückt, was der Klient zuvor sagte.
go-between	In Vermittlerrolle sein, dazwischen stehen.

Joining	Mit den Klienten in einen guten Kontakt kommen, indem man ihnen respektvoll und mit einer positiven Grundhaltung entgegentritt, ihre Haltung begleitet. Das »Pacing« aus der Hypnotherapie ist eine Möglichkeit dazu.
Kernfamilie	Familie bestehend aus Eltern und deren leiblichen Kindern. In der Umgangssprache auch als »Normalfamilie« bezeichnet.
Lebensflussmodell	Ein von Peter Nemetschek entwickeltes Therapiemodell für Paare. Mit Seilen und Symbolen werden die beiden Lebenslinien der Partner auf dem Fußboden dargestellt und kommentiert.
nonverbal	Nicht durch Worte vermittelte Botschaft.
Paarinseln	Therapiejargon für Zeiten, die nur für das Paar reserviert sind.
paraphrasieren	Eine Aussage eines Klienten/Patienten in anderen Worten wiedergeben: kürzer, klarer, wertschätzender, mit positiveren Werten versehend oder weniger verletzend.
paraverbal	Durch Stimmlage, Betonung, Sprechweise, Tempo, Betonung vermittelte Botschaft.
parentifiziert	In Elternfunktion gerutschte Kinder oder Jugendliche.
Problemtrance	Autohypnotischer Prozess mit Einengung der Wahrnehmung und Fokussierung auf Schwieriges, Problematisches.
Recontracting	Neuverhandlung des Therapieauftrags.
reframen	Positiv umdeuten, einer negativen Äußerung oder einem schlechten Erlebnis eine neue positive Deutung verleihen, indem man sie in einen neuen Kontext stellt.
Selbstdifferenzierung	Der Prozess, in dem sich ein erwachsenes Selbst entwickelt, das im Gleichgewicht zwischen den fundamentalen Bedürfnissen nach Bindung und Autonomie steht. Die Stabilität und Integrität entsteht unabhängig von Außenbestätigung und führt zur emotionalen Ausgeglichenheit. Differenzierte Menschen reagieren in Beziehungen angemessen und flexibel, weichen Schwierigkeiten nicht aus. Partner können persönlich wachsen, wenn sie emotional unabhängig und trotz aller bestehenden Unterschiede eine enge Verbindung eingehen (Schnarch 2015).
Selbstwirksamkeitserwartung	Der Glaube daran, dass man in der eigenen Welt etwas bewirken kann.

tangentiale Intervention	Indirekte Intervention., z. B. in einem Nebensatz oder beiläufig erwähnt.
zirkuläre Frage	Eine höhere Beobachtungsebene schaffen, indem sie auf den vermuteten Standpunkt Dritter (Anwesender oder Abwesender) abzielt.

Literatur

Aichinger, Alfons (2012): Einzel- und Familientherapie mit Kindern. Kinderpsychodrama, Band 3, Wiesbaden (SpringerVS).

Aichinger, Alfons (2014): Das Werben des kleinen Löwen – Psychodramatische Teilearbeit mit Tierfiguren im Trennungs- bzw. Scheidungskonflikt (S. 181–194). In W. Brächter (Hrsg.): Der singende Pantomime. Heidelberg (Carl-Auer).

Dechmann, Birgit u. Ryffel, Christiane (2015): Vom Ende zum Anfang der Liebe. Wie Paare zusammenbleiben. Weinheim (Beltz).

Frei, Karin (2005): Gute böse Stiefmutter. Zürich (Limmat Verlag).

Grünewald, Katharina (2015): Glückliche Stiefmutter. Geht's mir gut geht's allen gut. Freiburg i. Br. (Kreuz).

Gschwend, Gaby (2009): Mütter ohne Liebe. Vom Mythos der Mutter und seinen Tabus. Bern (Hans Huber).

Hess, Thomas (2005): Lehrbuch für die systemische Arbeit mit Paaren. 2. Aufl. Heidelberg (Carl Auer).

Holdt, Sabine u. Schönherr, Marcus (2015): Lösungsorientierte Beratung mit getrennten Eltern. Ein Praxisbuch. Stuttgart (Klett-Cotta).

Juul, Jesper (2011): Aus Stiefeltern werden Bonuseltern. Chancen und Herausforderungen für Patchwork-Familien. (Dänische Originalausgabe: Bonusforaeldre, Copenhagen). München (Kösel).

Krähenbühl, Verena, Jellouschek, Hans, Kohaus-Jellouschek, Margarete u. Weber, Roland (2007): Stieffamilien. Struktur – Entwicklung – Therapie. 6., aktualisierte Aufl. Freiburg i. Br. (Lambertus).

Küchenhoff, Joachim (1998): Neue Familienformen: Herausforderungen und Chancen. In: J. Küchenhoff (Hrsg.): Familienstrukturen im Wandel. Basel (F. Reinhardt).

Mahoney, Michael J. (1995): Cognitive and Constructive Psychotherapies. Theory, Research, and Practice. New York (Springer).

Meier-Gräwe, Ute u. Wagenknecht, Inga (2015): Kosten und Nutzen früher Hilfen. Eine Kosten-Nutzen-Analyse im Projekt »Guter Start ins Kinderleben«, Reihe »Frühe Hilfe« Nr. 4, herausgegeben vom Bundesministerium für Familien, Senioren, Frauen und Jugend.

Ochs, Matthias u. Orban, Rainer (2008): Familie geht auch anders. Wie Alleinerziehende, Scheidungskinder und Patchwork-Familien glücklich werden. Heidelberg (Auer).

Omer, Haim, Alon, Nahi u. von Schlippe, Arist (2007): Feindbilder – Psychologie der Dämonisierung. Göttingen (Vandenhoeck & Ruprecht).

Schnizlein, Moritz (2012): Patchwork-Familien in der Spätantike. Göttingen (Vandenhoeck & Ruprecht).

Sieder, Reinhard (2008): Patchworks – das Familienleben getrennter Eltern und ihrer Kinder. Stuttgart (Klett-Cotta).

Schnarch, David (2015): Intimität und Verlangen. Sexuelle Leidenschaft in dauerhaften Beziehungen (Orig.: Intimacy and Desire. Awaken the Passion in your Relationship) 6. Aufl. Stuttgart (Klett-Cotta).

Spengler, Peter (2013): Zum Befriedigen destruktiver Elternkonflikte im Interesse der Kinder. Die Lebensflussmethode in der Trennungs- und Scheidungsarbeit (S. 41–76). In: Weber, Mathias; Alberstotter, Uli und Schilling, Herbert

(Hrsg.). Beratung von Hochkonflikt-Familien: Im Kontext des FamFG. Weinheim und Basel (Beltz Juventa).

Starke, Claudia, Hess, Thomas u. Belviso, Nadja (2015): Das PatchworkBuch. Wie zwei Familien zusammenwachsen. Weinheim und Basel (Beltz).

Teubner, Markus (2002): Stieffamilientypen und haushaltübergreifende Stiefkonstellationen. In: Bien, Walter, Hartl, Angela u. Teubner, Markus: Stieffamilien in Deutschland. Eltern und Kinder zwischen Normalität und Konflikt. Opladen (Leske + Budrich).

Thomann, Christoph u. Prior, Christian: (2013) Klärungshilfe 3 – das Praxisbuch. 3. Aufl. Reinbek bei Hamburg (Rowohl).

Visher, Emily B. u. Visher, John S. (1996): Therapy with Stepfamilies. New York (Brunner/Mazel).

Volland, C. (1995): Mutter-Kind-Beziehungsqualität als Entwicklungsbedingung von Empathie und prosozialem Verhalten in der Kindheit. Regensburg (S. Roderer).

Wolf, F. (2008): Einfluss der Bindung in der Kindheit auf die Stabilität der Partnerschaft. (Grin-Verlag).

Stichwortverzeichnis

A

Ablehnung   14, 16, 38, 157, 186, 190 f.
Ablösung   47, 50, 191, 195 f.
Ablösungsprozess   196
Abwehrhaltung   45, 190
Alltag   28, 70, 213
Alltagsleben   48
analoge Methoden   68
Anfangsauftrag   94, 220
Anforderungen   188
Anpassungsschwierigkeiten   184
Aufstellung   107, 118, 227, 230
Auftrag   17, 104, 128, 146, 199, 214
Auftragsklärung   66–68, 116 f., 122, 128, 154, 231
ausgeschlossen   97, 161, 177, 179 f., 186
Ausgleich   67, 74, 209
Autonomieentwicklung   50
Autorität   30 f., 38, 153, 223

B

Beziehungsaufbau   32, 35, 48, 73, 116, 186, 190, 209
Beziehungsgeschichte   73
Beziehungsunterschiede   183
Bindung   31, 50, 228
böse Stiefmutter   29, 35, 185
Burnout   35, 182, 188

D

Dämonisierung   26, 47, 76, 180, 210 f.
Defizit   28
defizitorientiert   200
diagnostisch-therapeutischer Kreisprozess   63
Differenzierung   50, 74, 77, 130, 132, 135, 207
Differenzierungsfähigkeit   50

E

einengende Erziehung   194
einfache Stieffamilie   23, 43, 218
Einfühlungsvermögen   203
Einmischung   43, 47, 51, 177, 180, 196
elterliche Kooperation   109, 128
Eltern-Kind-Hierarchie   128, 202
emotionale Nähe   190
emotionale Vernachlässigung   192, 194
Emotionalität   31
Entdämonisierung   47, 76, 210
Entscheidung   13, 33, 37 f., 78, 118, 128, 130, 164, 200, 212
Entscheidungskompetenz   51
Entscheidungsmodelle   139, 212
Entscheidungsprozesse   69, 72, 212
Entschleunigung   70, 212
Entthronung   45 f., 75, 84, 192
erzieherische Verantwortung   191, 213
Erziehungsberatung   227
Erziehungsstil   217
Eskalation   47, 75, 98, 101 f., 191, 193, 235
eskalierter Konflikt   65

F

Familienkultur   215
Familiensitzung   85, 131, 204, 224
Feedback   226
Fehlverhalten   39, 193, 202
fremdplatziert   186

G

Geheimnisse   42, 72
Geheimnisträger   42
Generation   74, 165, 215
Genogramm   13, 201
Gerechtigkeit   30, 201
Gesprächsführung   63, 154, 199, 220
Gesprächsmoderation   63 f., 198

Gesprächsverweigerung 203
getrennte Eltern 65, 204
go-between 107, 181
Grenzen ziehen 74, 215
Gretchenfrage 219
Großeltern 42 f., 46 f., 52, 66, 74, 139, 195 f., 205 f.
Grundhaltung 150

H

Hypothesen 64, 67, 114, 176, 230

I

Integrationsprozess 200

J

Joining 103
Jugendliche in Beratungssitzungen 71

K

Kernfamilienideal 27 f.
Kinderpsychodrama 227
Kindertherapie 156, 163, 215
Kinderwunsch 25, 37
kindgerecht 111, 163, 199
Kittkind 45
Klärungshilfe 12, 73, 76, 199, 221, 230 f., 233–236
Kommunikation 88, 96, 100, 110, 122, 127, 193 f., 233
Kommunikationsstile 213
Komplexe Stieffamilie 23, 45
Komplexität 11 f., 23, 52, 63, 77, 145, 148, 153, 220
Konfliktvermittlungsmethoden 233
Konkurrenz 24, 36, 44, 46, 58, 85, 99, 111, 114, 126, 159, 178, 189, 206, 213
Konkurrenzgefühle 34
Konkurrenzkampf 41, 44, 114
Kontaktverweigerung 229
Kooperation 50, 72, 99, 109 f., 116, 124, 128, 139, 217

L

Leidenskompetenz 51
Leporello-Familien 77
Liebesdreieck 43 f., 57, 179, 218 f.
Liebesdruck 28
Liebesideal 25, 27, 43, 45, 47

M

Männer- und Frauenbild 214
Mediation 15 f., 76, 199, 221, 230
Mehrpersonensetting 11, 64, 148, 151 f., 154 f., 198
mentalisieren 229
Moderationsverantwortung 198
Multiproblemfamilien 76 f., 220
Mutterarchetypus 29
Mutterersatz 36, 181, 184

N

Nachscheidungsberatung 73, 76, 122, 221

P

Paarinseln 75, 223
Paraphrasierung 198 f.
Partnerschaft pflegen 75, 223
Partnerschaftszeit 186
Partnerwahl 26, 195
Patchwork-Konstellation 151
Peergruppe 194
Persönlichkeitsentwicklung 228
Perspektive 23, 227, 230
Phasenmodell 48, 200
Priorisierung 12, 65, 76, 83
Problemsituationen 12, 23, 176
Problemtrance 220, 225
Prognose 48, 50, 52, 139
Prozessplanung 69, 151
psychodramatisch 71, 205
psychoedukativ 62, 145
psychosomatisch 86, 193

R

Reframing 200, 210
Ressourcen 46, 48, 50–52, 62, 68, 71, 79, 87, 99, 111, 113, 138, 140, 150, 206 f., 220, 224 f., 228
Ritual 28, 44, 50, 184, 200, 213
Rollendifferenzierung 75, 133, 135, 139, 225
Rollenerwartungen 29
Rollenverständnis 225

S

Schuldgefühle 15, 38 f., 57, 178, 180
Selbstreflexion 51, 140
Selbstwert 50, 71, 229
Selbstwertgefühl 227
Selbstwirksamkeit 51

Setting 64, 66, 85, 96 f., 111, 151, 226
Settingentscheidung 64
Sorgerecht 180, 230
Standortsitzung 78, 99, 122, 135
Stiefmutter-Fallen 31, 35, 45, 183, 200
Stiefmutter-Rolle 182 f., 187
Stiefvater-Fallen 32, 189, 191, 195, 200
Stiefvater-Rolle 113
suggestive Fragen 207
Symbole 68, 111 f., 116, 220
Symptome 15, 41, 64, 71, 188, 193, 203, 230

T

Teilabschlüsse 78, 122
Teilfamiliensitzung 125
Teilzeit-Stiefmutter 58, 182
Territorien 216
therapeutische Haltung 140
Tierfiguren 68, 71, 105, 112, 118, 146–148, 161, 205, 207, 227 f., 230
Toleranz 56, 152
Trauerprozess 184
Trennungserfahrung 229
Trennungsgeschichten 77, 200

U

Übergangszeiten 201

Umgangsregelung 158, 230

V

Vaterarchetypus 30
Vaterersatz 32
Vaterzeiten 208
Verantwortlichkeiten 50, 126, 217
Vereinbarung 129, 217
Verhaltensauffälligkeit 17
Verleumdungen 26, 180
Verlustbewältigung 24
Verwitwete
Visualisierungsmethoden 201

W

Werte 32, 51, 214
wertneutral 63
Wertneutralität 63
wertschätzend 206

Z

zirkuläre Fragen 146, 154, 163
Zusammenbruch 188
zusammengesetzte Stieffamilie 23, 44
Zusammenleben 38, 45, 117, 185, 189, 213, 230

Jens-Uwe Martens/Birgit M. Begus

Das Geheimnis seelischer Kraft

Wie Sie durch Resilienz Schicksalsschläge und Krisen überwinden

2017. 205 Seiten. Kart.
€ 19,–
ISBN 978-3-17-031687-4

Welche psychischen Kräfte sind dafür verantwortlich, dass manche Menschen schreckliche Schicksalsschläge überstehen und nach einiger Zeit wieder ein erfülltes Leben führen, während andere an ähnlichen Herausforderungen nur leiden oder sogar daran zerbrechen? Welche Erkenntnisse können wir hierzu aus der Forschung und aus Einzelschicksalen gewinnen?
Die Autoren legen ein berührendes, spannendes Buch vor. Sie haben außergewöhnliche Schicksale prominenter und kaum bekannter Persönlichkeiten untersucht und dabei zwölf Resilienz-Faktoren entdeckt, die dafür verantwortlich sind, dass das Leben auch unter schwierigen Bedingungen „gelingt". Leserinnen und Leser haben die Chance, in sich selbst ungeahnte Fähigkeiten der Resilienz zu entdecken, und bekommen wertvolle Empfehlungen, wie sie diese fördern können. Auch der Autor und die Autorin hatten in ihrem Leben schwere Aufgaben zu bestehen und schildern authentisch, wie sie damit umgegangen sind.

Leseproben und weitere Informationen unter www.kohlhammer.de

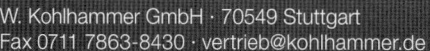